MARIO TREMBLAY,

le bagarreur

MATHIAS BRUNET

MARIO TREMBLAY,
le bagarreur

ÉDITIONS QUÉBEC AMÉRIQUE

329, RUE DE LA COMMUNE OUEST, 3ᴱ ÉTAGE, MONTRÉAL (QUÉBEC) H2Y 2E1 (514) 499-3000

Données de catalogage avant publication (Canada)

Brunet, Mathias, 1968-
    Mario Tremblay, le bagarreur
    Comprend un index.
    ISBN 2-89037-932-9

    1. Tremblay, Mario. 2. Canadiens de Montréal (équipe de hockey)
Biographies. 3. Joueurs de hockey - Québec (Province) - Biographies. I.
Titre.

GV848.5.T72B78 1997   796.962'092   C97-941392-3

LE CONSEIL DES ARTS | THE CANADA COUNCIL
DU CANADA | FOR THE ARTS
DEPUIS 1957 | SINCE 1957

Les Éditions Québec Amérique bénéficient du programme de subvention globale
du Conseil des Arts du Canada.

Elles tiennent également à remercier la SODEC
pour son appui financier.

Dépôt légal : 4e trimestre 1997
Bibliothèque nationale du Québec
Bibliothèque nationale du Canada

Révision linguistique : Roger Magini
Mise en pages : Julie Dubuc

À Madeleine Grégoire,
ma mère, à qui je dois tout.

TABLE DES MATIÈRES

AVANT-PROPOS   13

UN   Un grand rêve   19

DEUX   Un deuxième « Rocket »
             Richard   47

TROIS   La vie de Glorieux :
             l'exaltation, les souffrances   59

QUATRE Une ère nouvelle   111

CINQ   La guerre sainte   125

SIX   Une nouvelle vie   169

SEPT   La grande aventure   211

HUIT   Deux coqs dans la basse-cour   227

NEUF   Le rêve brisé   265

CONCLUSION   305

REMERCIEMENTS   311

La vérité est comme le soleil. Elle fait tout voir et ne se laisse pas regarder.

Victor HUGO

Je me souviens très bien de ma première rencontre avec Mario Tremblay.

C'était à l'automne 1994, à Hamilton. J'avais 25 ans, je faisais mes premiers pas comme reporter sportif à *La Presse*. Je réalisais un rêve de jeunesse, j'étais fébrile et un brin candide.

La Ligue nationale de hockey était paralysée par un *lock-out*. Mon patron, Michel Blanchard, m'avait assigné à la couverture du « Tournoi quatre contre quatre des vedettes de la LNH ».

Je descends de l'avion, déboussolé, quand Tremblay arrive à ma hauteur.

— C'est toi, Mathias Brunet ?

Je suis saisi et flatté par son geste. Ce serait plutôt à moi, qui enfant, découpais ses photos dans les journaux pour les coller dans mon *scrap book* du Canadien, de reconnaître cette gloire du Canadien devenu reporter sportif à CJMS.

— As-tu un *lift* pour aller à l'hôtel ? me demande-t-il.

— Euh, pas vraiment, je ne connais même pas le nom de mon hôtel...

— Viens avec nous, on a loué une voiture, on va t'arranger ça.

Je venais de rencontrer le Mario Tremblay que plusieurs connaissaient : sympathique, simple, proche des gens.

On s'est parlé à l'occasion lors des deux années suivantes, strictement pour des questions professionnelles.

J'ai le souvenir d'un journaliste très consciencieux souvent présent à ses débuts, surtout à ses débuts, lors des exercices, qu'il observait minutieusement, contrairement à d'autres confrères.

Lorsque Mario Tremblay a été nommé à la tête du club de hockey Canadien, en octobre 1995, la majorité des journalistes sportifs québécois s'est réjouie de son embauche, même si certains ont rappelé son inexpérience.

Il n'avait peut-être pas le plus gros *curriculum vitæ*, mais Mario était très populaire, et tous connaissaient sa grande force de caractère.

Tremblay a rapidement coupé les liens intimes avec ses amis du milieu médiatique. Il ne voulait privilégier personne.

Nos relations ont été correctes la première année. Mais elle se sont détériorées la saison suivante, lors de cette interminable tempête qui a duré de novembre à avril.

Mes articles parfois très critiques, dont un, en particulier, qui a blessé son adjoint et grand ami, Yvan Cournoyer, n'ont rien fait pour améliorer nos rapports.

Avec le recul, je comprends sa réaction. Mario Tremblay est un homme entier et fidèle en amitié.

Ainsi, à cause de nos relations froides, j'ai été surpris lorsqu'on m'a demandé de raconter sa vie, en janvier 1997.

Jamais une telle idée ne m'avait effleuré l'esprit. Mais le défi était emballant : l'histoire de Mario Tremblay vaut d'être racontée. Cet homme a marqué le Canadien. Comme joueur, comme journaliste, puis comme entraîneur. Qui d'autre peut se vanter d'en avoir fait autant ?

Il me fallait alors approcher le Bleuet. Je lui en ai parlé la première fois à Vancouver, un 24 février, la veille d'un match contre les Canucks.

L'aube venait de poindre, il buvait son café dehors, devant l'hôtel où nous demeurions.

J'ai mis mes gants blancs. Nous venions d'avoir une violente prise de bec, quelques semaines plus tôt, à Miami, à propos des fameuses « sources anonymes » ; notre première « conversation » de l'hiver...

— Mario, on m'a demandé d'écrire un livre sur ta vie.

Tremblay m'a répondu gentiment.

— On m'a déjà fait plusieurs offres par le passé, mais j'ai toujours refusé. Je suis trop jeune. Ma carrière n'est pas terminée.

— On m'a demandé de l'écrire de toute façon...

La conversation n'est pas allée plus loin.

Au retour à Montréal, j'ai commencé les travaux de recherche dans les quotidiens du Québec.

Puis j'ai été présenté à cette perle, Pierre Bruneau, un crack du Canadien, qui possède chez lui une quantité inestimable de documents sur le Tricolore, de la naissance de l'organisation à aujourd'hui.

Bruneau a fait la recherche pour moi. Il m'a acheminé des centaines et des centaines d'articles sur la carrière de Mario Tremblay.

Une fois le dépouillement terminé, j'ai commencé les entrevues. De par mon travail de journaliste affecté à la couverture du hockey pour *La Presse* depuis trois ans, j'ai pu recueillir les confidences de nombreux acteurs de l'histoire du Canadien et de celle de Mario Tremblay. J'ai parlé à au moins six hockeyeurs qui ont joué sous ses ordres.

La famille et les proches du Bleuet ont tous poliment décliné mes demandes d'entrevue. Tremblay, on l'a dit, est un homme fidèle en amitié, et ceux-ci le lui ont bien rendu.

Les Éditions Québec Amérique ont aussi essayé à quelques reprises au cours de l'été de l'approcher : il n'a pas répondu aux messages du président.

J'ai tenté une dernière fois d'obtenir sa collaboration, une fois le livre presque écrit, début septembre, lors du camp d'entraînement, mais il a répété, sèchement, qu'il n'était pas intéressé.

Quelques personnes m'ont posé la question au fil de mes recherches : pourquoi écrire une biographie non autorisée? La vie de Mario Tremblay ne lui appartient-elle pas?

Une précision de taille m'apparaît importante : il s'agit ici d'un ouvrage sur la carrière de Mario Tremblay avec le Canadien, et non d'une biographie. Le livre ressemble davantage à un long reportage, comme il y en a eu tant sur lui lors des vingt dernières années.

Avec de nombreux faits inédits, le livre apporte, entre autres, un éclairage nouveau sur les relations entre Mario Tremblay et Patrick Roy, sur ce qui a conduit au douloureux divorce entre Roy et le Canadien, en décembre 1995.

Je n'ai touché ni à l'enfance de Mario Tremblay, ni à son adolescence, ni à sa vie privée. C'est une partie de sa vie qui lui appartient.

Mario Tremblay, le bagarreur se veut un livre honnête envers cet homme de caractère. Ses heures de gloire, ses moments plus difficiles, sa force, sa fragilité. J'ai voulu que le ton, au fil des pages, reste détaché.

UN

Un grand rêve

Mai 1974. Mario est en vacances depuis quelques semaines, chez lui, à Alma. Le repêchage de la Ligue nationale de hockey a lieu demain. Les Tremblay sont à table quand le téléphone sonne. Un agent négociateur montréalais est au bout du fil.

— Mario, on s'est déjà parlé. Je t'appelle parce que j'aimerais beaucoup m'occuper de ta carrière.

— Pourquoi vous intéressez-vous subitement à moi? demande Tremblay.

— Parce que devant la menace de l'Association mondiale, la Ligue nationale a modifié hier son règlement. Les joueurs de dix-huit ans peuvent désormais être choisis en première ronde. Et je sais que les Red Wings de Detroit et les Blues de Saint-Louis s'intéressent à tes services.

— Je suis désolé, répond Mario, mais je suis déjà conseillé par Gilles Prévost, de Chicoutimi. Merci quand même d'avoir téléphoné.

Le jeune homme dort d'un sommeil plus léger cette nuit-là. Cet appel le fait réfléchir : la possibilité d'être repêché dans la Ligue nationale à dix-sept ans n'avait jamais effleuré son esprit.

Le lendemain matin, il rentre au travail chez O'Keefe, l'appel de l'agent est chose du passé. Il se refuse de rêver en couleurs. Dans l'après-midi, il sifflote en nettoyant le camion de livraison, quand un compagnon de travail entre en coup de vent dans le garage.

— Mario, j'te cherchais partout. Tes parents veulent te parler. Ça a l'air ben important.

Tremblay est inquiet. Il se rend au téléphone le plus proche.

— Qu'est-ce qui se passe? demande-t-il à sa mère.

— J'peux pas te le dire au téléphone, rentre à la maison, répond-elle.

— Je veux savoir. Personne de mort toujours?

— Non, non, Mario.

— Dis-moi-le donc, cou'donc.

— Tu viens d'être repêché en première ronde par le Canadien!

— Quoi???

Mario en a le souffle coupé. Il raccroche, les yeux embués. Un confrère passe par là.

— Mon Dieu! Mario, qu'est-ce qui se passe?

Le jeune Tremblay, dix-sept ans, bondit de sa chaise, le poing au ciel en signe de victoire.

— J'viens d'être repêché par le Canadien de Montréal!

Quelques secondes plus tard, toute la bande de chez O'Keefe entoure Mario. Ils lui donnent l'accolade, le félicitent, certains ont même les larmes aux yeux.

Les effusions de joie durent une bonne vingtaine de minutes. Mario pense à ses parents qui l'attendent. Avant de rentrer, toutefois, il retourne à son boyau d'arrosage et finit de laver son camion. Il n'est pas le genre d'homme à laisser son travail inachevé...

Il passe la porte de sa maison et voit sa mère en pleurs ; son père a les yeux rouges.

Ses parents, son frère Michel, ses petites sœurs Sandra et Nathalie et le héros du jour passent une soirée chargée d'émotion.

Mario marche de long en large dans le salon, il tient dans son poing fermé le dernier trente sous qu'il lui reste.

« Les années difficiles sont terminées, lance-t-il, enflammé. Je vais vous acheter un poêle, un frigo, une laveuse et une sécheuse. Vous vous ferez plus geler icitte ! Vous allez passer vos hivers en Floride. Pis j'vous jure une chose : vous me verrez jamais la tête enflée même si je gagnais beaucoup d'argent. »

La famille connaît la valeur de l'argent. Gonzague, un grand sportif, a bûché toute sa vie pour assurer un certain confort à sa famille. Pendant plus de douze ans, il a transporté des meubles pour un marchand du coin.

Aujourd'hui, il est déménageur à temps plein. Maude travaille dans une bijouterie. Mario, lui, peine chaque été depuis trois ans pour se faire un peu d'argent de poche.

À Alma, la nouvelle se répand rapidement. Dans les jours qui suivent, tout le monde le félicite. Sauf le gros Perron, un policier du coin. Il rend Tremblay furieux en se tapant les fesses chaque fois qu'il voit le jeune hockeyeur, pour lui signifier qu'il n'a pas fini d'user ses fesses sur le banc du Tricolore. Celui-ci a bien hâte de se rapporter à son nouveau club pour le faire mentir.

Il entretenait le faible espoir d'être choisi par les Flyers de Philadelphie ; il exulte à l'idée de se retrouver avec la prestigieuse équipe du Canadien. Une grande aventure va commencer.

—

Chez le Tricolore, on jubile. Les Glorieux ont repêché quatre joueurs dans la première ronde seulement. Leur quatrième choix, le douzième au total, Mario Tremblay, est le fruit d'un autre coup de génie du directeur général, Sam Pollock, l'un des dirigeants les plus intelligents et rusés du hockey. Il est craint et respecté par ses pairs.

Un an plus tôt, Pollock, qui jouit d'un surplus de défenseurs de talent, a cédé Bob Murdoch aux Kings de Los Angeles en échange d'une somme d'argent et de leur premier choix en 1974.

Toutefois, quelques minutes avant de sélectionner Tremblay, après avoir choisi Cam Connor au cinquième rang, Doug Risebrough au septième rang et Rick Chartraw, au dixième rang, la direction du Canadien hésitait toujours.

Certains, dans l'organisation, avaient l'œil sur le défenseur Dave Maloney. La blessure au genou de Mario, l'hiver précédent, a fait hésiter les dépisteurs. Pollock les consulte un à un. Puis il demande l'avis de Claude Ruel, le fidèle homme de hockey du Canadien.

Ruel se fâche : « Sam, arrête de demander, tu connais mon choix, répond-il d'un ton sec. Moi, c'est Mario Tremblay. Florent Potvin l'a vu jouer assez souvent à Alma. »

Ruel, surnommé Piton, a été l'entraîneur du Tricolore en 1968-1969, il a conduit cette saison là l'équipe à la conquête de la Coupe Stanley grâce à quatre victoires consécutives en finale contre les Blues de Saint-Louis.

« Piton » Ruel est petit de taille, plutôt trapu, joufflu, borgne. Il parle d'une voix presque éteinte. Cependant, il n'a pas son égal pour détecter et développer le talent. Longtemps dépisteur pour le Canadien, il connaît tous les amphithéâtres de l'Amérique du Nord. Mario lui devra sa carrière avec le Canadien : il saura le lui rendre en temps et lieu.

La séance de repêchage est vieille de trois jours. Mario Tremblay trépigne d'impatience dans l'automobile. Son conseiller Gilles Prévost, ses parents et lui sont en route vers Montréal.

Demain matin, le quatuor a rendez-vous avec la direction du Tricolore afin de discuter de l'avenir de Tremblay. En chemin, Mario pose des tas de questions à son représentant.

— Qu'est-ce qu'on va leur demander Gilles?

— On verra, Mario. Attendons la première rencontre.

— Gilles, c'est pas compliqué, j'veux jouer avec le Canadien dès cette année. J'ai le même âge que Guy Chouinard. S'il peut jouer avec les Flames d'Atlanta, j'vois pas pourquoi j'pourrais pas en faire autant.

Chez le Canadien, on redoute de voir Tremblay peiner contre des joueurs plus âgés, même s'il a déjà la taille et la force d'un hockeyeur mature. Les dirigeants du Tricolore estiment que Tremblay pourrait se décourager si les choses ne vont pas à son goût. Ils envisagent sérieusement de le laisser jouer un an de plus chez les juniors, mais ils se gardent bien d'ouvrir leur jeu au clan Tremblay.

La direction du Tricolore s'attendait peut-être à ce que Mario fasse appel à un gros nom pour négocier son premier contrat professionnel. Gilles Prévost est un parfait inconnu dans le milieu sportif.

Le choix de Prévost, quarante ans, est audacieux. Il a d'ailleurs longuement mûri l'offre de la famille Tremblay. Légalement, il en a vu d'autres, mais un avocat qui fait ses premières armes dans le hockey peut-il rivaliser avec le redoutable Sam Pollock ?

L'avocat avait beaucoup à perdre dans l'aventure. En cas d'échec, sa réputation pourrait en souffrir grandement, et il n'aiderait pas Mario.

Mais la maturité du jeune hockeyeur l'a convaincu. Me Prévost a vu en lui un adolescent de dix-sept ans qui raisonne comme un jeune adulte.

Cette première rencontre au Forum ne donnera rien de concret. Tremblay et ses proches repartent au Lac avec plusieurs scénarios en tête. Un mois plus tard, toutefois, Tremblay voit l'une des options disparaître, du moins momentanément.

Au cours du meeting annuel de la Ligue junior majeure du Québec, en juin, les propriétaires d'équipes décident de bannir Mario Tremblay, Pierre Larouche, Guy Chouinard et Réal Cloutier s'ils ne sont pas renvoyés par la Ligue nationale à leurs équipes juniors respectives avant le 15 août.

Larouche, Chouinard et Cloutier n'ont pas à s'inquiéter. Ils ont signé des contrats à long terme avec

Pittsburgh, Atlanta et Québec. Mario, lui, est toujours sans contrat.

Si jamais Tremblay et le Canadien n'arrivent pas à s'entendre, Gilles Prévost songe à réclamer à la LJMQ des dommages et intérêts. Mario devra probablement s'exiler à Halifax, la filiale du Canadien dans la Ligue américaine, pour un salaire minable.

En août, Mario laisse son emploi chez O'Keefe pour suivre un entraînement intensif. Chaque jour, il court cinq milles dans la montagne. Après quoi, il s'enferme au gymnase pour faire des poids et haltères. Chaque jour, il attend le coup de fil du Canadien. En vain.

Il se résigne à retourner avec le Canadien Junior, qui est prêt à l'accueillir malgré l'ultimatum de juin. Il se présente donc au camp d'entraînement du Junior, à Saint-Jérôme, la veille de ses dix-huit ans. Nous sommes le 1er septembre. Le Canadien, dont le camp d'entraînement commence pourtant dans deux semaines à peine, n'a toujours pas donné signe de vie.

Malgré tout, Mario garde le moral. Et il est dans une forme resplendissante. L'entraîneur Larry Reagan est ravi, son vétéran survole ses coéquipiers. Toujours le premier à bondir sur la patinoire, le dernier à la quitter.

Tremblay, il faut le dire, est encouragé. Dès les premiers jours, Claude Ruel et le prof Caron, un autre membre éminent de l'organisation, assistent aux exercices du Canadien Junior. On lui laisse miroiter la possibilité de signer un contrat professionnel dès cette année.

Deux semaines passent avant un fameux vendredi de septembre. Il est 14 heures 30, Mario est déjà à l'amphithéâtre de Saint-Jérôme. L'entraînement ne commence que quatre heures plus tard. Mario flâne dans les coulisses.

Le gérant de l'aréna vient le retrouver dans les gradins.

— Mario, Monsieur Bédard au téléphone...

Tremblay se rend dans le bureau du gérant, son ancien entraîneur est stoïque au bout du fil.

— Mario, rends-toi immédiatement au Forum, c'est urgent.

— Ils veulent me faire signer mon contrat professionnel?

— Rends-toi au Forum, se borne à répéter Bédard.

Tremblay demande à son coéquipier Rick Bowness de lui prêter son automobile. Il est énervé au possible.

Mario tient le volant d'une main moite, il a des crampes à l'estomac et tente de retrouver son chemin. Il n'a jamais conduit en ville. Le Forum se trouve dans l'ouest de la ville, il le sait pour s'y être fait conduire maintes fois en autobus, mais de là à pouvoir s'y rendre par ses propres moyens...

Notre jeune homme se retrouve à Montréal-Nord, quand il demande enfin de l'aide à un piéton. Quand il arrive au Forum, où Roger Bédard l'attend, on le dirige vers les bureaux de la direction.

Tremblay est stupéfait quand il entre dans la pièce. L'entraîneur en chef Scotty Bowman s'y trouve, flanqué de Claude Ruel, Ronald Caron et Eric Taylor.

— Mario, tu vas participer à notre camp d'entraînement, lui lance Bowman. Tu iras ensuite parfaire ton jeu à Halifax avec les Voyageurs.

Tremblay signe un contrat de trois ans. Il touchera environ 80 000 $ par saison, un montant énorme pour une recrue à cette époque. La raison : le Canadien n'avait pas le choix de s'entendre avec lui, s'il ne voulait pas risquer de le perdre pour une équipe de l'Association mondiale, qui n'hésite pas, comme on l'a dit, à faire des offres mirobolantes aux jeunes talents.

Le camp d'entraînement des Glorieux s'ouvre le lendemain. Tremblay a des papillons dans l'estomac en s'habillant. Il ne tient plus en place. Dans quelques instants, lui, Mario Tremblay, qui a l'âge d'un cégepien, s'escrimera aux côtés des Richard (Henri), Cournoyer, Lafleur, Dryden et compagnie.

À l'époque, Richard est en fin de carrière, Lafleur tarde encore à produire, Cournoyer est le véritable leader de l'attaque de cette formation, avec Jacques Lemaire et Pete Mahovlich.

Mario pense à ses compagnons du Canadien Junior qu'il vient de perdre, les Dupont, Picard, Daigle, Phaneuf et autres. Mais il est emballé par sa nouvelle vie. Et il retrouve un coéquipier du Junior, le géant défenseur Gilles Lupien, à son premier camp professionnel lui aussi. Lupien le connaît bien et tente de le calmer un brin.

Tremblay est intimidé par les grosses vedettes de l'équipe, mais il est encore plus pétrifié lorsqu'il croise Bowman : l'entraîneur du Canadien sème la terreur parmi ses joueurs. Véritable tortionnaire, Bowman est l'un des entraîneurs les plus détestables qui existent, mais il n'a pas son pareil pour motiver ses troupes et ne se gêne pas pour humilier un joueur devant ses coéquipiers.

On le déteste, mais l'équipe gagne. Bowman est déjà considéré, à juste titre, comme le meilleur de sa profession.

Tremblay est paralysé par la nervosité dans les premières minutes du premier exercice. Mais un quart d'heure plus tard, il se frotte à l'agressif Glen Sather dans un coin de la patinoire. Les deux jettent les gants, les arbitres s'interposent. Mario, déjà, fait sentir sa présence...

Dans le vestiaire, après l'entraînement, Sather serre la main de Tremblay.

— Sather a peur de toi, lui glisse un coéquipier à l'oreille.

— Bonne chose pour lui, rétorque le jeune Tremblay.

Le lendemain, lors d'un match simulé, il obtient cinq points, dont deux buts, aux dépens de Michel Larocque. S'il semblait un peu ankylosé lundi, il s'est véritablement réchauffé par la suite.

Il est aussi brillant les jours suivants – ce qui n'empêche pas le vétéran reporter Red Fisher d'écrire dans ses potins, en bas de page, qu'il n'y a pas de place pour Tremblay et Risebrough dans l'équipe.

Fisher, le journaliste le plus branché et le plus respecté du métier, couvre les activités du Canadien depuis vingt ans. Les hockeyeurs vétérans le vénèrent presque. Les plus jeunes, à qui il ne parle généralement pas avant leur troisième saison, baissent les yeux en sa présence.

Le jour de la publication de son potin, Fisher monte à bord de l'autobus de l'équipe pour se rendre à un match hors concours.

Alors que Fisher marche dans l'allée, Bowman se retourne et lance à Tremblay, assis à l'arrière :

— Hé, Mario, Fisher vient d'écrire qu'il n'y avait pas de place pour toi avec nous !

— Ouais, je sais, le maudit grand-père !!!

Fisher bout :

— Quoi ??? Qu'est-ce que t'as dit ???

Le jeune Tremblay baisse la tête, son visage devient rouge écarlate. Il comprend l'ampleur de sa bêtise.

Fisher gagne son siège, les yeux rageurs. Mais au fond, il cache bien un petit sourire en coin. Il admire l'audace de ce blanc-bec. Aucun joueur n'a jamais osé l'affronter. Encore moins une verte recrue. Tremblay, par sa spontanéité, vient de marquer des points.

Deux jours plus tard, toutefois, Bowman le cède aux Voyageurs de Halifax. Tremblay n'est pas vraiment surpris. À Montréal, rares sont les recrues à mériter un poste. Il sera plus lourd, plus fort et meilleur quand il reviendra.

À son premier match hors concours avec les Voyageurs, quelques jours plus tard, Mario éclipse ses coéquipiers. Claude Ruel, qui est allé épier le jeune espoir, remet à Bowman un rapport élogieux. L'entraîneur du Canadien décide d'accorder à Mario la chance d'affronter les Bruins dans un match pré-saison au Garden de Boston.

Les premiers adversaires de Mario, on ne les surnomme pas les Big Bad Bruins pour rien. La formation de Boston a son lot de mauvais garçons. Le Garden, comme le Spectrum de Philadelphie, fait frémir les hockeyeurs les plus douillets. Mario, lui, a dix-huit ans, de la hargne à revendre et du courage pour dix.

Tremblay est très intimidé dans le vestiaire avant le match. Il voit, assis à côté de lui, tous ces joueurs qu'il a admirés depuis si longtemps. Le capitaine Henri Richard s'habille à deux pas de lui.

— Monsieur Richard, demande Mario poliment, vous pourriez me passer du *tape*, s'il vous plaît ?

Richard est d'abord surpris. Puis il lui tend une rondelle, le sourire amusé.

Lorsque plus tard, par la porte, le Bleuet voit Bobby Orr s'échauffer, il se pince pour être sûr qu'il ne rêve pas.

Tremblay a les jambes molles quand il bondit sur la patinoire la première fois, à la quatrième minute. À peine a-t-il le temps de voir le grand Bobby Orr s'emparer du disque en zone adverse et marquer le premier but des siens.

En fin de période, une mêlée générale éclate. Tremblay empoigne l'un des bagarreurs les plus coriaces de la ligue, Bobby Schmautz.

Au second engagement, Darryl Edestrand lui sert une dure mise en échec. Tremblay riposte avec un coup derrière la tête. Puis il va bousculer Dallas Smith dans le coin. On commence à se colleter.

Schmautz s'interpose et jette les gants devant Mario. Tremblay n'hésite pas une seconde et s'exécute à son tour. Schmautz donne les premiers coups, le Bleuet réplique ; le combat est partagé. Mario écope d'une punition mineure, d'une majeure et d'une inconduite de match. Sa soirée est terminée.

Dans le vestiaire, après cette défaite de 4 à 1, le nom de Mario Tremblay est sur toutes les lèvres. Devant les journalistes, Bowman est élogieux. « Après une bonne saison à Halifax, il sera en mesure de nous aider l'an prochain. Peut-être même bien avant... »

À cet instant même, Tremblay passe devant Bowman avec son sac d'équipement et trois bâtons.

— Pouvez-vous me dire où est la sortie? demande-t-il poliment.

— Où vas-tu avec tout ça? demande Bowman.

— Je retourne à l'hôtel.

— Laisse-donc ton équipement dans le vestiaire. Nos entraîneurs se chargeront de les déposer à l'hôtel. Nous sommes dans la Ligue nationale ici.

Par gestes saccadés, Tremblay s'exécute. Des reporters l'entourent.

— J'suis sur les nerfs. Schmautz est chanceux de m'avoir affronté alors que j'étais en fin de présence sur la glace, épuisé. J'lui aurais fait partir la tête.

— Savais-tu que Schmautz est l'un des bagarreurs les plus craints de la Ligue? lui demande un journaliste.

— Je ne le connaissais pas. Y'é pas si pire.

Question de le calmer un peu, Bowman lui lance une boutade.

— T'as fait tout ça pour seulement 25 $, lui dit-il en faisant référence à sa rémunération pour ce match.

— J'ai pas besoin de 25 $. J'suis ben content d'emporter trois bâtons neufs avec moi...

———

Les Voyageurs de la Nouvelle-Écosse, dans la Ligue américaine, ont congé ce soir. Mario joue au cartes avec Gilles Lupien dans leur modeste appartement de Halifax, loué quelques semaines plus tôt.

— Attention, mon p'tit Mario, je t'ai vu prendre la carte du dessous.

— Qu'est-ce que tu dis là, Gilles ? Pantoute !

La partie continue.

— Mon p'tit Mario, tu viens de recommencer...

— Non, non.

Quelques minutes plus tard, Mario récidive. Lupien balance la table sur son coloc et lui saute dessus. Lupien cloue Mario au sol.

— Je t'ai dit de pas tricher ! hurle Lupien en brassant un peu Tremblay.

— C'est quoi ton problème ? réplique Mario en tenant l'autre par le collet.

Puis subitement, Mario éclate en sanglots.

— J'suis pas correct, Gilles. J'ai triché. T'es mon chum pis j'ai triché.

Lupien lâche sa prise. Il craque lui aussi.

— C'est moi, j'aurais jamais dû te sauter dessus. Excuse-moi.

Ils ont dix-huit ans à peine tous les deux et ils s'ennuient de la maison. Ce soir-là, ils pleurent comme des veaux pour évacuer leurs angoisses.

Mario pleure souvent à cette époque, parce qu'il s'ennuie. Il pleure parce que le grand perfectionniste qu'il est ne réussit pas toujours ce qu'il veut faire. Il pleure parce que sa blonde, Colette, n'est pas là. Un grand sensible avec une carapace de dur.

Ces soirées de cartes se répètent souvent à Halifax, mais elles ne sont pas toujours aussi émotives.

Il n'y a pas grand-chose d'autre à faire les soirs de grisaille dans cette ville. Mario et Gilles parient à coup de 25 cents, parlent de leurs espoirs de jouer dans la Ligue nationale, Mario jase de sa Colette dont il s'ennuie tant.

Lupien est devenu le confident de Tremblay. Ils ont emménagé ensemble, ils se partagent aussi une guimbarde, une vieille Chevrolet qui roule de travers.

Les deux ont cependant des objectifs différents. Lupien, un géant de 6 pieds et 7 pouces, a un talent plus limité. Les entraîneurs l'envoient surtout dans la mêlée pour défendre ses coéquipiers. Il sait qu'il en a encore pour quelques années à Halifax. Pas Mario. Surtout qu'il connaît un début de saison extraordinaire avec les Voyageurs.

Trois semaines après son arrivée, il occupe le premier rang des compteurs de la Ligue américaine. Halifax est en liesse. Les Voyageurs, l'unique formation sportive professionnelle de la Nouvelle-Écosse, sont méconnaissables. Ils sont premiers au classement de la division la plus forte du circuit.

Mario a marqué dix buts, obtenu trois aides, soit treize points en neuf matchs. Il a inscrit trois buts gagnants, en plus d'avoir marqué deux fois le premier but du match. Avec Ron Andruff et Don Howse, ils forment le trio le plus redoutable de son équipe.

L'entraîneur, Al McNeil, qui a toujours eu beaucoup de succès auprès des jeunes, ne tarit pas d'éloges à l'égard de sa recrue de dix-huit ans. McNeil n'a jamais dirigé un athlète aussi spectaculaire. Tremblay est un véritable poison près des buts adverses. Il n'a peur de personne et possède un sens du hockey remarquable.

Mario devra améliorer son coup de patin et polir son jeu défensif, mais il a déjà appris à mieux surveiller ses adversaires et à bien épauler les défenseurs dans son territoire.

Même s'il n'est pas le plus rapide, Tremblay galvanise les foules par ses montées fulgurantes. McNeil a cru revoir Maurice Richard la semaine précédente quand, dans les dernières minutes d'un match serré, le Bleuet s'est emparé de la rondelle dans sa zone, a traversé la patinoire et déjoué le gardien du Rochester pour donner la victoire à son club.

———

Pendant que Mario Tremblay brûle la Ligue américaine, ça chauffe à Montréal. L'équipe gagne moins souvent et, surtout, elle n'a plus la même ardeur au travail. Les joueurs de Scotty Bomwan ne frappent plus.

Rien ne tourne rond. Le 13 novembre 1974, le Canadien subit un cuisant échec de 8 à 6 contre les Sabres de Buffalo. René Robert, des Sabres, qui a eu quelques mots avec Scotty Bowman avant le match, marque trois buts et ajoute une aide.

Pire : le valeureux capitaine du Canadien, Henri Richard, se casse la cheville en faisant une mauvaise chute dans un coin de la patinoire. Bowman est furieux. Comment fouetter son club ? Et demain, les Bruins attendent le Tricolore au Garden de Boston.

Pendant que l'entraîneur du Canadien se creuse les méninges, Tremblay dort à poings fermés dans sa chambre d'hôtel de... Boston. Les Voyageurs viennent de subir une défaite de 4 à 2 à New Haven et l'équipe passe la nuit à Boston, situé à quelques kilomètres de là. La troupe de McNeil repart vers les Maritimes à l'aube.

À 2 h 30, Tremblay est tiré de son sommeil par le téléphone. C'est McNeil. Mario prend le combiné.

— Mario, c'est Al McNeil. Scotty Bowman vient d'arriver avec l'équipe à Boston. Il va t'appeler dans quelques minutes. Il a de bonnes nouvelles pour Doug et toi.

Tremblay raccroche, le téléphone sonne à nouveau. Scotty Bowman est sec au bout du fil.

— C'est Bowman qui parle. Présentez-vous au Garden ce matin à 10 h 30 pour l'entraînement matinal de l'équipe.

Risebrough se trouve dans la chambre de son coéquipier Rick Chartraw au moment de l'appel de Bowman. Tremblay lui téléphone sur-le-champ.

— Doug, j'pense que tu devrais monter ici le plus vite possible. On vient d'être rappelé...

Quand Risebrough rentre dans la chambre, la sonnerie retentit de nouveau. C'est le reporter de *La Presse*, Yvon Pedneault, déjà au courant de la nouvelle.

— Mario! Félicitations!!!

— Merci Yvon. J'dois t'avouer que je suis surpris d'être rappelé aussi vite que ça. J'suis quasiment tombé en bas de mon lit quand Bowman m'a annoncé la nouvelle. J'suis fou comme un balai! Tu peux être sûr que je vais me présenter au Garden, pis je vais leur faire tout un show!

Mario vient sûrement d'enregistrer un nouveau record pour le nombre de mots à la minute...

Risebrough et Mario ne dorment pas de la nuit. Ils se couchent dix minutes, puis Risebrough se lève et exécute quelques flexions avant pour tenter de se calmer. Tremblay, lui, n'essaie même pas de dormir. Il n'a jamais été aussi excité.

Dès l'aube, épuisés, mais transportés par l'adrénaline, ils décident d'aller attendre leurs nouveaux coéquipiers dans le hall d'entrée de l'hôtel. Les Glorieux logent en effet au même endroit.

Tremblay n'a peut-être pas été rappelé pour ce match au Garden par hasard. Les deux clubs ont disputé quelques rudes rencontres pendant le camp d'entraînement et Tremblay avait impressionné en se frottant au rude Schmautz.

Sam Pollock ne pense pas effectuer d'échange pour l'instant, mais il compte sur ces deux jeunes loups pour réveiller sa bande d'endormis.

Ironiquement, les deux jeunes hommes, si on additionne leurs années d'existence, n'arrivent même pas à l'âge du joueur qu'ils remplacent, Henri Richard. « Pocket Rocket » est âgé de trente-huit ans...

Tremblay est talonné par les journalistes montréalais après l'entraînement matinal du Canadien, au Garden. L'événement est de taille. Le grand club accepte rarement de recrues en son sein. Celle-là, c'est Mario Tremblay, un francophone, un p'tit gars d'Alma. Le plus jeune joueur, à dix-huit ans et soixante-treize jours, à jamais revêtir ce prestigieux uniforme. Jean Béliveau et Bernard Geoffrion ont déjà obtenu des essais avec le Tricolore, mais ils avaient dix-neuf ans.

Seul Grant Mulvey, des Black Hawks, le devance... de quinze jours! Les grands Gordie Howe, Bobby Hull et Bobby Orr ont tous entrepris leur carrière à dix-huit ans et demi.

Après une tentative de sieste l'après-midi, Mario Tremblay se pointe au Garden vers 17 heures, couvert de sueurs sous son complet. Des vêtements qu'il porte depuis trois jours, à cause de son séjour prolongé de dernière minute.

Le trac l'étreint encore plus fort quand il lace ses patins. Pendant l'hymne national, il a des frissons en se regardant dans son uniforme. Il se rappelle la phrase de Piton Ruel : « Rate pas ta chance, parce que tu n'en auras peut-être pas d'autre... »

Bowman l'a bien informé de son rôle avant la rencontre. Tremblay jouera avec Risebrough et Yvon Lambert. Il devra surveiller étroitement Don Marcotte. Tremblay a tellement peur de voir Marcotte compter qu'il distingue à peine le filet adverse. Heureusement, la nervosité s'estompe au fil du match.

Tremblay et Risebrough frappent les Bruins comme des déchaînés toute la soirée. Ils distribuent les meilleurs coups d'épaule jamais servis par des Glorieux cette année-là. Tremblay rate même deux belles chances de marquer en troisième période.

Survolté par la hargne de ses deux jeunes, le Tricolore l'emporte facilement 4 à 1.

« Deux des grands responsables de cette victoire sont Tremblay et Risebrough, souligne le défenseur Guy Lapointe après la rencontre. Ils ont foncé tête première toute la soirée. Ces deux gars-là sont avec nous pour rester. »

Le visage de Tremblay ruisselle après la rencontre. Son corps est couvert d'ecchymoses. À deux mains, il presse son genou gauche. Il souffre visiblement. Il tente de masquer sa grimace.

— C'est juste une blessure subie à ma dernière année junior. Rien de grave. Je serai là samedi contre les Rangers au Forum, quand bien même je jouerais sur une jambe ! Et je vais marquer trois buts !

Pendant que les journalistes se pressent un peu plus autour de lui, Mario retire le protecteur spécial sur son genou, une bande élastique retenue par deux tiges d'acier.

— Al Sims m'a mis solidement en échec en première période. Il m'a fait mal comme il faut. Mais la douleur, je m'en fous. Ça ne m'empêchera jamais de jouer. Je n'ai jamais porté le numéro 14, c'est un numéro qui ne me dit rien, mais je peux faire la promesse que ce sera un numéro qui va grossir...

Tremblay vit une douce euphorie, mais il est exténué. La veille, à New Haven, il a été employé à profusion : avantages numériques, désavantages, tour régulier.

— Il faisait vraiment chaud ce soir au Garden... Je n'ai jamais joué devant une telle foule !

⎯

C'est le grand soir. Le premier match de Mario Tremblay dans le grand Forum. Deux jours ont passé depuis le Garden. Tremblay vit sur un nuage. La rencontre commence dans six heures. Pas moyen de roupiller un peu à l'hôtel. Mario se rend sur la Sainte-

Catherine faire un peu de magasinage, question de chasser la nervosité. Sur la rue, des gens le saluent.

Quand il rentre à sa chambre, vers les seize heures, il est encore tendu comme une barre. Il constate pour la première fois que la nervosité est bien plus intense au Forum que dans n'importe quel autre amphithéâtre.

Il se couche et imagine la foule. Cette foule immense et bruyante. Cette clameur après un but. Et il se voit, lui, Mario Tremblay, marquer un but dès son premier soir dans le temple du hockey.

Dix-neuf heures. On entend déjà des murmures dans le Forum. Les fans prennent place tranquillement. Tremblay a les jambes comme de la guenille durant l'échauffement d'avant le match.

Il ne lui faut pas de temps pour chauffer ses nouveaux fans. C'est 1 à 0 pour les Rangers en première période quand Tremblay saisit un retour de lancer de Pierre Bouchard pour loger la rondelle derrière le gardien Ed Giacomin!...

La foule hurle. Mario est fou de joie. Grisé par cette clameur qui résonne aux quatre coins de l'amphithéâtre, il fait une pirouette, retombe sur ses fesses et embrasse la rondelle que lui présente le juge de ligne Matt Pavelich. La foule est charmée par son geste spontané. Une nouvelle idole est née. Et derrière le banc, William Scott Bowman applaudit...

Plus tard, quand les visiteurs prennent les devants, 3 à 2 en troisième, Tremblay égalise grâce à un puissant tir de 25 pieds.

Le match se termine 4 à 4. Tremblay, dans un scénario hollywoodien, est choisi la première étoile de la rencontre. Il traverse la patinoire pendant que la foule lui fait une ovation monstre.

Il retourne dans le vestiaire sur une patte. En effet, en fin de match, il a été atteint par le bâton de son coéquipier Yvon Lambert, à la suite d'une collision.

Quand il s'assoit devant son casier, quelques joueurs le préviennent.

— As-tu déjà vu ça, une meute de journalistes?

Tremblay porte plus ou moins attention à la remarque des vétérans.

Mais quand il voit la horde de reporters arriver, il est stupéfié. Il se tourne vers Yvan Cournoyer, assis à quelques pieds de lui.

— Qu'est-ce que j'vais leur dire, Yvan? Donne-moi un coup de main!

Cournoyer, qui n'est pas plus loquace, le laisse se débrouiller.

— Mario, demande un journaliste, à quoi as-tu songé après ton premier but?

— Quand j'ai sauté après mon premier but, j'ai pensé à mes parents qui regardaient le match à la télévision. C'est la première fois que ma gang à Alma a la chance de me voir jouer à la télé depuis que j'ai quitté le Lac il y a trois ans.

Gonzague et Maude auraient pu faire le voyage. Mais Mario leur a demandé de rester à la maison. Il était assez nerveux pour ne pas les apercevoir au Forum. Et ils auront certainement d'autres occasions de le voir jouer.

En béquilles, Henri Richard s'approche du jeune Bleuet.

— Félicitations, lui lance-t-il en lui donnant une tape amicale dans le dos.

Tour à tour, d'autres coéquipiers viennent le féliciter. Tremblay est interloqué quand l'illustre Toe Blake se pointe à deux pas de lui.

Blake, cette légende, celui qui a mené le Canadien à d'innombrables Coupes Stanley et qui a encore ses quartiers dans le Forum, vient le féliciter lui, Mario, qui jouait dans la Ligue américaine il n'y a pas quatre jours.

— Bon match Mario !

— Merci bien Monsieur Blake, se contente-t-il de répondre, avec les yeux d'un enfant qui vient de parler au père Noël, son équipement tout mouillé encore sur le dos.

Dans les jours qui suivent, le nom de Mario Tremblay fait rapidement le tour du Québec. Les éloges fusent de partout. « Mario ne sauvera peut-être pas le hockey au Québec, comme Maurice Richard l'a fait au début des années 40, écrit Jacques Beauchamp, mais il va permettre à notre sport national de conserver sa popularité d'antan dans nos parages. »

Au match suivant, au Forum, contre les North Stars, Tremblay est tout aussi fougueux. Il jette les gants contre le meilleur bagarreur du camp adverse, Dennis Hextall, celui-ci en a plein les bras.

À sa sortie du banc des punitions, Hextall doit se défendre une fois de plus, cette fois contre le jeune Risebrough !

— Qu'est-ce qui se passe ici, demande Hextall à l'annonceur Claude Mouton, quand il prend place une deuxième fois au cachot. Sommes-nous au Vietnam ?

En trois matchs seulement, l'arrivée de Tremblay et de Risebrough transforme le Canadien.

Quand ces deux jeunes se sont mis à frapper, des vétérans se sont souvenus qu'ils avaient coutume de frapper eux aussi. Pete Mahovlich a semblé retrouver ses jambes. Jacques Lemaire a même utilisé son corps, à l'occasion.

Les deux ne sont pas les plus rapides de la Ligue, mais ils compensent par leur travail.

Après sept matchs, dont cinq à l'étranger, de toute évidence, Risebrough et Tremblay resteront avec le club. Ils ont marqué quatre buts chacun, et surtout fait sentir leur présence par leur robustesse. C'est ce dont le Canadien avait besoin.

Tremblay s'est mesuré à Hextall, Jerry Korab et il a rabattu son bâton sur le crâne de Jim McElmury, des Scouts de Kansas City, un coup qui lui a valu une punition majeure.

Risebrough, lui, a jeté les gants devant Mike Corrigan, Danny Gare et Hextall, en plus d'avoir été l'un des plus actifs pendant une bagarre générale, à Buffalo.

Le duo se complète à merveille avec Yvon Lambert, ce grand ailier gauche au bel instinct de marqueur. Les deux recrues ont produit avec une telle régularité qu'il serait difficile de les renvoyer dans la Ligue américaine sans faire rager les fans du Canadien.

Mario Tremblay n'a pas seulement beaucoup de talent sur une patinoire. Il sait aussi charmer les gens quand il ne joue pas au hockey. Ainsi, par sa fraîcheur et sa spontanéité, il conquiert le cœur de nombreux Québécois lors d'une entrevue délicieuse accordée à Lise Payette, un vendredi soir, à l'émission « Appelez-moi Lise ».

Le lendemain, sa famille se rend au Forum pour la première fois. En plus de Gonzague et Maude, cinq tantes et quatre oncles, tous venus d'Alma, assistent au match.

C'est le délire au Lac depuis les débuts emballants de Mario dans la Ligue nationale. De Bagotville à Dolbeau, dans les restos, les autobus, dans la rue, on ne parle que de la famille de Gonzague. Les parents de Mario sont devenus les rois.

Quand leur fils marque un but, le téléphone ne dérougit pas à la maison. Le « hit » de Mario à l'émission « Appelez-moi Lise » a même provoqué des appels de gens inconnus de la famille, qui témoignent à ses parents leur grande fierté.

Maude se prive même de sortir à l'occasion. Partout où elle passe à Alma, on ne lui parle que de Mario. Gonzague, lui, ne rencontre pas un client qui ne lui jase pas de son célèbre fils.

Le reporter de *La Presse*, Guy Robillard, est même envoyé dans la région pour mesurer le phénomène.

« C'est au point qu'un curé d'Alma a cité le jeune homme comme modèle aux jeunes dans un de ses sermons du dimanche », écrit Robillard.

« La première fois que Mario a paru à la télévision dans l'uniforme bleu, blanc, rouge et qu'il a marqué deux buts, un homme surexcité a lancé une chaise contre un mur au club de curling d'Alma. »

« Et le même soir, comme sa jeune sœur se trouvait

dans une soirée, on arrêtait la musique pour annoncer les buts de son frère ! »

Dès son passage chez les pee wee, Mario avait commencé à imposer son magnétisme sur les gens de la région. On voyait déjà qu'il irait loin. Il montrait une agressivité rare. Il jouait toujours dans des catégories supérieures avant d'avoir atteint l'âge exigé. Il voulait toujours aller plus haut : rien n'était jamais assez fort pour lui.

Un autre grand joueur de la région, Jean-Claude Tremblay, était populaire au Lac, mais il ne possèdait pas l'entregent et le charisme de Mario. Quand celui-ci est arrivé avec l'équipe Junior B, le public est passé de 800 spectateurs à 3000. Avec le Junior de Montréal, il y avait 5000 fans entassés comme des sardines dans l'amphithéâtre.

Le nouveau numéro 14 du Canadien a cette franchise amusante et cette simplicité qui charment les gens qu'il croise. Les gens de la région l'appellent Mario et en parlent comme s'il leur appartenait. Des jeunes filles qui n'ont jamais parlé de sport ne jurent que par lui.

Les Tremblay vivent un beau rêve depuis cette fameuse promotion à Boston. Ce fameux but contre Giacomin, Gonzague s'en souviendra toute sa vie. Mario a réussi l'exploit à sa toute première apparition à la télévision. Maude riait et pleurait à la fois en voyant son fils faire sa pirouette.

Maude, Gonzague et leurs enfants bénéficient également de plus de confort depuis que Mario a signé son contrat. Le Bleuet a tenu sa promesse.

Quelques jours après l'obtention de son contrat, Tremblay envoyait de l'argent à Alma. Mario veut assurer une retraite paisible à son père. Gonzague a trimé dur toute sa vie en faisant des déménagements. Il souffre de maux de dos depuis de longues années. Il a eu une délicate intervention chirurgicale il y a onze ans et il est question qu'il passe à nouveau au bistouri dans les prochaines semaines.

Le jeune hockeyeur ne veut plus voir Gonzague faire des heures supplémentaires pour rapporter quelques dollars de plus à la maison. Quand l'argent manque, il fait parvenir un chèque. Il songe aussi à installer papa et maman en Floride.

Cette générosité de Tremblay envers ses proches n'est pas soudaine. Quand il travaillait chez O'Keefe, dès l'âge de quinze ans, il donnait cinquante dollars par semaine à ses parents, même si ses copains le trouvaient un peu fou de se priver ainsi.

Tremblay n'a pas fait de folies avec son argent, jusqu'à maintenant. Il n'a pas encore acheté d'automobile et son père souhaite qu'il attende la fin de l'hiver avant de le faire. Mais Mario a du mal à patienter. Il ne raffole pas de se promener en métro et en autobus.

Parmi le petit groupe de visiteurs du Forum, se trouve également une jeune Gaspésienne de 21 ans, Colette Saint-Germain. Mario aime bien aller manger un bon steak au poivre au restaurant de Butch Bouchard avec sa belle, pour terminer la soirée en écoutant son chanteur favori, Elton John, ou regarder un bon film. À dix-huit ans, plutôt sérieux et timide, il mène une vie tranquille dans sa petite chambre d'hôtel du centre-ville.

Sa vie a bien changé depuis ses années juniors...

Un deuxième « Rocket » Richard

Revenons quelques années en arrière. On discute ferme ce matin de printemps de 1972, lors de la réunion annuelle des dirigeants de la Ligue junior majeure du Québec.

Un jeune hockeyeur de quinze ans est à l'origine du débat. Mario Tremblay vient de connaître une saison éblouissante avec les Aiglons d'Alma de la Ligue junior B.

Tremblay possède un indéniable talent de marqueur, doublé d'une fougue et d'une détermination qui rappellent le légendaire Maurice « Rocket » Richard, rien de moins.

Les Éperviers de Sorel, le Canadien Junior de Montréal et les Remparts de Québec se disputent ses droits. À cette époque, il n'y a pas de repêchage prévu pour les hockeyeurs de quinze ans.

Le directeur général des Éperviers, Rodrigue Lemoyne, lui a fait une offre mirobolante quelques semaines plus tôt. Le dirigeant des Remparts, Paul Dumont, a mis encore plus d'argent sur la table. Pour éviter la surenchère, le président de la Ligue, Robert Lebel, propose qu'on organise une séance de repêchage.

Le patron du Canadien Junior, Eric Taylor, se montre réticent. Il demande un délai de réflexion d'une trentaine de minutes et va réfléchir dans son automobile. Lorsqu'il revient, il accepte. Le tirage au sort le favorise. Le Junior de Montréal obtient le premier choix, donc Tremblay. Taylor se frotte les mains de satisfaction.

Les dirigeants des Remparts fulminent. Ils étaient sur le point de faire signer un contrat au talentueux ailier droit.

Le dénouement de l'affaire fait le bonheur de Mario. Il aurait aimé jouer à Québec, mais il aura de meilleures chances de se faire valoir avec le Canadien Junior, qui compte moins de vedettes.

Mario n'est donc pas un inconnu lorsqu'il se présente au camp d'entraînement du Junior de Montréal, en septembre 1972. Son arrivée est précédée d'un battage médiatique sans précédent. À seize ans, on en fait déjà une vedette. Le Canadien Junior mousse son image, question de vendre des billets de saison. On a sous les yeux un clone du « Rocket », ne l'oublions pas.

Tremblay enchante son entraîneur Roger Bédard dès le premier jour. Il travaille comme un damné, défie ses coéquipiers, confirme sa réputation de marqueur. Il fait un camp d'entraînement exceptionnel. Avant même l'ouverture de la saison, son nom est sur toutes les lèvres.

Dès les premiers matchs, on voit bien que ce n'est pas de la frime. Mario est partout sur la patinoire, multiplie les beaux jeux lors des matchs intra-équipe et accumule les buts.

Il ne tarde pas non plus à s'affirmer dans le vestiaire. Pas question de se faire petit comme les autres recrues. Il a tout de même la presse et la direction de l'équipe derrière lui.

Les vétérans se prennent rapidement à aimer ce grand adolescent vif, téméraire, nerveux, dont les mots se bousculent quand il parle tant il est fébrile et qui a parfois de la difficulté à se faire comprendre, avec son accent du Lac, quand il jase trop vite.

C'est une bombe. Il faut que tout aille vite avec Mario. Quand ça ne marche pas, il bougonne, il chiale et envoie tout le monde chez le diable! Pour le taquiner, les vétérans lui ont trouvé un surnom : *Maurice...*

Alma est sens dessus dessous en cet après-midi d'octobre. L'autobus du Canadien Junior se gare près du Centre Édouard-Moffatt où des dizaines de jeunes se pressent autour du véhicule pour voir l'enfant prodige.

Ce soir, Mario Tremblay, vêtu de son nouvel uniforme, fait un retour contre la formation locale de son patelin.

Il reste quelques heures avant le match, l'équipe en profite pour visiter Alma. Les joueurs sont ahuris. Dans tous les commerces ou presque, les marchands ont placardé une affiche avec la photo du héros pour annoncer le match du soir.

Mario ne peut faire un pas sans être abordé par un fan. Tout le monde le reconnaît. Il a droit à son premier véritable bain de foule devant ses nouveaux coéquipiers.

Le Centre Édouard-Moffatt est plein à craquer quand les joueurs terminent leur échauffement d'avant le match.

— Le numéro 16...

La foule hurle. On ne s'entend plus parler dans le petit amphithéâtre. Ils sont 3500 spectateurs à crier leur admiration pour l'enfant chéri du pays.

Mario est au centre de la glace avec son père Gonzague et sa mère Maude. Le président de l'équipe, Ghyslain Simard, lui présente une montre-bracelet. On lui offre aussi une chaîne en or sur laquelle est gravé son signe du zodiaque. Mario remercie tout le monde. La nervosité le gagne. Il trépigne d'impatience. Sa mère a les jambes molles.

Dès les premières minutes, Tremblay frappe durement un adversaire dans le coin de la patinoire. Sa nervosité tombe. Ses montées enlevantes, sa fougue, galvanisent la petite foule.

Il termine la soirée avec deux buts et quatre aides, le Bleu-Blanc-Rouge Junior l'emporte facilement 11 à 2. Mario est choisi la première étoile du match. Un scénario digne d'Hollywood.

Malgré tout ce tapage, Mario annonce aux reporters locaux qu'il entend garder la tête froide. «Jouer à la vedette ne me fait pas, messieurs. Je veux rester les deux pieds sur terre. Et si jamais j'oubliais ça, j'espère qu'on me ramènera à l'ordre.»

Le vestiaire du Canadien Junior est animé en ce dimanche soir de novembre. Le Bleu-Blanc-Rouge vient de remporter une victoire de 8 à 6, Mario Tremblay a obtenu son premier tour du chapeau de la saison. Tout feu tout flamme après le match, il commence à rêver, déjà, au titre de recrue par excellence du circuit.

Après que le vestiaire s'est lentement vidé, il rejoint son compagnon Robert Sirois dans un coin de la pièce.

— Hey Bob, demande fiévreusement le Bleuet, Guy Chouinard en est à sa première ou à sa deuxième année dans la Ligue?

Chouinard, des Remparts de Québec, occupe le premier rang des compteurs du circuit.

À la vue du visage inquiet de Mario, Sirois, un vétéran de deuxième année, ne rate pas l'occasion de s'amuser un peu.

— C'est sa première année, répond-il, l'air sérieux.

Mario tourne les talons, furieux. Il regagne sa place, la mine sombre.

Sirois va le retrouver.

— Ben non, mon p'tit Mario, tu peux dormir en paix. Chouinard en est à sa deuxième saison. Tu ne l'auras pas dans les jambes pour le titre de recrue de l'année.

Mario retrouve le sourire comme par enchantement. Sirois lui donne une bonne tape sur l'épaule.

Ce Sirois, qui était au National de Laval quelques semaines plus tôt, y est pour beaucoup dans les succès de Mario depuis l'ouverture de la saison. Ils s'entendent comme larrons en foire. Sirois est tout en vitesse et en finesse, Mario a l'agressivité et l'instinct du marqueur. Les deux n'ont pas tardé à produire.

Sirois l'a pris sous son aile. Après les exercices, il va le reconduire, de Chambly, où l'équipe s'entraîne, à la clinique d'un dermatologue, rue Saint-Hubert. Mario, en effet, commence à se gratter. Il a des rougeurs et des boutons sur le corps.

Si Sirois se fait le chauffeur des jeunes de l'équipe, il n'est pas pour autant un intime de Mario et des autres recrues.

Celui-ci fraye plutôt avec Jean-Pierre Germain et ses autres coéquipiers qui vivent en pension. Un soir, la sœur de Germain, Colette, qui étudie à Montréal le dessin de mode, assiste à un match du Canadien Junior. Elle reviendra souvent. Mario la remarque rapidement.

— Cout'donc Jean-Pierre, c'est qui cette belle fille-là ? Y faudrait bien que tu m'invites au prochain party !

Il a seize ans, elle en a cinq de plus. C'est le début d'une belle histoire d'amour.

L'équipe du Canadien Junior se divise en trois clans. Les gars en pension, ceux de Montréal et les Anglais. Ce qui donne parfois lieu à des frictions, surtout avec une petite peste comme Mario dans le vestiaire. Comme cet après-midi-là, après un exercice. Un petit groupe, avec Alan Pikes en tête, glousse dans un coin, en fixant Mario des yeux.

Celui-ci, qui ne parle pas un traître mot d'anglais, riposte. Il n'a jamais porté Pikes, ce blondinet qui joue à la vedette, dans son cœur.

— C'est quoi le problème ? demande Tremblay.

— *None of your business*, réplique l'autre.

Tremblay lui saute dessus. Les joueurs s'interposent aussitôt. Raymond Racette et Blair MacKasey calment les belligérants. Le message est clair : Mario, il en est déjà ainsi à l'époque, n'est pas du genre à se laisser marcher sur les pieds.

En février, il est parmi les meilleurs pointeurs de la Ligue, et l'un des principaux candidats au titre de recrue par excellence.

Ce soir-là, son équipe affronte les Rangers de Drummondville. À la troisième période, il se mesure à un adversaire, Renaud Duguay, quand l'arbitre, Normand Lachance, vient les séparer. Mario, enragé, lui envoie un direct au menton. Comme un certain «Rocket» l'a déjà fait quelques décennies plus tôt...

Lachance l'expulse immédiatement du match. Mario se retrouve dans le vestiaire, secoué. Il ne voulait pas atteindre l'arbitre, encore moins le blesser. Mais le mal est fait.

Quelques jours plus tard, l'Association de hockey amateur du Québec rend son verdict : elle donne au jeune homme de seize ans une suspension de huit matchs et une amende de 50 $. Il va rater la fin de la saison régulière.

Mario aura tout de même marqué quarante-quatre buts, un exploit pour une recrue, mais son rêve de devenir la recrue de l'année est terminé.

À sa grande déception, il apprendra que Pierre Larouche, des Éperviers de Sorel, a remporté le trophée Michel-Bergeron à titre de recrue par excellence.

Le deuxième camp d'entraînement de Mario Tremblay chez le Canadien Junior est à peine commencé que le Bleuet bionique perd son compagnon du trio, Robert Sirois.

Ce surnom, Bleuet bionique, est né quelques années plus tôt, au Lac-Saint-Jean, quand le journaliste Pierre Bourdon a titré un de ses articles sur Mario : Le Bleuet bionique frappe encore !

L'entraîneur Roger Bédard a joint son fils à Sirois, au sein du même trio. Mario se retrouve avec Normand Dupont et Denis Daigle. Bédard aura eu la main heureuse. Dès les premiers matchs, Dupont, Daigle et Tremblay font la pluie et le beau temps. Après six rencontres, ils ont déjà accumulé 73 points, dont 26 buts ! On surnomme leur trio la ligne DDT.

Mario se prépare maintenant pour l'un de ses défis les plus importants. Demain, le BBR affronte les Saguenéens, à Chicoutimi. Pour la première fois, le hockeyeur d'Alma sera opposé à Michel, son frérot.

Le benjamin a une bouille semblable à celle de son aîné. Les mêmes yeux perçants, les épaules aussi carrées, mais la taille plus petite. Il n'a cependant pas la hargne de son grand frère.

Au cours de la courte envolée qui mène l'équipe à Chicoutimi, Mario se fait narguer par ses coéquipiers.

— Hé, Mario, est-ce qu'ils vendent des autos de modèle 73 dans ton coin ?

Mario, le nœud de papillon noir, la veste à carreaux, rougit.

— Mon p'tit Mario, est-ce qu'il y a de l'essence là-bas?

Mario reste stoïque.

— Mario, est-ce qu'ils rentrent leurs trottoirs de bois la nuit?

— Tout ce que je peux vous dire, répond-il, c'est que tous mes oncles et mes tantes Tremblay vont être dans l'aréna pour me voir aller. Pis on va leur en mettre plein les yeux. On va gagner 7 ou 8 à 2.

Le jeune homme aura visé juste. Le Canadien Junior l'emporte 7 à 2, grâce à ses deux buts et une aide. Les 5637 spectateurs, dont 1600 sont debout, sont survoltés. Michel connaît un match plutôt tranquille.

Dans les mois qui suivent, la direction du Canadien Junior tente de faire l'acquisition du jeune frère de Mario, un attaquant lui aussi. On offre même trois joueurs aux Saguenéens, dont Jean-Guy Dufour. Mais leur gérant, Roger Roy, n'est pas intéressé à se séparer de ce jeune homme plein de promesses.

Michel avait été repêché par le Canadien Junior durant la morte-saison, mais les Saguenéens avaient réclamé ses services, comme ils étaient en droit de le faire, puisque le jeune homme était de la région.

Les parents de Mario et de Michel préfèrent que leurs fils soient séparés. Ils aiment mieux qu'il en soit ainsi. Ils veulent qu'ils mènent chacun leur vie, sans avoir à dépendre l'un de l'autre. Même si Mario a un trac fou quand il affronte son frère.

La première moitié de la saison, le trio formé par Dupont, Daigle et Mario Tremblay fait un malheur. Tremblay, le plus talentueux des trois, est en droit de songer à une carrière chez les professionnels, avec Dupont.

Avec son père Gonzague, il a déjà rencontré deux avocats pour d'éventuelles négociations avec des équipes de l'Association mondiale ou de la Ligue nationale.

Il n'a pourtant que dix-sept ans, et il lui reste encore une autre saison chez les juniors. Mais le paysage du hockey professionnel a récemment beaucoup changé, avec la création de l'Association mondiale de hockey (AMH). La rivalité entre les deux ligues a provoqué une hausse vertigineuse des salaires et les meilleurs juniors peuvent maintenant espérer signer des contrats alléchants.

L'Association mondiale a été à l'origine de tous ces chambardements, lorsque les Aeros de Houston ont fait une offre aux fils de Gordie Howe, Mark et Marty, des Malboros de Toronto, de la Ligue majeure junior de l'Ontario.

L'AMH a embauché quelques autres talents du hockey junior, au grand dam de la Ligue nationale. Le joueur de centre, Jacques Locas, des Remparts de Québec, entre autres, vient de signer un contrat à long terme qui lui assure environ un million de dollars.

Mario n'a rien à envier aux meilleurs juniors du pays. Il se met à rêver. La Ligue nationale imitera probablement ses rivaux de l'Association mondiale l'an prochain.

Il prépare d'ailleurs son avenir consciencieusement. Depuis septembre, il suit des cours d'anglais : il sait qu'il aura probablement à s'exiler du Québec. Il prend également des cours de personnalité, pour l'aider dans son emploi d'été comme superviseur pour la Brasserie O'Keefe, à Alma.

Mario a acquis beaucoup de confiance depuis un an. Il n'a plus rien de cette recrue un peu gauche à son arrivée à Montréal. Au début, peu habitué au rythme des grandes villes, il trouvait les Montréalais un peu pressés. Il s'ennuyait de son entourage et appelait régulièrement ses parents à Alma.

La situation s'est depuis stabilisée. Il téléphone maintenant une fois toutes les deux semaines; avec les entraînements et l'école, trois fois par semaine, il n'a plus guère le temps de s'ennuyer. Il sort un peu plus souvent avec les *boys*.

Depuis janvier, par contre, il a ralenti. Son entraîneur, furieux après une cuisante défaite contre Sorel, estime que Mario n'est plus le même. Il le trouve craintif et déclare aux reporters après une rencontre :

— Je crois qu'il vient de disputer son pire match depuis qu'il est avec nous.

Tremblay ne se montre pas à la hauteur contre les équipes de tête. Certains lui reprochent sa passivité contre les durs des Éperviers de Sorel, dont Jacques Cossette, qui lui a donné une raclée au début de la saison. Il perd des points aux yeux des dépisteurs.

Quelques semaines plus tard, après cinq défaites consécutives, le Junior doit composer sans Mario pour une période indéfinie : il s'est tordu les ligaments du genou en chutant à l'entraînement. Dupont et Daigle, privés de leur compagnon de ligne, ne produisent plus. L'équipe s'enlise et est distancée par Cornwall au classement.

Tremblay revient au jeu vers la fin de la saison. Mais il est un peu tard. Ravagée par les blessures, l'équipe ne va pas loin aux séries éliminatoires. Robert Sirois, qui a compté 72 buts pendant la saison régulière, est blessé ; Gilles Lupien souffre d'une mononucléose ; Tremblay n'est pas à son mieux. Le club, malgré tout son talent, a connu une saison décevante.

L'été venu, Tremblay rentre à Alma. Ses rêves de passer dans les rangs professionnels l'année suivante se sont évanouis. Il se prépare pour une troisième et dernière saison avec le Canadien Junior. Le destin lui préparera un scénario différent...

TROIS

La vie de Glorieux :
l'exaltation,
les souffrances

Mario fait la grasse matinée en cet avant-midi de décembre 1974. Le Bleuet est avec le grand club depuis un mois, il flâne dans sa chambre d'hôtel en attendant l'heure de se rendre au Forum pour l'entraînement.

Tranquillement, il repasse sa chemise quand le téléphone sonne. Yvon Lambert est au bout du fil.

— Qu'est-ce tu fais Mario ?

— J'allais partir dans dix minutes, pourquoi ?

— Parce qu'il est une heure et vingt-cinq de l'après-midi, pis la pratique commence dans cinq minutes. Les gars sont tous habillés.

— Comment ça dans cinq minutes ? J'ai midi et vingt-cinq à ma montre !

C'est la panique. Le Bleuet enfile une paire de pantalons à la hâte, un pull, une veste, et file héler le premier taxi. Il est avec l'équipe depuis deux semaines seulement et voilà qu'il va arriver au Forum avec une vingtaine de minutes de retard. Que va dire Bowman ?

Et le taxi qui n'avance pas, coincé par les chasse-neige qui déblayent la neige. On n'y voit pas plus loin que le bout de son nez, dans cette grisaille de décembre. Pendant qu'on se les gèle à l'extérieur, Tremblay sue à grosses gouttes sur la banquette arrière du véhicule.

Quand le taxi s'arrête finalement au coin des rues Atwater et de Maisonneuve, Tremblay constate avec stupeur qu'il n'a pas un sou en poche. Dans sa hâte, il a oublié clefs et portefeuille! Tremblay court à l'intérieur emprunter deux dollars à l'agent de sécurité, question de payer sa course.

Quand il pénètre dans le vestiaire, ses coéquipiers sont déjà sur la glace depuis une dizaine de minutes. Il s'habille en vitesse. Au moment d'enfiler ses patins, il lâche un énorme juron. Ses lacets ont été coupés...

Quand il bondit finalement sur la glace, ses coéquipiers, comme des écoliers, rigolent et frappent la glace avec leurs bâtons pour saluer son entrée. Stoïque, Scotty Bowman fait mine de ne pas comprendre.

Après quelques tours de patinoire, Tremblay est pris d'un malaise. Il ressent une vive brûlure à l'aine. On a enduit son support athlétique de liniment, une substance qu'on applique habituellement sur un muscle endolori. Il veut arracher son équipement tellement il pique!...

Tremblay commence à comprendre. Sa montre en retard, ses lacets coupés, le liniment...

Il n'échappera cependant pas à l'amende de 100 dollars. Mais il fait désormais partie de la *gang*. Jouer des tours, c'est la façon de montrer à un jeune qu'on l'a accepté.

On cloue ses souliers au sol, on cisaille ses chaussettes, coupe ses cravates, on lui cire les cheveux au Vicks Vaporub quand il est endormi dans l'avion. Après un entraînement, il retrouvera ses bottes collées l'une contre l'autre, entièrement recouvertes de ruban adhésif... Mario est une cible de choix car il pique chaque fois une colère noire en cherchant le coupable.

Sans parler des peurs qu'on lui fait. Son compagnon Yvan Cournoyer, a l'habitude d'arriver avant lui dans leur chambre l'hôtel pour se cacher dans la garde-robe. Quand Mario accroche ses vêtements, Cournoyer sort en criant! Le Bleuet en bégaie chaque fois pendant une heure...

Le jour où Mario achète sa première automobile, vers la fin de son année de recrue, Guy Lapointe quitte le Forum au beau milieu de l'entraînement pour aller la subtiliser dans le stationnement. On fera chercher le Bleuet pendant trois où quatre jours.

«Pointu», le plus grand farceur de l'équipe, laissera des indices anonymes aux journalistes : le véhicule de Mario aurait été vu dans tel stationnement... Chaque fois, le Bleuet prend un taxi à la hâte pour se rendre à l'endroit indiqué, mais il revient bredouille.

Doug Risebrough n'est pas en reste lui non plus. Une semaine après le «retard» de Tremblay, il se rend à un studio de télévision pour une entrevue en direct. Son coéquipier Glen Sather s'est fait passer la veille pour un commentateur de la télévision locale. Il l'a invité à se présenter à la station moyennant un cachet de 100 dollars.

Risebrough mord tellement fort à l'hameçon qu'il se rase deux fois avant de gagner le studio...

Tremblay peut lui aussi jouer des tours. Il aime boire au verre de ceux qui se préparent un Coke bien glacé avant de passer sous la douche. Les vétérans tempêtent chaque fois qu'ils retrouvent leur verre vide.

La blague dure jusqu'au jour où le petit coquin d'Alma découvre un Coke au goût bizarre. Dans les douches, les autres se tordent de rire en félicitant Steve Shutt. Celui-ci vient de soulager son envie dans la moitié d'un verre de Coke...

On les taquine, mais on est emballé par la «kid-line». Le Canadien a subi un seul échec lors des vingt premiers matchs de Tremblay et Risebrough avec le grand club.

Trois mois ont passé depuis le rappel de Mario Tremblay à Montréal. Ce matin, il entreprend son premier grand voyage avec le club : Vancouver, Los Angeles, Oakland. L'autre bout du monde...

Le réveil-matin le tire de son sommeil à 7 heures 30. L'avion décolle à 10 h 10, il a amplement le temps de déjeuner, de préparer ses valises et de sauter dans le premier taxi. Trop de temps peut-être. Il se rendort.

Il se réveille en sursaut à neuf heures. C'est la panique ! Plus qu'une heure dix pour prendre l'avion... et il habite près du parc Lafontaine !

Le jeune Tremblay est couvert de sueurs. Aura-t-il le temps d'arriver ? Devrait-il plutôt commander immédiatement son billet pour Halifax ? Et sa valise qui est toujours vide !!!

Le Bleuet s'habille à toute vitesse, vide un tiroir au complet dans sa valise et sort en courant à la recherche d'un taxi.

Dehors, la tempête fait rage, les automobiles avancent

à pas de tortue. Et pas l'ombre d'un taxi. Cinq minutes passent, toujours pas de taxi.

Mario voit les amendes s'accumuler : 200 $ pour avoir raté l'avion, 100 $ pour l'entraînement manqué à Vancouver, 150 $ pour se procurer un autre billet d'avion.

Découragé, il hèle une auto-patrouille de police.

— Hé, les gars, il faut que vous me conduisiez à Dorval, je vais manquer mon avion.

— Désolé Mario, mais on n'a pas le droit d'aller dans ce secteur-là, lui répond l'agent, qui manifestement a reconnu la jeune vedette.

Tremblay aperçoit finalement un taxi, quinze minutes plus tard. Il arrive à Dorval une vingtaine de minutes avant le décollage.

Mario ne ratera pas l'avion, mais dans sa hâte, il oubliera deux gros steaks sur son comptoir de cuisine...

——

Mario Tremblay est bien loin d'Alma ce soir. La veille, le Canadien a facilement vaincu les Canucks de Vancouver et Scotty Bowman a convié ses joueurs à une petite sortie au casino Harrah's de Reno, au Nevada.

— Hé, Mario, j'espère que t'as tes fausses cartes, lui lance Serge Savard en riant.

— Sont mieux de rien me demander, répond le jeune homme de 18 ans.

Tremblay est ébloui en pénétrant dans la salle. Il y a des machines à 5, 25 et 50 cents par centaines. Et tout autant d'appareils à un dollar. Pas question, toutefois, de risquer le coup : le jeune homme a la prudence de l'initié. Surtout qu'il vient de voir des coéquipiers perdre des dollars en quelques minutes seulement.

— J'ai pas d'argent à dépenser icitte, lance-t-il au reporter Bernard Brisset, de *Montréal Matin*, qui participe à l'activité avec quelques confrères.

Tremblay succombe tranquillement. Sa vie avait été remplie de coups du sort favorables. Pourquoi la chance ne le favoriserait-elle pas ici ce soir ?

Il se fait changer un billet de dix dollars et se lance vers les machines.

Il dépose son premier dollar. Un point. Deux points. Trois points... *jackpot*!!!

Les pièces déferlent sous ses yeux, une sonnerie avertit la sécurité du casino de la présence d'un gagnant. Mario vient d'empocher 150 $! Il est presque plus fébrile qu'à son premier match au Forum !

Il met quelques autres dollars dans la machine, *jackpot* à nouveau : 300 $!!!

Tremblay est surexcité. Pourquoi arrêter ? Il introduit d'autres pièces. Un point, deux points, trois points, *jackpot*! Un autre 150 $!

Il interpelle un confrère de Brisset :

— Ça va faire, je veux donner aux autres la chance de faire de l'argent. Essaie cette machine.

Le reporter met dix pièces dans la fente. Sans succès. Il en ajoute une pour la chance : *jackpot*!

— Tu vois ? Tiens-toi avec moi et la chance va te suivre, lui lance Mario.

Trop occupé à remplir ses poches, Tremblay rate le spectacle de la chanteuse Vikki Carr. Avec ses 550 $,

Mario ne remporte pas, toutefois, le championnat de la soirée. Il est bien loin de Serge Savard et de ses 1200 $. Claude Saint-Jean, restaurateur et ami des joueurs, fait encore mieux avec 1500 $.

Pete Mahovlich, un parieur insatiable, rentre quant à lui soulagé de 600 $...

Tremblay fait un beau voyage, il continue à charmer les journalistes avec sa candeur, mais sur la patinoire, son rendement décline.

Risebrough et lui donnent l'impression d'être épuisés. À Vancouver, Tremblay disputait un neuvième match consécutif sans avoir marqué.

À Los Angeles, pour la première fois depuis son rappel, il réchauffe le banc. La lune de miel est terminée.

Le trophée Calder, remis à la recrue par excellence, n'a plus aucune chance d'aboutir entre les mains d'une des deux recrues du Canadien.

Tremblay et Risebrough sont devenus meilleurs que la majorité des recrues de la Ligue, mais l'attention qu'ils portent à leur jeu défensif, au détriment de l'attaque, leur coûtera probablement le titre. Eric Vail, des Flames d'Atlanta, avec ses 29 buts, a les meilleures chances de l'emporter.

Moins Mario joue, plus il est agressif. Deux semaines après le retour de Californie, Tremblay assène un violent coup de tête au visage du colosse Randy Holt au terme d'un combat nul. Le Bleuet devra payer une amende de 200 $ pour son geste.

La léthargie du Bleuet le tracasse au plus haut point. Son sommeil est de plus en plus agité. Il semble incapable de se reposer. Il fait des rêves épouvantables et se réveille en sueurs, encore plus fatigué.

L'après-midi avant un match contre les Maple Leafs, il fait un rêve complètement surréaliste : il marque trois buts à l'aide de trois faibles lancers de la ligne bleue. Le lendemain, il se réveille à nouveau bouleversé par un cauchemar tout aussi bizarre.

Il raconte sa mésaventure aux reporters. « Avec toute la pression qu'on a sur les épaules, c'est pas étonnant de faire des rêves de ce genre... »

Mario Tremblay n'a tout de même rien à se reprocher quand il achève sa première année professionnelle. Il termine la saison avec 21 buts. Il en a marqué 10 autres à Halifax.

Tremblay devient le plus jeune joueur de l'histoire de la Ligue nationale à compter au moins vingt buts.

Aux séries éliminatoires, par contre, les choses ne vont pas très bien. Scotty Bowman ne lui fait pas confiance. Contre les Sabres, en demi-finale, il effectue à peine deux présences pour toute la série. Chaque fois, l'équipe a une avance insurmontable quand Bowman envoie son bouillant ailier droit sur la glace. Tremblay bondit alors sur la patinoire tel un chien enragé.

Personne n'explique à Mario pourquoi il sèche sur le banc. Il sait qu'il n'a pas terminé la saison en force, mais il serait prêt à mourir, presque, pour jouer aussi souvent qu'il le faisait cet hiver.

Le fringant Bleuet accepte mal ces interminables présences au banc. Il lui arrive de frapper violemment la clôture avec son poing. De casser des bâtons dans la *chambre*.

Quelques semaines plus tôt, devant l'humeur massacrante du jeune loup, Claude Ruel a dit à Tremblay ses quatre vérités au cours d'un entraînement. Mario a failli lui répliquer, mais il s'est abstenu.

Le Canadien est éliminé en six matchs par les Sabres. Montréal fait chou blanc aux séries éliminatoires pour une deuxième année consécutive. Au moins, Guy Lafleur est enfin sorti de sa coquille. Il vient de connaître sa première grande saison, 53 buts et 66 passes pour 119 points.

Après l'élimination, l'entraîneur de Tremblay à Halifax, Al McNeil, va encourager l'athlète d'Alma.

— Tu n'a pas beaucoup joué, mais ne t'en fais pas, tu auras bientôt la chance de te reprendre, tu as un brillant avenir devant toi.

— Merci Al, tu m'encourages. Je commençais à me poser des questions. Personne ne m'a adressé la parole depuis qu'on me laisse sur le banc...

Le camp d'entraînement du Canadien s'est ouvert ce matin. Personne ne reconnaît Tremblay sur la glace. Il est plus rapide, plus agile, plus décontracté. On dirait Guy Lafleur...

Sur une séquence, il bouscule le gardien Michel Larocque, déborde Larry Robinson, reçoit une passe devant le but et loge la rondelle dans le coin supérieur droit. Ses coéquipiers sont ébahis.

Il est aussi très actif dans les matchs de pré-saison. Particulièrement lors d'une rencontre contre les Flyers de Philadelphie, au cours d'une bagarre générale mémorable, la pire des dernières années. Dans un coin de la patinoire, le détestable Mel Bridgeman cherche noise à Guy Lafleur. Celui-ci ne sait trop comment réagir. Le Bleuet saute dans le tas et, rouge de rage, insulte son adversaire dans son anglais rudimentaire.

— *Come here*, mon sale ! *My name is not Lafleur*, 'stie !

Le jeune homme a pris beaucoup d'assurance en une saison. L'année précédente, à son premier camp d'entraînement, il avait les nerfs à fleur de peau. Il ne connaissait personne, sauf peut-être son copain Gilles Lupien. Il rougissait en croisant Yvan Cournoyer. Il se réjouissait à la seule idée de prendre l'avion.

Pour son premier match dans la Ligue nationale, tout allait trop vite : il ne savait pas où donner de la tête, il flottait sur un gros nuage.

Cet été de recul lui a fait un bien énorme. Il s'est entraîné comme un forcené dans son coin de pays. Il avait hâte de revoir les *boys*. Les Cournoyer, Lapointe, Lafleur, Savard, ceux qui, dans les périodes creuses, savaient lui donner cette petite tape d'encouragement sur l'épaule. L'adolescent s'est transformé en jeune homme.

L'athlète de dix-neuf ans a aussi un nouveau train de vie. Il se permet un peu de luxe. Il se paye un appartement de 500 $ par mois à l'Île-des-Sœurs, un chalet au Lac-Saint-Jean. Il s'est acheté une automobile de marque Grand Prix, au début de l'été, à Alma. Il s'habille chez les meilleurs tailleurs de Montréal.

Il a aussi rompu avec Colette, après trois ans de

fréquentations. Elle personnifie toujours pour lui la femme idéale; il y songe encore avec amertume, mais il veut vivre sa jeunesse.

Et Mario découvre effectivement une nouvelle vie. Il fréquente les discothèques à la mode de la métropole. Il aime trinquer, danser, les jeunes femmes sont folles de lui. Il invite des amis chez lui, ils parlent de filles, il fait jouer les derniers succès d'Elton John, Barry White, Casey and the Sunshine Band, Van McCoy et Bimbo Jet...

Tremblay cherche plus ou moins sa future compagne. Il confie ses états d'âme au journaliste Albert Ladouceur, dans *Sport-Dimanche.*

«J'exige beaucoup de caractère d'une femme, dit-il. Elle doit faire preuve d'initiative, être capable de s'occuper de tes affaires en ton absence. C'est le cas de la majorité des épouses des joueurs. Elles administrent le budget.»

Mario veut une femme qui puisse comprendre les contraintes de sa profession. «Ce n'est pas toujours facile pour l'épouse d'un hockeyeur. Une femme accepte difficilement de voir son mari en voyage, convoité par le public. Elle se retrouve souvent seule, sans affection.»

Tremblay aime bien les boîtes de nuit, mais il n'apprécie pas pour autant les *groupies* qui se jettent à ses genoux.

«Comme tous mes confrères du genre humain, le besoin de conquête est en moi, mentionne-t-il. Il est agréable de séduire une fille, de "bûcher" pour décrocher son cœur.»

En ce sens, le Bleuet admire la femme de Guy Lafleur.

Cette Lise a su se montrer indépendante. Lafleur a fait la navette régulièrement entre Québec et Montréal pour la conquérir.

Tremblay drague parfois en boîte, mais il lui arrive aussi de se rendre au Harlow, pour siroter une consommation ou deux, rêvasser en écoutant de la musique, seul.

Mais ces moments de solitude sont assez rares. Mario passe désormais difficilement inaperçu dans la métropole. On le reconnaît partout. C'est pire à Alma, où il doit parfois éviter d'emprunter la rue principale.

Tremblay a peur d'être pris pour un prétentieux. Il garde sa simplicité coutumière avec monsieur et madame Tout-le-Monde. Il peut, par exemple, faire changer ses pneus d'hiver dans une station-service et passer l'après-midi à jaser avec le mécanicien. Il a le souci de son image, mais il aime bien, aussi, s'habiller simplement, en jeans et tee-shirt. Question de ne pas renier ses origines plus modestes.

Une critique négative le heurte. Une louange l'enivre. Il a une sensibilité à fleur de peau. Il aime bien écouter des chansons douces à la radio, les soirs de solitude.

Et ces soirées se répètent de plus en plus. Même s'il est adulé, entouré, il s'ennuie souvent. « Je mène une vie particulière, confie-t-il. Plusieurs de mes amis sont mariés et leurs épouses semblent me redouter. On dirait qu'elles craignent que moi, un célibataire, j'entraîne leur moitié. C'est drôle comme réaction. Tranquillement, on s'habitue... »

Il vit aussi cette solitude lors de ses retours de voyage. «À mon arrivée à Dorval ou à l'appartement, j'aimerais ça retrouver une amie avec qui je pourrais discuter. On a envie de se confier, à l'occasion, mais il me manque quelqu'un. Je dois être difficile à suivre...»

Même s'il a amélioré ses conditions de vie, Mario ne jette pas son argent par les fenêtres. Il épargne déjà. Il ne veut pas quémander un job à la fin de sa carrière. Son argent est placé en fiducie par Me Prévost. Tremblay s'intéresse aux placements que l'on fait pour lui. Et il attend la signature de son deuxième contrat avant de s'acheter une maison, car le premier prend fin l'année suivante.

La saison est déjà commencée depuis deux semaines. L'euphorie du camp d'entraînement n'existe plus. Mario Tremblay traîne sérieusement de la patte.

Dans le but de le secouer, Scotty Bowman l'a laissé samedi sur le banc. Tremblay est troublé et il montre des signes évidents de nervosité. Au moins, il travaille efficacement en défensive.

Mario joue de moins en moins. Puis presque pas. Les fêtes passent. Le Bleuet trime dur aux entraînements, mais jamais Bowman ne vient lui expliquer pourquoi il le laisse sans cesse refroidir sur le banc.

Dimanche, contre les Flames d'Atlanta, l'entraîneur du Canadien a même muté son défenseur Rick Chartraw à l'aile droite à la place de Mario, qui a regardé la scène, impuissant, du banc des joueurs.

Fin février, Tremblay reçoit une autre gifle au visage : il apprend, quelques minutes avant le match contre les Rangers, à New York, qu'il n'endossera même pas l'uniforme, remplacé par un autre défenseur, John Van Boxmeer !

Mario est secoué. Et sans lui, le Tricolore remporte une 45e victoire cette saison. Après la rencontre, Bowman est assailli de questions par les reporters francophones. Ils défendent l'enfant chéri des amateurs de sport québécois.

— Pourquoi Mario n'a-t-il pas joué ?

— Parce que Murray Wilson et John Van Boxmeer n'ont presque pas joué cette saison, répond Bowman. C'était leur tour.

Devant l'insistance des journalistes, Bowman perd un peu patience.

— Dites-moi, si Van Boxmeer ou Wilson n'avaient pas endossé l'uniforme, m'auriez-vous posé la même question ? Pourquoi cette panique tout d'un coup ? Mario est encore jeune.

Au retour de l'équipe dans la métropole, la presse montréalaise réagit avec impétuosité. Après l'entraînement, le lendemain, Mario est submergé de reporters comme le premier ministre Robert Bourassa peut l'être lors de ses rencontres avec la presse.

— Aie Mario, lui lance son coéquipier Michel Larocque, durant deux mois t'avais un chandail sur le dos, mais personne ne te parlait ; aujourd'hui, parce que t'as passé un match sur la galerie de la presse, regarde comme t'es devenu populaire...

À demi-vêtu, Tremblay sourit machinalement aux

railleries de ses camarades. Il est encore visiblement sous le choc.

Quelques instants plus tôt, lors d'un entraînement à l'Auditorium de Verdun, il a bousculé un peu tous ses coéquipiers pour évacuer sa rage. Il a même failli se battre avec Doug Risebrough.

Les semaines filent et se ressemblent. Mario ne dort plus. Il mange plus rapidement que d'habitude. Ses coéquipiers le taquinent. Et Bowman qui ne lui adresse toujours pas la parole...

Malgré tout, il n'a pas perdu son sens de l'humour. «Vous savez, j'ai seulement 33 buts de moins que Guy Lafleur...», aime-t-il répéter aux reporters.

Il a tout tenté dans l'espoir de retrouver l'élan des beaux jours. Il a porté un casque protecteur pendant deux jours. Il l'a rangé définitivement, car il ne se sentait pas bien avec cette pièce d'équipement.

Il a changé de bâtons de hockey; il utilisait des Canadiens au camp d'entraînement. Il a essayé des Koho vers la fin de l'automne... et il s'apprête à se procurer des Sherwood sous peu.

Il a aussi accentué la courbe sur sa palette, en vain. Pas moyen d'acheter un but. Et Tremblay donne des perles aux reporters. Comme celle-ci : «Par moments, je me dis que si ça continue, je vais demander à Jacques Lemaire de m'engager comme garçon de table à sa nouvelle brasserie de Saint-Jovite...»

Ses coéquipiers, peinés de voir leur sympathique camarade en arracher de la sorte, multiplient les conseils. Serge Savard et Guy Lapointe lui suggèrent de cesser les passes inutiles en zone adverse. De patiner plus longtemps avec la rondelle.

Les gardiens Ken Dryden et Michel Larocque lui font remarquer qu'il a tendance à tirer dans le coin supérieur droit du but, du côté de la mitaine. Ils lui conseillent de baisser un peu sa cible. Sans succès.

Il a recommencé à fréquenter sa jeune Gaspésienne, Colette, de quelques années plus âgée que lui. Il songe même à acheter une maison dans le coin de Beaconsfield, près de chez Jacques Lemaire.

Il ne pense pas mariage pour autant, mais il est heureux de renouer avec Colette, celle qui le comprend plus que quiconque. Tout se bouscule tellement dans sa tête depuis quelques mois. Il est complètement perdu. Il veut seulement jouer plus souvent, retrouver sa coordination de l'an dernier, recommencer à compter.

Dans ce même mois de février, les journalistes affectés à la couverture du Canadien, indignés par le traitement injuste que Bowman fait subir à Tremblay, se liguent à leur façon contre l'entraîneur du Canadien lors d'un match à Saint-Louis.

Ils sont quatre Bleuets : Réjean Tremblay, de *La Presse*, Yvon Pedneault, du *Montréal Matin*, Bertrand Raymond, du *Journal de Montréal*, et Claude Quenneville, de la radio de Radio-Canada.

Comme le match n'est pas télédiffusé à Montréal, nos quatre hommes laisseront libre cours à leur imagination.

Dans sa description de la rencontre, Queneville vante à maintes reprises les prouesses du jeune Tremblay, même si celui-ci effectue à peine une ou deux apparitions pendant le match.

Pedneault, Tremblay et Raymond sont tout aussi élogieux dans leur compte rendu de la rencontre, le lendemain dans leurs journaux respectifs. Mario Tremblay obtient la première étoile du match!

Bowman est furieux quand il apprend la mise en scène le lendemain. Mario, lui, ne comprend pas trop ce qui se passe, n'ayant pas été informé de l'initiative de ses compatriotes.

Ce petit épisode marquera à sa façon la petite histoire des Glorieux...

La saison 1975-1976 tire à sa fin et le Canadien n'a perdu que huit matchs. Mais dans le vestiaire, on est loin de filer le parfait bonheur. Mario Tremblay n'est pas le seul à vivre des périodes difficiles.

Pierre Bouchard et Rick Chartraw aussi subissent les humiliations de Scotty Bomwan. Ajoutés à Bouchard, Tremblay et Chartraw leurs amis proches au sein de l'équipe, et vous avez là une joyeuse bande d'insatisfaits.

Bouchard, le colosse sympathique, l'homme à la carrure d'ours, est toujours réserviste avec le Canadien, même après six ans au sein de l'équipe. Il semble un homme marqué dans l'organisation du Tricolore. L'animosité qu'on entretient à son endroit remonte à ses débuts chez les professionnels. On n'a jamais digéré, semble-t-il, qu'il confie les négociations de son contrat à son père, Émile.

À l'époque, Sam Pollock n'a même pas daigné rencontrer «Butch» Bouchard. Il a plutôt délégué un intermédiaire, son adjoint Floyd Curry.

Bouchard ne voit plus la lumière au bout du tunnel.

Six ans qu'on s'acharne à saper son moral et sa confiance. On lui a donné sa chance pendant les séries éliminatoires, le printemps dernier. Il a été très efficace, mais on l'a oublié cette année.

Les traitements réservés à Bouchard et à Tremblay sont à peu près identiques.

Il faut voir Mario casser des bâtons lors des entraînements, quitter le Forum sans s'attarder après un match, la tête basse pour ne pas avoir de compte à rendre aux journalistes.

Après un match à l'étranger, Tremblay craque à bord de l'avion. Il a le visage collé contre le hublot pour refouler sa rage et ses larmes quand des journalistes l'abordent.

— Ça va mal Mario?

— J'aime mieux pas en parler...

— On comprend pas nous non plus, répond un reporter.

— C'est dur, s'tie que c'est dur, réplique Tremblay. Bowman, c't'un sale. Qu'il me donne ma chance. J'vas y montrer.

— Tu vas l'avoir un jour ta chance.

— Hey les gars, jurez-moi que vous écrivez pas ça, hein? Je veux pas me mettre dans le trouble.

— T'inquiète pas Mario.

En Californie, vers la fin mars, on le surprend pour la première fois à rêver d'un échange. Il se confie à Tom Lapointe, du *Montréal Matin*, lors d'un déjeuner à l'hôtel où loge l'équipe.

« Si c'était pas des longs voyages, j'haïrais pas ça venir jouer à Oakland avec les Seals. C'est presque au bout du monde. Je serais peut-être heureux dans une ville comme ici. Le paysage est écœurant, les gens sont fins, pis les joueurs sont traités comme des rois. Je jouerais souvent avec les Seals. Pis je pourrais rester avec Bob Girard en appartement. Qu'est-ce que je fais avec le Canadien ? Pourquoi on m'utilise jamais, maudit ? Il pourrait au moins me faire jouer une fois à tous les cinq matchs ? Pis marde, j'ferais mieux d'arrêter. Mais un jour, j'vas me fâcher pour vrai... »

Et comme si tout allait bien, les problèmes de santé de Mario réapparaissent. Au retour du périple en Californie, il a de nouveau le corps recouvert de boutons et de rougeurs. Cette allergie, il en ignore encore la cause. Les médecins aussi. On lui dit que ce sont ses nerfs, qui sont en boule.

Il arrive d'oublier ses démangeaisons durant un match. Mais après, c'est l'enfer. Ces éruptions dans le dos, sur les fesses et les jambes le contraignent à se gratter continuellement, surtout la nuit. Il peut se réveiller à trois heures du matin pour se gratter !

Curieusement, sa maladie semble s'aggraver à l'approche des séries. Jacques Lemaire aussi a vécu le même phénomène. Son problème serait lui aussi lié à son système nerveux ; mais, contrairement à Tremblay, il a la peau douce comme un bébé au cours de la morte-saison.

Le Bleuet change d'onguent sans trop de succès quand le mal devient intolérable et prend ses deux aspirines le soir avant d'aller au lit, afin d'apaiser sa souffrance.

On n'a pas idée à quel point Mario Tremblay a

souffert le martyre au cours de sa carrière. Pendant des années, il portera des petits gants blancs sous ses gants de hockey afin de protéger la peau de ses mains. On changera ses gants à chaque période.

Les préposés à l'équipement ne laveront pas ses sous-vêtements avec ceux des autres, car le savon pourrait être à l'origine de ses maux. Avant chaque match, on lui mettra une crème spéciale, et on recouvrira ses nombreuses plaies avec des pansements, pour apaiser sa douleur.

Il souffre sur la glace pour mériter le respect de Bowman, et il doit en plus surmonter sa douleur. Mais il ne se plaindra jamais. Mario Tremblay n'est pas vraiment du type braillard...

—

Il règne une ambiance indescriptible dans l'hostile Spectrum de Philadelphie. La foule est surexcitée. Nous sommes en mai 1976, en finale des séries éliminatoires, et les «Flying Frenchmen», menés par Guy Lafleur, sont à un match de remporter une 18e Coupe Stanley, leur première en trois ans.

Jouer à Philadelphie n'est pas une sinécure. Les Flyers, avec leurs fiers-à-bras, terrorisent les autres clubs de la Ligue depuis quelques années, et ils ont gagné la Coupe Stanley lors des deux dernières saisons. Deux clubs, deux styles : les joueurs talentueux et rapides du Tricolore ; les brutes des Flyers.

Les espoirs de tous les puristes du hockey reposent sur les épaules des joueurs de la Sainte Flanelle. Si les Glorieux ne remportent pas la finale, la face de la Ligue nationale pourrait bien changer complètement, verser dans l'intimidation et la rudesse pour les années à venir.

Mais les Rouges sont sûrs de pouvoir éliminer les Flyers en quatre rencontres. Depuis la terrible mêlée générale qui a tourné à l'avantage du Tricolore, lors d'un match de pré-saison, l'automne précédent, les joueurs de la Sainte Flanelle n'ont pas perdu une seule partie contre Philadelphie.

Tremblay, qui vient de connaître une saison régulière difficile avec seulement 27 points, dont 11 buts, en 71 matchs, a des frissons sur le banc des joueurs pendant l'hymne national, le *God Bless America* interprété par la légendaire Kate Smith.

Les spectateurs font un vacarme de tous les diables. Ils hurlent leurs encouragements aux joueurs des Flyers et couvrent d'insultes les hockeyeurs du Tricolore. Au bout du banc, Mario n'entend pas. Il est surexcité.

Lui, l'enfant de dix-neuf ans, qui porte l'uniforme du Canadien et qui se trouve au Spectrum, à côté des Lafleur, Savard, Lemaire, Cournoyer, Dryden et compagnie, devant une foule survoltée, et qui est à quelques heures de toucher pour la première fois cette prestigieuse Coupe Stanley, le rêve de tout jeune hockeyeur canadien.

Si minime soit-il, Tremblay aura joué son rôle pendant ces séries éliminatoires.

Dans le troisième match de la demi-finale contre les Islanders, le Bleuet a réveillé son équipe en servant une correction au dur à cuire des New-Yorkais, le défenseur Dave Lewis.

Tremblay a encaissé plusieurs coups de poing avant de couper le front de son adversaire, avec un formidable direct au visage. Son équipe a enchaîné avec deux buts en 65 secondes.

Avant cette quatrième rencontre contre les Flyers, Scotty Bowman hésite entre Murray Wilson et Mario ; il choisit finalement le hockeyeur de dix-neuf ans.

Trois à trois en troisième période. Risebrough s'est admirablement bien « occupé » de la peste Bobby Clarke. Les durs Rick Chartraw, Glenn Goldup et Pierre Bouchard ont réussi à neutraliser les plus costauds de l'autre camp. Tremblay n'a pas fait une seule apparition sur la patinoire. Qu'importe, il est fasciné par le spectacle.

Guy Lafleur fait exploser de joie le banc des Rouges avec un but alors qu'il reste six minutes à jouer. Pete Mahovlich, sur une passe de Lafleur, marque le but d'assurance une minute plus tard. Le Canadien élimine les Flyers en quatre rencontres consécutives et s'empare du précieux trophée : la Coupe Stanley.

C'est la frénésie dans le vestiaire après le match. Pendant que les joueurs fêtent, Mario, lui, est assis dans un coin... et il pleure. Comme Risebrough.

Le Bleuet braille comme un enfant depuis au moins 45 minutes. Il est complètement dépassé par les événements. Tantôt il fixe le sol, tantôt il se lève prestement pour boire du champagne dans la Coupe Stanley, tantôt il serre des mains.

Dans le vestiaire, les joueurs du Canadien chantent joyeusement le *God Bless America*.

Quel moment extraordinaire. Mario n'a pas joué lors de cette rencontre ultime, mais il connaît des tas de gars de son âge qui auraient payé cher pour se retrouver dans ce vestiaire. Il n'avait jamais gagné le moindre championnat. Ce soir, il vit le plus beau moment de sa vie...

Pendant l'été, la conquête de la Coupe Stanley ne ralentit pas les ardeurs du Bleuet à l'entraînement. Il parcourt quatre milles par jour au mois d'août et participe à l'école de patinage de Huron Park avec six de ses coéquipiers. Il est dans une forme resplendissante et pèse 180 livres.

Tremblay veut oublier à tout prix l'année passée, où il a marqué seulement 11 buts en 71 matchs. Il entreprend cette nouvelle saison 1976-1977 avec une tout autre attitude.

Il a eu sa leçon. Il lui est arrivé de perdre la tête certaines fois parce qu'il refroidissait sur le banc. Il veut désormais se contrôler : il est maintenant prêt à se plier aux exigences de la direction, à cesser de riposter.

Autre nouveauté, il porte le casque. Simplement pour prévenir les risques de blessure. Ce casque, un Jofa, est si léger qu'on dirait qu'il n'a rien sur la tête.

Les résultats positifs ne tardent pas. Le 15 novembre, au Forum, contre les Blues de Saint-Louis, Tremblay marque un quatrième but en cinq matchs.

Personne n'en fait grand cas. Ce soir-là, les 14 000 spectateurs ont les yeux rivés sur le tableau indicateur, sur lequel on leur communique la percée surprenante du Parti québécois aux élections provinciales.

En troisième période, le défenseur Larry Robinson va retrouver sur le banc l'annonceur Claude Mouton :

— À compter de maintenant, lui dit-il à la blague,

tu ne travailles plus qu'en français...

Il règne une ambiance bien spéciale dans le vestiaire après la rencontre. Quelques joueurs anglophones agissent comme s'ils n'avaient rien vu ou entendu. Dans son coin, Steve Shutt refuse de commenter la situation avec les reporters. Des coéquipiers francophones ont un sourire moqueur.

Sa serviette enroulée autour des hanches, Tremblay respire la joie.

— Hey, Mario, lui lance un journaliste, va falloir maintenant utiliser de la monnaie française !

— Des francs à Alma, voyez-vous ça d'ici ? Ça doit fêter fort par chez nous...

— Qu'est-ce que tu penses des résultats, Mario ?

— J'vous dirais ben des affaires, mais je voudrais pas perdre ma job... Mais je peux vous dire que ça fait drôle de jouer un soir d'élections. Souvent, ça nous tentait de jeter un coup d'œil en haut, sur le tableau, quand la foule se mettait crier. Je dirai pas qu'on avait la tête ailleurs, parce que ça ne se dit pas, mais on sentait bien que même la foule ne pensait pas au hockey.

Le Bleuet est heureux. Le Parti québécois est au pouvoir, le jeune Tremblay semble enfin avoir mis sa carrière professionnelle sur ses rails, rien ne semble pouvoir miner son bonheur.

Hélas...

Deux semaines après le déménagement de René Lévesque et de sa bande à l'Assemblée nationale, Scotty Bowman prend une décision qui secoue son équipe et qui assomme Mario.

Le matin du match contre les Barons, à Cleveland,

Bowman réintègre le défenseur Bill Nyrop dans la formation, à la place de Tremblay, pourtant troisième meilleur franc-tireur de l'équipe.

L'ailier droit de 20 ans est estomaqué. Ses coéquipiers aussi. Tremblay jouait le meilleur hockey de sa carrière. Personne ne comprend. Certains sont carrément choqués. On crie à l'injustice.

Néanmoins, le Tricolore l'emporte 8 à 1 contre les pauvres Barons. Mario rentre à sa chambre d'hôtel penaud ce soir-là. Il pleure comme un veau.

Ses coéquipiers Larocque, Lambert et Cournoyer lui organisent une petite soirée dans la chambre de ce dernier pour le consoler.

Ils prennent une petite bière tranquille, aux petites heures, quand ils entendent un vacarme à leur porte.

Pete Mahovlich est complètement soûl et veut entrer récupérer son jeu de back-gammon...

— Les gars, ouvrez la porte !

— Laisse-nous tranquilles, Pete, répond Tremblay.

— Vous êtes pas correct les gars, j'veux juste mon jeu de back-gammon...

— T'es chaud Pete, va te coucher.

— C'est ça, vous voulez rester uniquement entre Francos...

— La paix !!!

Quand Mahovlich est soûl, il est capable des pires excès. Il décide de défoncer la porte ; d'un solide coup d'épaule, il casse la chaîne de la porte.

Mario est furieux, il lance une bouteille de bière vide dans sa direction. Le grand Pete est atteint en plein front. Il pisse le sang.

Mahovlich bondit sur le Bleuet et tente de l'étrangler sur le lit. Pour échapper à l'emprise du géant, Mario plie ses jambes et donne une forte poussée sur la cage thoracique de son coéquipier. Celui-ci chute lourdement quelques pieds plus loin et se coupe profondément à la cuisse sur la vitre d'une table de chevet.

Cournoyer, paniqué, téléphone au soigneur de l'équipe. Mahovlich devra se taper une petite visite nocturne à l'hôpital. Il faut neuf points de suture pour fermer sa blessure au front et vingt-sept autres points pour sa cuisse...

Le lendemain, certains reporters sont déjà au courant. Quand Mahovlich monte dans l'avion le lendemain, en route vers Los Angeles, le journaliste du *Montréal Matin* va le retrouver à son siège.

— Qu'est-ce qui s'est passé, Pete ?

— Quoi, ma coupure ? Rien, je me suis fait ça en me rasant.

— Tu te rases le front maintenant ?

— (...)

— Sérieusement Pete. Tu ne te serais pas battu avec Mario ?

— Non, non, répond-il. Nous chambrons ensemble depuis le début de la saison et comme nous le faisons souvent, nous nous sommes tiraillés. J'ai fait une chute et, en voulant me relever, ma tête a frappé un bureau de la chambre. Qui a pu inventer une telle histoire ?

Mario, lui, ne fait pas de détours. «Oui, je l'ai frappé. Mais je ne dirai pas pourquoi. C'est une affaire entre lui et moi. »

Le lendemain, les deux hommes semblent avoir fait la paix. Ils partageront toujours la même chambre.

L'après-midi, assis à quelques pas de la spacieuse piscine de l'hôtel Marriott, à Los Angeles, Mahovlich fait le point avec quelques journalistes.

— Cette affaire n'a rien à voir avec le fait que Mario m'aime ou ne m'aime pas, précise-t-il. On m'a rendu furieux quand on a tenté d'en faire un problème de langues. Deux journalistes ont tenté de me faire dire qu'il s'agissait d'une petite guerre entre anglophones et francophones.

— Et comment Mario file-t-il?

— Je suis peiné pour lui, répond Mahovlich. Il était déjà furieux parce qu'il n'avait pas joué. J'aurais dû contrôler la situation de façon plus habile. Quand quelqu'un traverse une période difficile, il tient parfois à rester seul. Je comprends sa frustration. Mais il ne peut pas toujours détester le monde entier dès que les choses ne tournent pas rond.

Ce voyage réserve d'autres histoires percutantes. Le jour du match contre les Kings, à Los Angeles, le reporter Yvon Pedneault publie une bombe dans le *Montréal Matin*: même si les victoires s'accumulent, et souvent par des comptes astronomiques, le degré de mécontentement qui règne dans l'équipe augmente de jour en jour, la marmite va bientôt sauter!

La décision prise par Scotty Bowman de laisser de côté Mario Tremblay à Cleveland a révolté une grande partie des joueurs du Tricolore, dont les plus grandes vedettes, estime Pedneault.

Le Bleuet est l'un des joueurs les plus populaires du club. La décision de le retirer du match à Cleveland a déplu à l'ensemble du groupe car elle ne s'explique pas.

Selon les sources du journaliste, les relations sont

tendues entre Bowman et la majorité de ses joueurs. Certains laissent même entendre qu'un coup de force pourrait arriver bientôt. Un vétéran de l'équipe a même obtenu une rencontre avec Sam Pollock, au retour de Montréal.

Lapointe, Larocque, Lafleur, Cournoyer, Tremblay, Wilson, Savard, Mahovlich, Lemaire et Bouchard seraient parmi les malheureux. Lemaire n'a simplement jamais pu blairer Bowman.

Henri Richard, à la retraite depuis quelques mois, en rajoute dans sa chronique du *Dimanche Matin*. «Bowman manque tellement de diplomatie et de tact qu'il augmente la tension entre les joueurs. On dirait qu'il aime provoquer la chicane. Depuis le début de la saison, j'ai eu l'occasion de rencontrer plusieurs joueurs du Canadien et la plupart ont parlé contre lui. Vous ne pouvez savoir à quel point les joueurs le détestent.»

Il faut connaître le personnage. Il y a deux ans, Bowman a fait pleurer Yvan Cournoyer quand il l'a insulté et humilié devant toute l'équipe en l'accusant de penser uniquement à son salaire.

Il continuera de le harceler en lui parlant sans cesse de la courbe de son bâton. Même après six buts en deux matchs...

Pendant les entraînements, Cournoyer prendra le bâton de Doug Jarvis, un joueur défensif, pour faire rire les gars.

Le coup des douanes reste un classique. Lors d'un voyage à Saint-Louis, Bowman reçoit en cadeau, de son fan club, une montre. Le directeur des sports du *Montréal Matin*, Pierre Gobeil, souligne le geste dans l'un de ses potins.

Au retour de l'équipe à Montréal, le douanier, sans doute un lecteur du *Montréal Matin*, demande à l'entraîneur s'il a quelque chose à déclarer.

— Non, répond Bowman.

— Vous n'auriez pas reçu une montre, par hasard?

Bowman est furieux.

La semaine suivante, le club part pour Chicago. En traversant les douanes américaines, à l'aéroport de Dorval, Bowman fait un petit détour du côté des douaniers canadiens.

— Prenez soin de fouiller les gars quand nous rentrerons la nuit prochaine. Ils s'achèteront tous des souliers.

Quand les joueurs du Canadien arrivent à Dorval après leur match contre les Blackhawks, aux petites heures du matin, une armée de douaniers attend l'équipe. Les gars sont crevés. Mais on fouille tous leurs bagages, du premier au dernier. Las, cinq joueurs, dont Guy Lapointe et Pierre Bouchard, abandonnent leurs valises pour revenir le lendemain...

Bowman était sévère avec Tremblay et Bouchard, mais tous les autres n'y échappaient pas.

Une fois, à Denver, le colosse Rick Chartraw avait eu le malheur d'arriver en retard à un entraînement. Bowman s'est mis à patiner à ses côtés en lui criant tous les noms de la terre, devant le reste du groupe. Bob Gainey s'est approché.

Gainey, avec Doug Jarvis, était probablement l'un des seuls à ne pas être inquiété par son coach.

— Rick, lui lance Gainey devant Bowman, n'écoute

pas ce trou-de-cul...

Bowman avait réussi, en se mettant tous ses joueurs à dos, à créer un formidable esprit de solidarité au sein de l'équipe.

Après un match à Pittsburgh, il trouve une nouvelle façon de pincer les joueurs qui ne respectent pas un couvre-feu. Il installe un jeune partisan à la porte de l'hôtel, lui remet un bâton, et lui demande de faire signer les joueurs qui rentrent après deux heures du matin. Huit joueurs seront pris en défaut, trahis par leur signature, dont Mario...

Pour faire passer son message, sa technique était simple. Il terrorisait les vedettes. Inévitablement, les plus jeunes, en voyant les vétérans trembler, craignaient eux aussi leur entraîneur.

Son truc consistait à faire vivre ses hommes dans l'insécurité. Bowman croyait que l'être humain produisait davantage lorsqu'il n'était pas sûr de lui. Imprévisible, il gardait constamment ses hommes sur le qui-vive.

Scotty pouvait regarder un de ses joueurs droit dans les yeux et éclater de rire. Sans explications. Mario, qui vivait justement dans une insécurité chronique, détestait Bowman à mourir.

Parfois, certains joueurs osaient affronter leur entraîneur. Après une défaite à Saint-Louis, Bowman s'adresse furieusement à ses hommes dans le vestiaire :

— Votre façon de jouer ce soir, c'est honteux ! J'avais invité vingt personnes à 20 $ le billet pour la rencontre...

Mahovlich se lève alors :

— Okay *coach*, combien d'argent on te doit?

Lors du match suivant à Saint-Louis, Montréal remporte une éclatante victoire.

Mahovlich, à nouveau, taquine Bowman :

— Combien d'invités avais-tu ce soir? Est-ce qu'on a joué de façon correcte?

Des journalistes ont aussi goûté à la méthode Bowman. Pendant le vol, au retour d'un match, Bowman se retourne vers l'hôtesse de l'air qui s'apprête à servir un repas chaud à Bertrand Raymond et Bernard Brisset.

— Ces deux-là n'ont pas faim. Pas de repas pour eux.

Les deux reporters sont indignés. Scotty n'avait pas apprécié leur plus récent papier...

Les joueurs du Canadien avaient pourtant toutes les raisons de vivre pleinement leur gloire. Dans les villes étrangères, on les adulait comme un groupe rock. Mais personne, dans l'organisation, ne les glorifiait. Au contraire. Selon la stratégie de Bowman, on rabâchait toujours leurs erreurs au lieu de souligner leurs bons coups. Personne ne s'attribuait de gloire. Le joueur moyen rendait hommage aux vedettes. Les vedettes rendaient hommage à Guy Lafleur. Et celui-ci à l'organisation...

Voilà donc le climat dans lequel baignaient Mario Tremblay et ses coéquipiers à cette époque. Et cette semaine-là, sur la côte ouest, la marmite va sauter.

L'après-midi avant le match, à Los Angeles, Bowman réunit tous ses hommes. Il réussit à maintenir son navire à flot.

En soirée, Guy Lafleur marque avec onze secondes à faire, le Tricolore l'emporte 4 à 3. Après la rencontre,

Bowman trône tel un roi dans le vestiaire. Il injurie même les deux reporters du *Montréal Matin* et son directeur des sports, Pierre Gobeil. Seule l'intervention de Floyd Curry évite un incident encore plus disgracieux.

Bowman est furieux. Il n'a pas prisé qu'on le traite de raciste. Le *Montréal Matin* a soulevé, à mots couverts, que l'entraîneur du Tricolore semblait accorder une certaine priorité aux joueurs anglophones.

On a cité le cas du retrait de Tremblay, qu'on considère comme le joueur qui a fait le plus de progrès dans l'équipe.

Quelques jours après la tempête, Bowman se défend dans le *Journal de Montréal*. «Quand on me parle de racisme, je ne marche plus. Plus de 75 % de nos partisans sont Canadiens français. Il serait stupide de leur faire pareil affront. Quand j'étais le patron, à Saint-Louis, j'ai dirigé Jacques Plante, Jean-Guy Talbot, Noël et Roger Picard, Frank St-Marseille, Phil Goyette, Christian Bordeleau, Camille Henry et Michel Plasse. Mes enfants iront tous à l'école française. Mon aînée, Alicia, six ans, suit déjà des cours de français.»

Les choses semblent se tasser un peu par la suite. Après les fêtes, Mario participe au pointage dans sept matchs consécutifs. Mais encore, son temps de glace n'est jamais assuré.

Pour prouver sa vaillance à son entraîneur, Tremblay continue de jeter les gants régulièrement. Ces combats lui servent aussi d'exutoire. Comme pour évacuer toute sa frustration. Le jeune homme d'Alma ne craint personne. Et il se tire souvent fort bien d'affaire.

Depuis son entrée dans la Ligue nationale, il a gagné

presque autant de combats qu'il a marqué de buts. Pourtant, il n'a jamais suivi de leçons de boxe. Mais il ne se laisse jamais marcher sur les pieds. À la petite école, il lui arrivait souvent de corriger un camarade plus fanfaron que lui. Il était toujours le chef de son groupe d'enfants.

Tremblay s'en donne à cœur joie lors des matchs contre les Flyers et leur bande de gorilles. On ne les surnomme pas les « Broad Street Bullies » pour rien...

Fin janvier, une autre foire éclate à Philadelphie. Risebrough s'accroche au défenseur André « Moose » Dupont le long de la rampe. Tremblay tombe dans les bras du robuste Larry Goodenough. Il retient Goodenough et se tourne vers le Moose.

— Dupont, t'es rien qu'un gros jaune sale ! Tu choisis tes hommes, des gars comme Jarvis. Pis tu les frappes dans le dos.

— Tu devrais pas parler mon hos... de Tremblay !

Goodenough, lui, n'y comprend rien.

— Parle donc en anglais toi...

— J'vais parler en anglais quand ça va me tenter, c'tu clair ?

Bing ! Tremblay, d'une main gauche, atteint son adversaire au visage.

Personne n'était trop dur pour Tremblay. Mais au hockey, même les meilleurs boxeurs finissent inévitablement par croiser leur « homme ». De mauvais combats ont même parfois changé la carrière de certains joueurs.

Mario rencontre son « Waterloo » deux semaines après la mêlée générale contre les Flyers. Le Canadien joue à Los Angeles. Le dur, chez les Kings, se nomme Dave Schultz. Avant d'être échangé aux Kings, il a été, pendant de nombreuses années, le cœur et l'âme des « Broad Street Bullies ». Plusieurs joueurs du Canadien détestaient jouer à Philadelphie à l'époque, et l'une des raisons était Dave Schultz, l'un des joueurs les plus féroces et intimidants que la Ligue nationale ait connus.

Le match a débuté depuis une dizaine de minutes quand Tremblay provoque le colosse moustachu dans un coin de la patinoire.

Le temps de le dire, Schultz lui assène un formidable coup de poing à la bouche. Mario s'affaisse lourdement sur la glace, comme un sac de patates. La foule est stupéfaite. Un silence de mort règne dans le Forum de Los Angeles. Puis, quelques secondes après avoir absorbé le choc, les fans se remettent à crier bruyamment.

Mario est complètement groggy. L'attaquant des Kings prend un élan pour achever son rival, mais il se ravise quand il voit les yeux de Tremblay rouler dans le vide.

Le Bleuet se relève péniblement et, complètement étourdi, la bouche ensanglantée, regagne tranquillement son banc.

L'ailier droit du Tricolore passera le reste du match à la clinique, à se faire recoudre la bouche...

Après le match, le vétéran chroniqueur Red Fisher marche vers l'autobus avec Mario.

— T'es fou ? Qu'essayais-tu de prouver ?

— Nous perdions 1 à 0, je devais tenter de réveiller mon club. Il m'a étampé comme jamais je n'ai été étampé, mais nous nous reverrons...

Au même moment, Fisher aperçoit Schultz qui s'amène au bout du corridor.

— Mario, voilà ta chance d'égaliser les choses, lui

lance Fisher.

Lorsque Schultz croise le duo, Tremblay se retourne vers le gorille des Kings. Fisher se sent comme sur un baril de poudre.

— *Hi* Dave, lui glisse doucement le Bleuet. Je tentais seulement de faire mon travail...

Schultz pousse un grognement et sans se retourner, poursuit son chemin.

Soulagé, Fisher donne une petite tape sur l'épaule de Tremblay.

— Mario, voilà la chose la plus intelligente que tu aies jamais faite...

⎯⎯

Quelques semaines plus tard, les séries éliminatoires débutent. Pour la première fois de sa carrière dans ces séries, Mario semble destiné à jouer régulièrement.

Il avait participé à l'action en de brèves occasions contre les Sabres il y a deux ans, et effectué quelques apparitions contre les Flyers, en finale, au printemps précédent.

Il pense avoir appris à composer avec la pression. Il avait fondu de nervosité au Spectrum de Philadelphie pendant l'hymne national. Il s'agissait tout de même de sa première finale depuis les rangs bantam !

Claude Ruel a consacré beaucoup de son temps, ces dernières semaines, pour aider Mario. Il lui a enseigné de nouveaux trucs, en lui répétant de garder surtout son sang-froid lorsqu'il prend possession de la rondelle près du but adverse.

Tremblay est souvent trop tendu. Le week-end dernier, par exemple, Bowman a donné à son jeune ailier toutes les chances de clôturer la saison avec au moins vingt buts. Le Bleuet a joué au sein de deux trios et a participé aux avantages numériques. Trop crispé, il a raté de belles occasions de compter.

Ruel n'a jamais cessé de croire en Tremblay. Il sait que son poulain possède un lancer foudroyant, mais qu'il ne s'en sert pas. Deux ans que Ruel le harcèle : « Lance Mario ! Lance dès que tu t'approches du gardien ! »

La plupart du temps, Mario hésite et le défenseur adverse lui enlève le disque avec son bâton. Et Tremblay rage...

Il termine la saison régulière avec 18 buts et 46 points en 78 rencontres.

Trois semaines plus tard, après l'élimination facile des Flyers et des Blues par le Canadien, un nouveau joueur s'offre au public montréalais. Tremblay est métamorphosé.

Nous sommes le 7 mai, pour le premier match de la finale de la Coupe Stanley contre les Bruins de Boston, dirigés par Don Cherry, personnage haut en couleur. Boston a un club de cols bleus, des joueurs durs, costauds, déterminés. Cherry n'aime pas les enfants de chœur.

Ce soir-là, au Forum, les Bruins trouvent plus redoutable qu'eux. Tremblay n'a plus rien du jeune athlète trop tendu : il frappe comme un damné et manie la rondelle comme jamais. Il est comme sur un nuage. Il joue sans réfléchir, marque deux buts, et est choisi la deuxième étoile de la rencontre. Le Canadien l'emporte 7 à 5.

— *Well, I'm going to tell you...*, lance-t-il dans son anglais approximatif, devant une horde de journalistes.

Tremblay jubile. Il vit ses premières véritables heures de gloire.

— C'est le plus beau jour de ma vie, lance-t-il aux reporters francophones par la suite. Surtout que mes parents assistaient au match. J'étais vraiment nerveux au début, ce qui n'est rien de nouveau, mais ça s'est vite replacé par la suite.

Boston est facilement éliminé trois matchs plus tard, grâce à une performance inouïe de Guy Lafleur au Garden de Boston.

Lafleur, malgré les menaces de décapitation proférées par ses adversaires avant la troisième rencontre à Boston, offrira une prestation qui contribuera encore plus à sa légende.

Les journalistes n'en ont que pour lui après la rencontre. Dans son coin du vestiaire, Tremblay n'attire pas l'attention du numéro 10, mais il est tout aussi satisfait de son sort. Pour la première fois de sa carrière, il a l'impression d'avoir contribué à la conquête de la Coupe Stanley. Il se sent enfin valorisé.

Tout va à merveille pour le Bleuet. Il vit les plus grands moments de sa carrière, il vient d'acheter une maison à Kirkland et se marie avec Colette l'an prochain. Un nouveau contrat l'attend cet automne et, dans quelques jours, il part en vacances à la Barbade avec son copain Pierre Bouchard.

Mario Tremblay est furieux ce matin pendant l'entraînement de l'équipe à l'aréna municipal de Saint-Laurent. Scotty Bowman lui fait partager son aile avec Yvan Cournoyer, à droite de Pierre Mondou et Yvon Lambert.

Tremblay a l'impression de perdre une nouvelle fois ses minces acquis : il n'a toujours pas compté en treize matchs depuis le début de la saison 1977-1978, et il est sur le point de céder sa place encore une fois.

Mario est à bout. Fou de rage, il fracasse son bâton contre la baie vitrée, devant Bowman et les journalistes !

Bowman ne la trouve pas drôle. « Personne d'autre que moi et mon adjoint Claude Ruel ne dirigera cette équipe, affirme-t-il à des reporters sidérés après l'incident. Nous avons 23 joueurs et nous ne pouvons les rendre tous heureux. »

Tremblay en a ras le bol. Deux ans sur le banc, d'accord, mais il entame sa quatrième année, et sa situation n'évolue toujours pas. Ses succès du printemps dernier en finale semblent bien loin.

Le Bleuet regrettera sa crise. William Scott Bowman a une mémoire d'éléphant...

Pourtant, Tremblay en remet. Il se permet quelques déclarations incisives à la très conservatrice Soirée du hockey. Avec Mario, il n'y a pas de « bonjour » poli à monsieur l'animateur, suivi des clichés habituels.

— Oui Claude, ça me fait mal quand Bowman ne me fait pas jouer, et je me pose des questions sur les raisons d'une telle décision, déclare-t-il en direct à Claude Quenneville, lors d'un match à Long Island.

Janvier 1978 : Tremblay nage toujours en plein brouillard. Il est délaissé pour un dixième match d'affilée. Il s'interroge. Bowman, évidemment, est fermé comme une huître. Tremblay redouble d'ardeur aux entraînements, mais il n'y a rien à faire, semble-t-il, pour attendrir son *coach*.

Mario est écœuré. Le même fichu scénario se répète toujours. Les choses vont bien, puis il s'enlise.

À la fin du mois, le numéro 14 prend les grands moyens pour attirer l'attention de Bowman.

Comme il passera vraisemblablement une autre soirée sur la galerie de la presse, Tremblay ne se présente même pas au Forum pour le match contre les Kings !

Le risque est considérable. Aucun joueur n'est tenu de se rendre au Forum s'il ne participe pas au match, mais si un coéquipier se blesse à l'échauffement, Tremblay n'est pas dans le coin pour combler le vide.

Néanmoins, son pari fonctionne. Pour la première fois en deux mois, Bowman lui adresse la parole lors de l'entraînement du lendemain. Mais Mario n'est pas vraiment plus avancé : il ne sait guère quand il aura une nouvelle chance de jouer.

Le hockeyeur d'Alma souhaite être échangé. Imaginez à quel point son désarroi est grand : réussir à jouer pour le club de son enfance, dans sa province, et rêver de partir...

Récemment, les Rangers de New York ont manifesté leur intérêt. L'ancien dur à cuire du Tricolore, John Ferguson, désormais membre de la direction de la formation new-yorkaise, offre un bon montant d'argent pour obtenir les services de Tremblay. Mais Pollock reste de glace.

Après 36 jours consécutifs à titre de réserviste, Tremblay obtient finalement une chance de jouer à cause d'une blessure de Bob Gainey. Il marque deux buts en trois matchs, ses quatrième et cinquième seulement de l'année.

Le Forum lui réserve une ovation monstre après son cinquième but. Son calvaire n'est pas terminé pour autant. Gainey revenu au jeu, Tremblay retourne dans les gradins.

Même s'il ne joue pas, Mario n'est pas à l'abri des blessures. À Los Angeles, le 18 mars, il est étendu sur un bateau avec des coéquipiers quand une vague secoue l'embarcation. Mario perd l'équilibre et se cogne la tête contre une partie métallique du bateau.

Il a le front ouvert. Il lâchera tous les jurons de la terre pendant que le capitaine ramènera le groupe à quai. Il se choque encore plus quand les infirmiers lui proposent de se rendre à l'hôpital sur une civière. Quelle galère!

Le Canadien se retrouve à nouveau en finale, ce printemps 1978, contre leurs éternels rivaux, les «Big Bad Bruins».

Le Tricolore mène la série 2 à 1, et Mario n'a pas endossé l'uniforme une seule fois.

Le quatrième match au Garden commence dans quelques heures à peine, et Scotty Bowman hésite. Tremblay devrait-il jouer à la place de Rick Chartraw?

Le Canadien a besoin d'un peu de dynamite. Après deux belles victoires, le Tricolore s'est fait rosser 4 à 0 la veille, au Garden. Les Bruins ont bombardé Ken Dryden de 36 lancers. L'autre gardien Gerry Cheevers, a reçu 16 maigres tirs. Les Glorieux étaient blanchis en séries pour la première fois depuis 1971.

Bowman tranche enfin : il laissera le tigre sortir de sa cage... Cette décision, prise dans une modeste pièce du Garden, transformera la carrière du Bleuet bionique et aura des répercussions directes sur le déroulement de la série.

Les Rouges perdent néanmoins 4 à 3 en prolongation ce soir-là. Le match aura été rude. Pierre Bouchard se fait fracasser le nez par Stan Jonathan et Gilles Lupien en arrache devant John Wensink, un autre coriace. Le moral des troupes n'est pas très fort.

Tremblay, lui, a joué avec une fougue extraordinaire ; il gagne son poste pour au moins un autre match. Car devant la supériorité physique des Bruins, pas question de se passer d'un guerrier de la trempe du Bleuet. Et Mario sait très bien ce qu'il devra faire deux jours plus tard au Forum.

Dès le début de la deuxième période, alors que le Canadien mène 2 à 0, Tremblay étend d'un seul coup de poing le marqueur du but des prolongations du match précédent, Bobby Schmautz.

Ce combat assomme Schmaultz, c'est le cas de le dire, mais aussi les joueurs du Boston, qui n'auront plus la même ardeur par la suite.

Quand les Bruins cherchent des noises aux meilleurs marqueurs du Canadien en troisième, Tremblay s'affirme à nouveau. Dans un combat d'une grande violence, il tient tête à Wensink.

Montréal l'emporte 3 à 2. Les Canadiens ont une chance de remporter la Coupe Stanley deux jours plus tard, au Garden. Mais un match à Boston n'a jamais rien de très rassurant. Surtout que cette série est l'une des plus vicieuses de l'histoire de la Ligue nationale.

Le vénérable entraîneur, Toe Blake, qui a déjà remporté avec le Tricolore cinq fois la Coupe Stanley, déclare même aux reporters de Boston avant ce sixième match : « J'espère que Don Cherry vaccinera ses chiens contre la rage avant de les envoyer sur la glace... »

C'est 1 à 1 en première période, dans l'enfer du Garden. Tremblay se faufile et accepte une passe précise de Pierre Mondou dans l'enclave pour déjouer Cheevers : 2 à 1 pour le Canadien.

Le match reste serré. La tension est palpable. Puis à mi-chemin en deuxième période, Tremblay saisit la rondelle en zone neutre, déjoue Stan Jonathan et effectue un tir que le défenseur Brad Park fait dévier derrière son gardien. Bingo !

Réjean Houle marque quelques minutes plus tard le but qui assure la victoire de son équipe, la troisième Coupe Stanley consécutive du Canadien est dans la poche ! Grâce à Mario !

En un seul match, Tremblay a repris une place de choix au sein de l'organisation, malgré une saison de misère marquée par plusieurs rumeurs d'échange. Sam Pollock n'a-t-il pas déjà déclaré qu'il lui répugnait de se défaire d'un joueur qui l'a aidé à remporter une Coupe Stanley ?

Tremblay est encore essoufflé quand les journalistes viennent à sa rencontre dans le vestiaire, après la remise de la Coupe sur la patinoire.

— Ça prouve qu'on a de maudits bons réservistes, lance-t-il, survolté. Ça prouve qu'on lâche jamais... euh... euh... en tout cas, y'a une chose de certaine, ça pouvait pas tomber sur un meilleur gars que moi.

C'est la cohue. Les reporters jouent du coude pour s'approcher de Tremblay. Le jeune homme de 21 ans est complètement submergé par les journalistes. Il aperçoit la fameuse coupe au loin, mais il doit attendre avant d'y boire le précieux champagne. Un coéquipier lui lance une bière pour le faire patienter.

— J'ai passé des moments difficiles, cette année, mais j'peux pas me plaindre. Je suis tout jeune et j'ai déjà gagné trois Coupes Stanley. Des grands joueurs comme Jean Ratelle et Brad Park ont travaillé très fort dans cette Ligue, et ils ont toujours échoué près du but. Ils ne connaissent pas le *feeling*. C'est le plus beau *feeling* du monde. J'vais être sur la brosse durant toute la parade... Wow!

Tremblay passera une nuit folle. Il se permet de réveiller ses parents, frères et sœurs à Alma, quand il arrive à Montréal, vers cinq heures trente du matin. Son père Gonzague, émotif comme son fils, pleure de joie au téléphone.

Ses beaux-parents en Gaspésie ont droit eux aussi à un coup de fil matinal.

Quand Mario se pointe dans le vestiaire du Canadien au Forum, vers onze heures, le lendemain de la conquête, il a les paupières lourdes et la bouche pâteuse. Il serre la main de quelques journalistes avant d'aller s'écraser devant son casier.

Crevé, confus, il secoue la tête comme s'il ne parvenait pas à croire ce qui vient d'arriver. Qui aurait pu prédire qu'il marquerait deux buts, dont le filet gagnant, dans le dernier match de la finale ? Certainement pas lui.

Il devenait ainsi le plus jeune joueur à remporter trois fois la Coupe Stanley, et le plus jeune aussi à marquer deux buts dans un match de la finale.

À ses côtés, Réjean Houle respire la joie lui aussi. « Vous pouvez pas savoir combien je suis content pour lui. J'ai toujours aimé Mario et je l'aimerai toujours. Je n'ai jamais pensé qu'on pourrait l'échanger. À titre d'ami, je l'avais prévenu que je me ferais un plaisir de l'aider s'il avait besoin de moi. Mais je n'ai jamais voulu m'imposer parce que Colette pouvait le faire mieux que quiconque. »

Automne 1978 : Risebrough, Lambert et Tremblay ont marqué quatorze buts en seulement huit matchs hors concours. La « Kid Line » terrorise les défenses adverses.

Le Bleuet poursuit sa lancée en saison régulière. Il joue avec l'assurance d'un vétéran. Malgré ses succès dans les séries et ses quatre ans d'expérience, il avait eu peur pour son poste quelques semaines plus tôt, avec l'embauche de Pat Hughes, fraîchement arrivé de l'Association mondiale, mais ses prouesses lui ont assuré une place dans l'équipe.

Ses passes sont plus précises, ses gestes plus fluides, il manie la rondelle avec plus d'assurance. Après quatre saisons, les traces de la recrue incertaine ont complètement disparu.

Ses deux buts lors du dernier match au Garden de Boston ont transformé le joueur : « Si j'avais pas compté mes deux buts contre les Bruins, je serais pas ici aujourd'hui, confie-t-il à Yves Létourneau, de *La Presse*, en octobre. Je suis certain que je serais parti. J'avais perdu confiance. Tu peux pas savoir ce que ça peut faire à la fierté d'un joueur d'être envoyé sur la galerie de la presse. Ça te détruit moralement. Tu regardes les autres se préparer. Ils s'habillent, ils vont se réchauffer. T'es là, avec ton habit de la ville. Tu te sens gêné. T'es en bonne santé. Tu pourrais aider. Tu veux aider. Mais y'a rien à faire. Ça te rend malade... »

Après ses deux buts, Mario a senti pour la première fois qu'il pouvait aider le Canadien, qu'il pouvait jouer un rôle important dans les matchs cruciaux. Le déclic s'est produit. Tous ses doutes se sont dissipés. Et durant l'été, les gens n'ont cessé de lui parler de son exploit.

Tremblay se sent comme libéré cette année. Pour la première fois depuis qu'il a rejoint le Canadien, il ne craint pas de se retrouver dans les gradins après un mauvais match. Il joue mieux parce qu'il est moins craintif... il est moins craintif parce qu'il joue mieux.

Quel contraste. D'un naturel joyeux, il avait passé de longs moments, ces dernières saisons, le visage crispé, la mine abattue, à tenter de comprendre pourquoi il jouait si peu.

Pendant que Bowman et Ruel « cassaient » son caractère en le laissant moisir sur le banc, Sam Pollock le défendait en public. Et Tremblay faisait ce qu'on lui demandait de faire pour rester à Montréal. Mais affronter continuellement des brutes comme Dave Schultz et Jerry Korab n'avait rien de très agréable.

Maintenant, Mario goûtait enfin au bonheur, mais il n'avait rien oublié. Pourquoi avait-il été obligé d'endurer pareil tourment pendant toutes ces années, avant de devenir un joueur régulier? Pourquoi devait-il rester dans l'ignorance totale de son sort durant des semaines?

Il était normal que Bowman le cassât dès sa première année. Il a pris sa pilule. Mais pourquoi tant de méchanceté inutile pendant les autres saisons? Mario n'a jamais compris. Il trouvait ce traitement inutile et injuste. Que son entraîneur l'écartât pendant quelques matchs pouvait passer, mais la méchanceté, il ne l'acceptait pas.

Il a même failli tout abandonner à sa troisième saison. Il passait tous les matchs sur le banc, il ne marquait plus. Un beau soir, il a téléphoné à son père Gonzague pour lui dire qu'il décrochait.

Le paternel est descendu dare-dare du Lac pour retrouver son fils à Montréal et lui tirer les oreilles. Il lui a indiqué le chemin du Forum, en lui disant qu'il devait «s'en aller là, pis pas ailleurs...». Aujourd'hui, Mario remercie son père. Il est devenu le dernier-né des chouchous des amateurs de hockey, celui qui, à l'exception de Lafleur, fait bondir le plus les gens du Forum, celui aussi qui fait parler de lui dans les autobus, les brasseries et les lignes ouvertes.

Au cours de ce même fructueux automne, Tremblay profite d'une courte présence au banc pour retourner un message de Colette : le couple aura un premier enfant dans quelques mois.

À tous les points de vue, Mario traverse sa plus belle période depuis ses années juniors.

La « Kid Line » constitue l'imposant trio d'attaque de l'équipe depuis l'ouverture de la saison. Mario a déjà six buts, un de moins seulement que Guy Lafleur, la vedette incontestée du club.

Lambert, Tremblay et Risebrough forment un trio très particulier. Les deux plus jeunes se parlent souvent dans le blanc des yeux quand ça ne tourne pas rond. Lambert tente de tempérer l'ardeur de ses coéquipiers lorsque la tension monte.

Risebrough et Tremblay s'amusent de la chose. Ils savent qu'ils possèdent tous les deux des tempéraments explosifs. C'est dans leur nature de se parler de façon aussi crue. Et, Lambert ricane toujours un peu quand les deux coqs s'engueulent.

Mario s'emporte toujours sur le banc quand il rate un but facile. Lambert tente de lui faire comprendre qu'il ne peut jouer 45 minutes par match et compter tous les soirs. Mais des points, Tremblay en obtient beaucoup plus souvent. En janvier, il partage le premier rang au classement de la Coupe Molson avec Guy Lafleur.

Le succès du Bleuet alimente les conversations dans le vestiaire du Canadien. La plupart de ses coéquipiers se réjouissent de son récent bonheur, durement acquis. On comprend qu'il a attendu longtemps avant de voir la chance enfin lui sourire. Personne n'est assez mesquin pour le jalouser.

Quant au vétéran Serge Savard, une référence pour

les journalistes dans le vestiaire, il est surpris du rendement de Tremblay : «Il reprend graduellement confiance. Il déjoue l'adversaire. Il ne le faisait pas auparavant. Il est peut-être parvenu à la Ligue nationale trop hâtivement. Ce n'est jamais facile de s'affirmer à dix-huit ans. Quand il a été rappelé avec Risebrough, personne ne frappait. Il s'est senti obligé de le faire. Mario était fanfaron. Il s'attaquait toujours aux plus gros joueurs. Ça ne l'a pas aidé.»

Tremblay a beaucoup changé. Il est toujours aussi bagarreur, mais il ne provoque plus les combats à la première occasion.

L'athlète d'Alma n'a jamais été en aussi bonne position pour renégocier son contrat. Il a d'ailleurs changé d'agent au cours de la période estivale. Il a délaissé Gilles Prévost pour Norm Caplan, qui possède une vaste expérience du hockey et qui représente de nombreux joueurs. Tremblay ne devrait pas éprouver de difficulté pour obtenir le contrat de trois ans qu'il convoite.

Le Bleuet termine la saison régulière 1978-1979 avec 30 buts et 59 points en 77 matchs : un sommet de sa carrière.

Les séries éliminatoires du printemps 1979 sont entamées depuis quatorze minutes à peine, au Forum, contre les Maple Leafs, quand Mario Tremblay jette les gants devant Pat Boutette.

Après quelques taloches, Boutette renverse son

adversaire. Dans sa chute, Mario ressent une vive douleur au genou droit. Rien, toutefois, pour l'empêcher de continuer à jouer. Le Canadien remporte le match initial de cette première ronde 5 à 2.

Le lendemain, au réveil, Tremblay a la désagréable surprise de constater que son genou a enflé terriblement. Il participe à l'entraînement du club, mais il grimace à chaque coup de patin.

Il quitte l'aréna Saint-Laurent en boîtant en direction de l'hôpital. Le médecin lui annonce une bien mauvaise nouvelle : il s'est tordu le genou droit, ce qui signifie une absence de deux semaines au minimum.

Le Tricolore élimine néanmoins les Maple Leafs en quatre rencontres consécutives. Tremblay revient au jeu pour le troisième match de la demi-finale contre les Bruins, au Garden. Ce sera un soir de cauchemar : les Glorieux encaissent une première défaite et Tremblay frôle la catastrophe.

À la fin de la troisième période, il est atteint accidentellement sous l'œil par le bâton de Risebrough. Le choc est d'une force inouïe, les deux genoux de l'ailier droit plient.

Après la rencontre, le Bleuet bionique a l'œil complètement fermé. Il est vert de rage dans le vestiaire.

— Hey, crie-t-il à un reporter montréalais. Tu dois être content qu'on ait perdu contre les Bruins. T'as écrit qu'on méritait pas de gagner les deux derniers matchs contre Toronto et les deux premiers face aux Bruins. Six victoires de suite, c'était pas assez pour toi?

Le journaliste en question lui a expliqué son point de vue et Tremblay s'est calmé. Serge Savard, assis à côté, n'a rien manqué de la conversation :

— Quand mon garçon fait une petite crise comme celle-là, je l'envoie dans sa chambre...

Faut dire que Mario était encore sur les nerfs, après avoir failli perdre son œil.

— Bof, lance-t-il avec désinvolture, si j'avais perdu mon œil, j'aurais pris ma retraite, c'est tout. Je serais retourné à Alma aider mon père dans le déménagement.

— Oui mais, Mario, lui répond un journaliste, même un déménageur doit avoir ses deux yeux.

— Ouais, t'as sans doute raison. J'égratignerais probablement quelques frigos sur les coins du camion...

Heureusement pour lui et le Canadien, il a gardé ses deux yeux. Quelques jours plus tard, pour le septième et ultime match de cette série, au Forum, Bruins et Canadiens sont à égalité 4 à 4 après trois périodes.

Avant la prolongation, Bowman décide de réunir dans un même trio Tremblay, Houle et Lambert. Juste avant de bondir sur la patinoire, Mario se retourne vers ses coéquipiers :

— Ce sera Lambert sur une passe de Tremblay !

Vers la septième minute, les Bruins s'installent en territoire adverse. Ils n'en finissent plus de tournoyer autour des joueurs du Canadien.

Don Marcotte lance, Dryden s'élance pour bloquer. Le gardien du Canadien ne contrôle pas la rondelle. Un autre Bruins prend le retour, Serge Savard bloque miraculeusement le disque avec son patin, devant une cage déserte.

Réjean Houle s'empare de la rondelle et la remet à Tremblay qui pénètre en zone adverse. Il effectue une belle feinte devant le défenseur et passe directement la rondelle sur la palette du bâton du grand numéro 11, laissé sans surveillance par Brad Park. Lambert fait dévier la rondelle derrière Gilles Gilbert – le Forum explose ! Quel prophète, ce Tremblay !

Ce sera l'une des séries les plus mémorables de l'histoire.

La finale, contre les Rangers, n'est qu'une formalité. Le Canadien remporte une quatrième Coupe Stanley d'affilée en éliminant les « Blue Shirts » en cinq rencontres.

Quelques jours plus tard, pendant le party de la Coupe Stanley, son épouse Colette a des contractions. Tremblay a le cœur à la fête, mais sa femme lui fait comprendre qu'ils feraient mieux de se dépêcher pour se rendre à l'hôpital !

Mario a 23 ans quand il voit Janie naître.

De nombreux projets intéressants se précisent pour lui. Il devient président d'honneur pour la Traversée internationale du Lac-Saint-Jean et signe un important contrat à titre de porte-parole de l'eau naturelle Monclair.

Mais des jours plus gris s'annoncent pour le Canadien. Cette formidable équipe est sur le point de se dissoudre. L'entraîneur Scotty Bowman annonce sa démission. Le gardien Ken Dryden prend sa retraite, Yvan Cournoyer également et Jacques Lemaire s'en va en Suisse. Le directeur général Sam Pollock est déjà parti depuis un an, remplacé par Irving Grundman, qui est loin de jouir du statut de son prédécesseur. C'est le début de la fin.

QUATRE

Une ère nouvelle

Irving Grundman remet l'avenir des Glorieux entre les mains de Bernard Geoffrion, une figure très populaire à Montréal. Geoffrion, quarante-neuf ans, a connu ses heures de gloire avec le Canadien dans les années 50. Il est devenu le deuxième joueur de l'histoire à avoir atteint le cap des cinquantes buts.

Le contraste entre Geoffrion et son prédécesseur, Scotty Bowman, est frappant. «Boom Boom» est un être attachant, un peu fanfaron, mais surtout beaucoup plus relaxe.

Lors du premier entraînement de l'équipe, ses hommes se pointent en habit. Ils sont sidérés lorsqu'ils voient arriver leur nouveau *coach* : Geoffrion est coiffé d'un chapeau de cow-boy, porte des jeans et une belle chemise fleurie ouverte. Il a le sourire fendu jusqu'aux oreilles.

— Qu'esse vous faites en cravate les gars? On dirait un enterrement!!!

Les joueurs se regardent, surpris. Après avoir supporté une discipline stricte, les sarcasmes et les silences de Bowman pendant sept ans, ils se retrouvent avec un entraîneur très tolérant. Et qui préconise, de plus, un style de jeu fondé sur l'attaque.

Le rideau de fer vient de tomber. Les joueurs accèdent subitement à une liberté nouvelle. La porte du bureau de « Boom Boom » est toujours ouverte. Pour détendre ses gars, avant les matchs, Geoffrion aime bien raconter des p'tites *jokes*. Geoffrion, contrairement à Bowman, n'a pas de plan clairement défini.

Quant à Tremblay, il ne se plaint pas du changement ; il revit : « Ça fait longtemps que mon patron immédiat n'était pas venu me serrer la main, déclare-t-il au début du camp d'entraînement. Je le connais à peine et je suis déjà heureux de son embauche. Ça va faire bizarre de pouvoir discuter avec le *coach* et surtout de le voir rire… un maudit changement ! »

La lune de miel dure à peine trois mois. L'équipe est tiraillée. Certains joueurs préfèrent à Geoffrion son associé, Claude Ruel. L'abcès crève quand Guy Lafleur confie à Bernard Brisset, de *La Presse*, qu'il n'y a pas de direction au sein de l'équipe : les joueurs sont déchirés entre Geoffrion et Ruel, des cliques se sont formées.

Geoffrion démissionne peu de temps après. Ruel prend la relève. Les choses ne s'améliorent pas pour autant.

Ruel est aussi souple que Geoffrion. Il est très proche de certains joueurs. Il se fie beaucoup, entre autres, au leadership de Serge Savard. Les protégés de « Piton » se sentent en sécurité avec lui.

Pendant qu'une partie des joueurs tient à garder Ruel pour des raisons évidentes, d'autres décrient son manque de professionnalisme. « Piton » a la science du hockey, mais il parvient difficilement à imposer le respect dans le vestiaire. Sa pauvre maîtrise de l'anglais lui vaut quelques railleries à peine déguisées.

Le clivage entre les clans au sein du groupe s'approfondit. Dans un coin : Tremblay, Houle, Lambert, Larocque et Normand Dupont ; dans l'autre : Larouche et Lafleur. Il y a aussi les Anglais.

Si on discute beaucoup de la direction de l'équipe, un autre sujet alimente cependant les conversations des joueurs. Et il est de taille. Dans quelques mois se tiendra le Référendum de 1980. La question nationale alimente les conversations dans les chaumières du Québec, mais elle ne laisse certes pas indifférents les joueurs du Tricolore.

Notre Bleuet n'affiche pas publiquement ses allégeances politiques, mais ses coéquipiers le savent un ardent nationaliste. Tremblay n'est pas un trouillard, il aime bien taquiner quelques Anglais à ce sujet. Mark Napier, l'anglophone de l'Ontario, et Mario, le francophone du Lac-Saint-Jean, se tirent joyeusement la pipe.

Les débats sont passionnés. À un moment donné, on ne parlera plus que de politique. Néanmoins, une blague en apparence anodine plonge Tremblay dans une grande controverse. Ce matin-là dans le vestiaire, pendant que les joueurs se déshabillent, Mario, un brin fanfaron, se lève sur son banc :

— Ben oui, chu pour le OUI ! Pis faut se tenir deboutte !

Le chroniqueur Réjean Tremblay, de *La Presse*, assiste à la scène. Le quotidien montréalais étale l'histoire à la une le lendemain.

Michel Larocque apostrophe Réjean Tremblay le matin de la publication de l'article. Larocque est mentionné lui aussi dans l'article comme étant l'autre défenseur de l'indépendance du Québec chez les joueurs du Canadien.

— Tu ne nous as jamais demandé la permission d'écrire ça, lance Larocque. On est dans le gros trouble maintenant !

Il est en effet très risqué de s'afficher en faveur de la séparation du Québec quand on porte l'uniforme tricolore. À l'époque, le Canadien était encore dirigé par une élite anglo-saxonne. Le principal leader dans le vestiaire, Serge Savard, est fédéraliste jusqu'au bout des ongles. On n'entendra plus Tremblay et Larocque parler de politique...

Sur la patinoire, Mario ne connaît pas une saison à tout casser. Début janvier, il combat une léthargie de quinze matchs. Il a marqué seulement six buts, après en avoir compté trente l'année précédente. Il en obtiendra seulement seize en saison régulière, presque la moitié de son rendement de la saison 1978-1979. Il franchit toutefois les 100 buts de sa carrière contre les Rangers, le 8 mars.

Tremblay se rachète aux séries éliminatoires. Le trio qu'il forme avec Houle et Lambert récolte 26 points lors des sept premiers matchs. Néanmoins, à la surprise des experts, ils sont éliminés dès le deuxième tour par les North Stars du Minnesota, en prolongation lors du septième match.

Tremblay est très actif au cours de l'été. Il s'exerce à chanter, afin de lancer une nouvelle publicité pour les eaux Monclair. D'autres entreprises se l'arrachent.

Le Bleuet lance aussi en août une brasserie à Alma,

la brasserie Mario Tremblay, avec son partenaire Denis Tremblay, une figure bien connue de la région.

Il y a beaucoup de fébrilité ce jour-là, le 26 août, sur la rue Collard. Une grande partie de la population s'est déplacée pour l'événement et une dizaine de journalistes de la région et quelques joueurs, dont Michel Goulet, Pierre Lacroix, Pierre Bouchard, Gilles Lupien et Normand Dupont assistent à l'ouverture.

On a exposé, dans un coin de la salle, trophées et photos du célèbre ailier droit. Serveurs et serveuses porteront les couleurs du Canadien, avec le numéro 14 dans le dos !

Le Bleuet se permet même de jouer les garçons de table lors des premiers jours. On a aussi imaginé des promotions intéressantes : il est question d'offrir la tournée à chaque but de Tremblay.

Malgré ses nombreuses activités, Mario trouve le temps de s'entraîner. Il court cinq milles tous les matins et joue régulièrement au raquetball. Il patinera avec la formation bantam d'Alma vers la fin du mois, avant de participer au camp d'entraînement de l'équipe junior des Aiglons d'Alma.

Il participe aussi à la promotion du tabloïd des sports de *La Presse,* avec son copain Réjean Houle.

Fin septembre 1980. Le Canadien s'apprête à affronter les Maple Leafs de Toronto lors d'un match de présaison. Une recrue tremble de nervosité dans un coin du vestiaire : elle s'appelle Keith Acton.

Ce petit joueur de centre de 5 pieds 8 pouces est entré par la petite porte au camp d'entraînement. Il a été choisi tard au repêchage deux ans plus tôt, au 103e rang. Personne ne s'attendait à le voir percer dans la Ligue nationale. Mais sa fougue et sa détermination depuis l'ouverture du camp attirent l'attention de la direction du Tricolore. Et lui valent la chance de se faire remarquer pour une première fois ce soir-là, contre les Leafs.

À vingt-quatre ans, Mario Tremblay est déjà un vétéran du Tricolore. Et on lui a demandé de prendre le jeune Acton sous son aile.

— Je sais comment tu peux te sentir à l'heure actuelle, murmure le Bleuet à Acton, quelques heures avant la rencontre. Change pas ton style pour Yvon (Lambert) et moi. T'as juste à faire ta petite affaire, on s'occupe du reste. Si t'es dans le trouble, si on t'attaque, j'serai pas loin derrière.

De cette conversation de routine naîtra une belle alliance. Acton fait si bien entre Lambert et Tremblay qu'il mérite un poste régulier dans l'équipe.

Les trois forment le trio le plus redoutable du Canadien en ce début de saison 1980-1981. Après 39 matchs, Tremblay a déjà obtenu 39 points, dont 14 buts. Il domine largement ses coéquipiers au chapitre des tirs au but et occupe le deuxième rang des compteurs de son club, derrière Steve Shutt. Mario est nettement le joueur le plus accompli du Tricolore. Avant, il semblait se limiter à lancer bêtement le disque au fond de la patinoire, une fois parvenu en territoire ennemi. Il contrôle désormais la rondelle en zone adverse et demeure spectaculaire dans sa manière de foncer tête baissée, agressivement, sans avoir peur de personne. Mais il est aussi devenu un habile meneur de jeu. On l'emploie d'ailleurs beaucoup plus souvent lors des avantages numériques. Auparavant, dans ces situations, il retournait sur le banc en furie, continuait à rager en proférant tous les blasphèmes de la terre et n'était toujours pas calmé quand il bondissait sur la glace quelques minutes plus tard.

Tremblay est beaucoup plus serein aujourd'hui. Il n'a plus rien du personnage irascible et belliqueux des dernières années. Il ne provoque plus les discussions pour le simple plaisir de mettre un peu de piquant dans sa vie quotidienne. Ses affaires se portent bien, il est père depuis plus d'un an, l'adolescent turbulent n'est plus.

Certains croient même en ses chances de participer au match des étoiles pour une première fois. Manque de choix, le choix des étoiles est confié cette année-là à l'entraîneur des Sabres de Buffalo. Et cet homme se nomme Scotty Bowman...

Le 24 janvier 1981, au Forum, Mario Tremblay obtient le premier truc du chapeau de sa carrière. Comme le hasard fait bien les choses, il signe son exploit contre ses ennemis jurés, les Flyers de Philadelphie.

Sa longue attente de sept ans en valait la peine : 18 096 spectateurs lui réservent une vibrante ovation après son troisième but. Tremblay est secoué.

Mais le Bleuet semble destiné à vivre dans l'ombre des grandes vedettes. Ce même soir, le supermarqueur québécois Michael Bossy, des Islanders de New York, égale la marque de Maurice Richard avec 50 buts en autant de rencontres.

— J'espère que vous allez lui garder un petit coin sur la première page de votre journal, lance Yvon Lambert aux reporters après le match.

Le rendement de Tremblay chute dramatiquement après cette soirée magique. Il passe une sombre période de seulement deux buts en vingt rencontres après les fêtes. Il souffre aussi d'une mystérieuse infection à une oreille, qui pourrait être à la source des étourdissements dont il est victime régulièrement depuis quelques semaines.

Le Bleuet est à prendre avec des pincettes au cours de cette période. Sa mauvaise humeur atteint un paroxysme à la visite au Forum des Canucks de Vancouver, et de leur attaquant Dave « Tiger » Williams, le 20 mars.

Williams, un matamore notoire qui bat tous les records de punitions de la Ligue, est à l'origine d'un scandale à connotation raciste quelques semaines plus tôt, dans le *Vancouver Sun,* après un match du Canadien au Pacific Coliseum : « Soyons réalistes, comment se fait-il qu'il y ait autant de monde pour encourager le Canadien à Vancouver ? Il n'y a pourtant pas beaucoup de gens qui aiment les Frogs à l'ouest des Rocheuses. L'explication la plus logique, c'est que René Lévesque achète la plupart des billets. Il paie pour que les amateurs encouragent ces grenouilles... »

Williams en remet dans un récent numéro de l'hebdomadaire *Hockey News* en déclarant cette fois qu'il déteste les grenouilles parce qu'elles sont vertes et gluantes. « Je les déteste vraiment tous. »

Il n'en faut pas plus pour faire sortir le Bleuet de ses gonds. La majorité des spectateurs qui assiste au match attend la réaction de Tremblay, le redresseur de torts par excellence dans les circonstances.

Toute la soirée, Tremblay, cherche à quereller son adversaire : Williams évite le combat. Tremblay est toujours en colère après la rencontre.

« J'ai pas trop envie de parler de celui-là, lance-t-il. Un journaliste de Vancouver m'a appelé l'autre jour en espérant sans doute que j'entre dans une guerre politique. J'ai beaucoup plus de classe que Williams. Je veux faire attention, par respect pour mes coéquipiers anglophones. Si Williams est assez stupide pour insulter ceux qui jouent avec lui, c'est son problème. »

Williams, lui, en rajoute : « Je n'ai rien à vous expliquer. En aucun cas, je n'ai regretté quoi que ce soit. Mes propos ont été fidèlement rapportés par le *Vancouver Sun.* »

En première ronde des séries éliminatoires, cette année-là, le Canadien affronte les Oilers d'Edmonton, une modeste équipe de l'expansion. On ne donne aucune chance aux Oilers, mais ceux-ci comptent néanmoins sur un talentueux jeune joueur qui commence à faire parler de lui aux quatre coins de la Ligue. Il s'appelle Wayne Gretzky.

Avant le premier match, une déclaration du gardien Richard Sévigny sera épinglée dans le vestiaire des Oilers : « Gretzky ? Lafleur va le mettre dans sa petite poche de derrière... »

Sévigny regrettera longtemps ses paroles. Le numéro 99 éclipse totalement Lafleur et Edmonton bafoue le Tricolore en trois matchs consécutifs. C'est la honte à Montréal. On ne le sait pas encore, mais une légende vient de naître. Tremblay est blanchi en trois rencontres. On indique la porte à l'entraîneur Claude Ruel.

—

Quand les joueurs se rapportent au nouveau coach Bob Berry, en septembre, ils reçoivent tous une feuille sur laquelle sont inscrits une série de commandements. Un nouveau règne commence.

Berry, un Montréalais dans la quarantaine, a fait une carrière de hockeyeur intéressante avec le Canadien, mais surtout avec les Kings de Los Angeles. Il a fait ses armes comme entraîneur en chef lors des trois dernières saisons avec Los Angeles. De nature plutôt taciturne, mais ferme, Berry a été embauché par Irving Grundman afin de mettre un peu d'ordre dans la maison. Les joueurs du Canadien ont manqué cruellement de discipline sous Bernard Geoffrion et Claude Ruel.

Berry ne tarde pas à montrer ses couleurs. Il impose vite une série de règlements. Couvre-feu à 23h30. Pas d'alcool dans les avions et les autobus. Veston obligatoire pour se rendre à un match. Plus de proches des joueurs dans le vestiaire du club après les matchs ou les entraînements. Fini l'accès au bar des hôtels pendant les voyages à l'étranger.

La ponctualité est de mise. Une amende de 100 $ sera imposée pour une première incartade, 200 $ pour une récidive.

Mario Tremblay et Pierre Mondou ont déjà du millage dans le corps lorsque le camp commence. Berry leur a ordonné de participer à un entraînement intensif de patinage de deux semaines pendant l'été... Le camp d'entraînement, dans les Laurentides, a des allures militaires.

Dans la salle à manger de l'Alpine Inn, après quelques jours d'efforts, Mario et Réjean Houle maugréent en avalant leur soupe.

— Maudit que j'ai faim! lance soudainement Tremblay.

— Mange pas trop Mario, lui suggère Houle. Tu vas voir que ça va être dur cet après-midi.

— J'sais. J'ai vu des étoiles hier sur la patinoire.

Non, personne n'est en vacances avec Berry. Depuis quelques jours, le réveil est fixé à 5h30. À 6h30, l'autobus qui les conduit à l'aréna démarre.

Les joueurs du Tricolore sont tendus, crevés. Ils ont bien quelques moments de libres, mais ils sont trop épuisés pour en profiter. La compétition est vive; de nombreuses recrues participent au camp. Cinq postes sont ouverts, du jamais vu dans l'histoire des Glorieux.

— C'est la première fois qu'on garde autant de recrues si longtemps, ça commence à être énervant, mais on ne se laissera pas faire, déclare Mario aux journalistes vers la fin du camp d'entraînement.

Le stratagème de Berry semble porter ses fruits dans le cas de Tremblay.

L'ailier droit connaît un départ extraordinaire avec sept buts et trois aides en seulement quatre matchs! On le taquine en l'appelant «Wayne», d'autres lui redonnent son vieux surnom: le «Rocket». Le Bleuet est à court d'explications devant les journalistes, après les rencontres: «Je ne sais pas quoi répondre. Ça n'a presque pas de bon sens. Quand je vais faire une mauvaise période à l'attaque, vous allez tous me tomber dessus... »

Tremblay a un nouveau joueur de centre, Doug Wickenheiser. Premier choix du Canadien et de la Ligue au repêchage des joueurs amateurs en 1980, Wickenheiser accomplit, en tant que recrue, une saison fort décevante.

Le hockeyeur junior par excellence du Canada, en 1979-1980, celui qui doit en principe suivre les traces de Guy Lafleur chez le Tricolore, tarde à produire. Il possède pourtant un talent fou et un gabarit fort intéressant, du haut de ses six pieds un pouce et 200 livres, mais il est plutôt lymphatique.

Il semble toutefois exister une belle complicité entre Wick et Tremblay. Le Bleuet n'hésite pas à secouer son compagnon quand le besoin s'en fait sentir.

Après un match contre les Canucks, une victoire de 9 à 0 au cours de laquelle le duo a été blanchi, Tremblay ne se gêne pas pour dire sa façon de penser au jeune surdoué.

À la rencontre suivante, après une bonne présence sur la patinoire en première période, Tremblay se retourne vers Wickenheiser :

— Bon, tu commences enfin à jouer comme un premier choix...

Wickenheiser fait une moue rageuse, visiblement irrité. Il explose en deuxième et troisième. Il dispute le meilleur match de sa jeune carrière.

Même si le Canadien ne gagne pas régulièrement, Tremblay a déjà 13 buts en novembre. Mais ses succès ne le mettent pas à l'abri des critiques. Début décembre, le directeur général du Junior de Verdun, Roger Poitras, s'attaque à Tremblay et Pierre Larouche à l'occasion d'un dîner de la Coupe Lafleur, organisé par les dirigeants de la brasserie Molson : « Ce que je ne comprends pas, lance-t-il en présence de nombreux invités, dont quelques joueurs, c'est que des joueurs de votre talent, qui avez l'occasion de jouer dans la Ligue nationale, jouiez un hockey pourri de la sorte. Vous devriez vous engager un directeur de conscience pour examiner votre travail... »

Au cours de son intervention, Poitras dit ne pas comprendre Tremblay, que des journalistes ont déjà qualifié de Maurice Richard : « J'attends encore, j'attends toujours. »

Drôle de moment pour s'attaquer au Bleuet...

Mario est victime d'une autre charge publique deux jours plus tôt. Celle-ci provient de son ancien coéquipier et colocataire, Gilles Lupien, qui effectue une première visite au Forum dans son nouvel uniforme des Penguins de Pittsburgh.

Le grand Lupien, n'ayant jamais pu s'entendre avec Claude Ruel, avait été échangé à la fin de la saison précédente.

Lupien provoque tout un choc en dénonçant l'existence de cliques au sein de l'équipe.

« Les gars ne sont plus ensemble. Ça a commencé avec Ruel. Il y avait ceux qui étaient dans sa manche, et ceux qui ne l'étaient pas. Il y a eu le groupe de fumeurs de cigares, le groupe de ceux qui se prennent pour le *coach* et la *gang* qui ne veut rien savoir. »

Lupien est plus dur encore dans ses critiques envers Tremblay et Houle. « J'ai pas oublié que ces deux-là ont tenté de me faire la morale la saison dernière. »

Tremblay est peiné d'entendre les propos de son compagnon de la première heure. « Sa réaction m'attriste. Je ne pensais pas qu'il irait aussi loin. C'est normal qu'on se dise les quatre vérités dans un vestiaire. Il faut être assez mûr pour l'accepter. À mes débuts avec l'équipe, Yvan Cournoyer m'avait déjà suggéré de la fermer parce que je parlais trop. Il avait raison. »

En janvier, Tremblay a déjà 20 buts, le club fait un travail extraordinaire. Et les clients, à la brasserie Mario Tremblay, ont retrouvé leur amour pour le Canadien.

L'été dernier, après la déconfiture contre les Oilers, on ne s'était pas gêné pour tourner le Tricolore en ridicule. Mario, qui troque son bâton de hockey pour un tablier lors de la période estivale, en a vu de toutes les couleurs.

On connaît la grande passion des Québécois pour le hockey. Ils avaient vécu quatre conquêtes consécutives de la Coupe Stanley. Ils venaient de voir leur club favori se faire éliminer bêtement et rapidement deux années d'affilée. Les gens étaient choqués, insultés.

Tremblay s'est même réfugié deux semaines en Floride pour laisser la poussière retomber. Il avait besoin de s'évader. Quand il est revenu, les clients s'étaient calmés eux aussi.

Si le Canadien se redresse aux séries, Tremblay espère reprendre la tournée des champions, événement coutumier à la belle époque des Glorieux.

CINQ

La guerre sainte

Il n'y aura pas de tournée des champions dans la région d'Alma à l'été 1982.

Le 13 avril, au Forum, Dale Hunter déjoue Rick Wamsley à 22 secondes de la période de prolongation, permettant ainsi aux Nordiques de Québec d'éliminer le Canadien au cinquième et dernier match de la première ronde des séries éliminatoires.

Cette date marque le début d'une rivalité extraordinaire qui déchirera le Québec sportif pendant la prochaine décennie.

Nordiques et Canadiens. L'antithèse. L'équipe du peuple contre le symbole de l'establishment. Une direction francophone contre des propriétaires anglophones. La guerre de deux brasseries : O'Keefe contre Molson.

Avant ce printemps 1982, les Nordiques ne constituent pas une menace réelle à l'hégémonie du Canadien dans la Belle Province.

Leur première saison dans la Ligue nationale, avec Jacques Demers, en 1979-1980, après la dissolution de l'Association mondiale, est difficile. La deuxième année est à peine meilleure.

L'arrivée de Michel Bergeron derrière le banc de l'équipe, doublée de l'acquisition spectaculaire des frères Statsny, dans un scénario digne d'un bon James Bond, transforme cette équipe. Dès ce but de Hunter, les Nordiques perdent leur statut de cousins sympathiques : ils deviennent les ennemis jurés du Tricolore. Le but de Hunter rallie un nombre incroyable d'amateurs de hockey à leur cause. Après avoir adoré le Canadien pendant des décennies, le cœur des sportifs québécois est en train de chavirer.

On en verra de toutes les couleurs. Des matchs d'une violence inouïe. Des bagarres entre journalistes. Des chicanes de famille. Cette grande rivalité touche toutes les couches de la société québécoise.

Mario Tremblay sera l'un des acteurs principaux de cette grande lutte fratricide chez le Tricolore, avec Jacques Lemaire, Chris Nilan et Patrick Roy. Les Bleus seront conduits par Michel Bergeron, Hunter, Michel Goulet, Daniel Bouchard et Peter Statsny.

Le Lac-Saint-Jean sera divisé entre Goulet, de Péribonka, et Tremblay, d'Alma.

Mario ne fait pas d'efforts pour détester les Nordiques. Il ressent ces matchs jusqu'au fond de ses tripes. On lui lance des injures à Québec depuis ses années juniors : cela le motive.

Cette élimination rapide de 1982 heurte Tremblay, auteur de quatre buts en cinq rencontres. Dans le dernier match, par surcroît, il est blessé par un coup de bâton derrière la jambe. En sortant des douches, il se cache le visage dans sa serviette et lâche un cri, le cri d'un homme écrasé par la déception.

Il a les yeux rouges quand il s'adresse aux journalistes. «Le mot dramatique n'est pas assez fort pour exprimer la tournure des événements», dit-il.

Mario le sait, son fief devient de plus en plus bleu. L'été pourrait être long à la brasserie...

Il se retrouve toutefois dans une position idéale pour négocier avec le Canadien. Il vient de connaître de loin la meilleure année de sa carrière. Effectivement, sans aucun agent négociateur, Tremblay signe au cours de la période estivale un lucratif contrat de quatre ans, qui le permettra de toucher 175 000 $ par saison.

L'automne suivant, le Canadien accueille un p'tit nouveau au camp d'entraînement. Il se nomme Mats Naslund, l'un des premiers européens à tenter sa chance avec le Tricolore.

L'arrivée de Naslund ne réjouit pas outre mesure Tremblay, un fervent nationaliste.

— Il ferait mieux de garder la tête haute celui-là, déclare Tremblay aux journalistes lors des premières journées du camp d'entraînement.

Le Bleuet pense à son bon ami Réjean Houle, qui peut perdre son poste avec la présence du talentueux hockeyeur suédois.

— Attendez que je le frappe dans les coins, ajoute Mario. Vous allez voir qu'il aura le goût de retourner dans son pays. Je m'occupe personnellement de son cas.

Houle perd effectivement sa place au profit du Suédois... et Tremblay et Naslund deviendront inséparables.

Naslund dira de Tremblay, quelques années plus tard : « C'était peut-être le Canadien français le plus proche des Anglais et des Suédois dans l'équipe. »

Avec Mondou, ils formeront un trio formidable, l'un des meilleurs de la Ligue nationale. Tremblay trouve ainsi un précieux allié pour les batailles épiques contre les Nordiques.

Naslund est tout le contraire du stéréotype qu'on se fait des hockeyeurs suédois. Petit mais costaud, il n'a peur de rien ni de personne et sert parfois des mises en échec percutantes à des adversaires beaucoup plus imposants que lui, physiquement.

Quand Mario arrive quelque part, Mats n'est jamais loin derrière, quatre pouces plus bas ! Les deux partagent la même chambre quand l'équipe joue à l'étranger et font route ensemble de leur domicile au Forum lors des rencontres à domicile.

Tremblay, Mondou et Naslund ont du succès car ils sont sans cesse en mouvement sur la patinoire. Un se place toujours derrière le filet adverse, l'autre se trouve devant le but. Quand l'un bouge, l'autre prend sa place. Réjean Houle a mis au point cette stratégie une saison plus tôt, en observant le jeu de Bryan Trottier, des Islanders de New York.

Le trio Mondou-Naslund-Tremblay domine tellement qu'il éclipse rapidement le trio numéro un de l'équipe formé par Lafleur, Acton et Ryan Walter. Et on l'emploie même en avantage numérique, une première pour Tremblay.

Le Bleuet surprend les observateurs dans cette saison 1983-1984. Il se crée un énorme capital de sympathie auprès des dirigeants de l'équipe et des partisans. Surtout avec le ralentissement de Guy Lafleur. Plusieurs voient en Mario, avec raison, le futur capitaine de l'équipe. Il est devenu un leader comme Henri Richard et Jacques Lemaire. Il motive ses coéquipiers par sa fougue sur la patinoire.

Tremblay a beaucoup d'ascendant sur les jeunes. Le Bleuet n'a plus rien du jeune chien fou qui a tant frappé l'imagination populaire à ses débuts avec le Canadien.

Il réfléchit avant de parler, pèse ses mots. Il lit beaucoup plus. Les magazines *Finances* et *Les Affaires*, des livres aussi, des romans. Il vient de terminer *L'Espace d'une vie*, de Barbara Taylor-Bradford. Il a adoré.

En janvier, il se revoit dans les yeux d'une recrue, Guy Carbonneau. Utilisé de façon sporadique contre les faibles Whalers de Hartford, la veille, le jeune homme pique une crise mémorable dans le vestiaire. Ses pièces d'équipement volent aux quatre coins de la pièce.

Mario lui donnera quelques conseils. Il sait ce qu'il en coûte de se mettre un entraîneur sur le dos... Drôle de voir comment les rôles ont changé au sein du club en une dizaine d'années.

Il n'avait pas apprécié, en début d'année le comportement un peu prima donna de Carbonneau. Il lui a déjà expliqué qu'il devait faire ses preuves avant de faire ses petites crises. Puis il a découvert un jeune athlète très timide. Les deux noueront une profonde amitié.

En fin de saison, Mario récolte les honneurs. Il remporte la Coupe Molson remise au joueur par excellence, est choisi candidat au trophée Bill-Masterson, décerné annuellement par l'Association professionnelle des chroniqueurs de hockey au joueur qui allie le mieux les qualités de persévérance, d'esprit d'équipe et d'amour du jeu.

Avant la série de première ronde contre les Sabres de Buffalo, Tremblay a confiance.

— Si on perd contre Buffalo, aussi bien se jeter en bas du pont Champlain !

Les Sabres éliminent le Canadien...

Tremblay ne se jette pas sous le pont. Il se réfugie plutôt seul en Floride, après avoir vainement tenté de convaincre Guy Carbonneau et Réjean Houle de l'accompagner.

—

Cette rapide quatrième élimination consécutive, au printemps 1983, entraîne de grands changements au cours de l'été. Pour faire peau neuve, et surtout rivaliser avec les Nordiques en terme de popularité, Molson, qui vend de moins en moins de bière, donne une direction encore plus francophone à son club : Ronald Corey, nommé président en décembre 1982, embauche l'ancienne étoile exilée à Winnipeg, Serge Savard, à titre de directeur général.

La rivalité Canadien-Nordiques prend un nouvel élan. On le voit très bien lors du premier match entre les deux équipes, le 10 octobre 1983, à Québec.

Le Canadien l'emporte 6 à 4 et les joueurs des Nordiques perdent la tête... à cause du Bleuet.

En deuxième période, lors d'un avantage numérique de deux hommes, Tremblay provoque un hors-jeu à la ligne bleue des Nordiques. Il se laisse glisser jusqu'au gardien Daniel Bouchard, un homme très religieux, et il lui lance :

— Pis mon Daniel, comment ça va le bon Dieu...

Bouchard voit rouge. Sur le jeu suivant, il lui plante son bâton dans la gorge. Le Tricolore marque deux fois sur cette punition supplémentaire.

Tremblay prend un malin plaisir à déconcentrer Bouchard, qui a permis deux ans plus tôt aux Nordiques d'éliminer les Glorieux.

Bouchard est très émotif et il mord chaque fois à l'hameçon. Il n'adresse d'ailleurs plus la parole aux journalistes depuis plus d'un an. Le blond gardien est tellement obsédé par ces matchs qu'il en fait parfois souffrir, bien malgré lui, son épouse.

La veille d'une rencontre face au Canadien, Bouchard se réveille en sursaut, en pleine nuit, au milieu d'un autre rêve de hockey. Sa femme est en pleurs à ses côtés.

— Qu'est-ce qui se passe, chérie ? demande Bouchard à son épouse.

— Daniel ! Tu viens de me donner une claque dans le front !

À partir de cette nuit-là, Madame Bouchard tasse son mari du côté gauche du lit ; elle ne dormira plus jamais du côté de la mitaine...

Mario a un autre grand rival chez les Nordiques : Michel Bergeron. Le jeune entraîneur a un caractère aussi bouillant que celui du Bleuet. On ne le surnomme pas le Tigre pour rien.

Si Tremblay fait tout pour déconcentrer Bouchard, Bergeron tente par tous les moyens de nuire à la préparation de Mario, le joueur du Canadien le plus efficace lors des rencontres entre ces deux équipes.

Aux fêtes, les deux clubs disputent une série de deux matchs en autant de soirs, un à Montréal, l'autre à Québec. Tremblay offre une performance éblouissante à la première rencontre au Forum.

Avant le match dans la Vieille Capitale, le 3 janvier 1984, Bergeron lance des menaces à peine dissimulées à Tremblay.

— Il va falloir que nos gars s'occupent de Tremblay ce soir, déclare le Tigre aux journalistes.

— Tu veux dire que tes hommes devront régler son cas rapidement? demande l'un.

— J'emploie jamais ces mots-là, répond Bergeron. Je dis simplement qu'il va falloir l'avoir à l'œil. Mario est un gars agressif. C'est son style. Regardez Pat Price. Tremblay l'a attaqué deux fois au dernier match. Normalement, il va s'essayer encore. Va falloir que Pat soit prêt. Je sais qu'il le sera...

C'était écrit dans le ciel. Price, un des durs des Nordiques, incite Tremblay à se battre toute la soirée. En première période, le Bleuet écope d'une punition de cinq minutes pour s'être battu et de dix minutes de mauvaise conduite. Price, un défenseur modeste, a réussi à éloigner Mario de la patinoire pour presque une période.

Entre la première et la deuxième, Tremblay fulmine dans le corridor qui jouxte son vestiaire.

En retournant une deuxième fois sur le banc des punitions dans la période médiane, après une autre escarmouche avec Price, il enguirlande joyeusement Bergeron. La conversation n'est pas très jolie...

Au terme de ce match remporté facilement 9 à 5 par les Nordiques, les journalistes entourent tous Tremblay dans le vestiaire. «Ce que j'ai dit à Bergeron? Hum, j'pense pas que vous pourriez marquer ça dans votre journal. J'lui ai dit qu'il avait tout prémédité, qu'avec ce genre de stratégie, il ne... ah! non, j'aime autant ne pas aller plus loin...»

Quatre jours plus tard, Tremblay attise le feu. Il déclare avoir entendu Bergeron donner l'ordre à Pat Price de lui sauter dessus pendant le match de Québec.

Bergeron commente ces propos en rigolant. «Mario est très nerveux dans les matchs contre les Nordiques. Il entend toutes sortes de choses. La vérité, c'est qu'il a utilisé un truc vieux comme le monde. Pendant qu'il parlait de moi, il n'avait pas à expliquer le revers de 9 à 5. Il n'avait pas à dire qu'il était sur la patinoire quand certains de nos buts ont été comptés. Ça lui permettait de détourner l'attention. On fait tous ça, à l'occasion, quand on est dans l'embarras. Mais vous pouvez l'écrire, je le prendrais dans mon équipe demain matin.»

En février, le Canadien montre de sérieux signes d'épuisement. Bob Berry est de plus en plus contesté. Plusieurs joueurs en ont assez de ses méthodes. Il ne semble plus être pris au sérieux et on dit de lui qu'il est un défaitiste-né.

Tremblay a déjà eu quelques discussions acerbes avec son entraîneur. Au cours d'un vol vers San Diego, où le Canadien s'accorde quelques jours de vacances avant d'affronter les Kings à Los Angeles, Mario prend quelques verres.

À bord de l'autobus qui les cueille à l'aéroport, Mario est plutôt éméché. Il crie à tue-tête. Berry ne dit rien.

Une fois sorti de l'autobus, l'entraîneur rappelle son vétéran à l'ordre. La réplique de Tremblay est cinglante.

— *Coach,* j'te respecte parce que t'es le *coach...* mais va te faire foutre !

Berry signe son arrêt de mort fin février quand il ordonne à Tremblay de faire des heures supplémentaires après un entraînement.

Le Bleuet le défie et quitte la patinoire, tout en lui signifiant qu'il en ras le bol d'être excédé de la sorte.

Quelques jours plus tard, Berry est congédié. Jacques Lemaire, qui a fait ses classes comme entraîneur en Suisse, dans un « High School » de Plattsburgh, puis chez les juniors, avec les Chevaliers de Longueuil, avant de revenir dans l'organisation à titre d'adjoint de Serge Savard, devient le 18e entraîneur de l'histoire de l'équipe.

Le numéro 14 ne regrette pas le départ de Berry. « C'est malheureux pour Berry, mais un changement devait se produire. L'ambiance était mauvaise. Berry nous accusait de manquer de souffle en troisième période, mais il nous vidait de toutes nos énergies la veille des matchs. »

Sous Lemaire, le Tricolore connaît une fin de saison régulière 1983-1984 désastreuse. Le Canadien subit six défaites consécutives, dont une raclée de 7 à 0 contre les Islanders. Pour la première fois depuis des lunes, les Rouges jouent pour une moyenne inférieure à .500. Ils terminent au quatrième rang de leur division, derrière Boston, Buffalo et Québec.

Avant d'affronter les champions de leur section, les Bruins, en première ronde des séries, Lemaire a eu le temps de passer ses messages. À l'avant-dernier match de la saison contre les Nordiques, le nouvel entraîneur du Tricolore retire les vétérans Mario Tremblay, Perry Turnbull, Bobby Smith, Steve Shutt et Larry Robinson, en prenant soin de mentionner que seul ce dernier mérite un repos.

Mario espérait jouer après sa suspension de trois matchs pour avoir participé à une mêlée générale contre les North Stars. Il bout. Rater une rencontre contre les Nordiques? On imagine facilement son désarroi. Il est d'une humeur massacrante. Et personne pour lui remonter le moral comme dans ses jeunes années.

Et ce soir-là, lui, l'ambassadeur par excellence du hockey au Saguenay-Lac-Saint-Jean, voit son rival Michel Goulet marquer son 55e but de la saison. Mario en compte à peine 14...

L'humiliation est encore plus grande pour Shutt qui, pendant des années, a transformé des passes de Lemaire en buts pour aider le Canadien à remporter de multiples Coupes Stanley.

Les vétérans de l'équipe sont enragés, affamés à la veille des séries. Ils veulent prouver à leur ancien coéquipier Lemaire qu'ils en ont encore dans le corps.

Celui-ci prend un autre risque en confiant les buts à la recrue Steve Penney, qui l'été dernier à peine travaillait encore sur les camions de bière de Molson pour arrondir ses fins de mois.

Penney, malgré un style peu orthodoxe, fait des miracles et à la surprise générale, Montréal élimine facilement Boston en trois rencontres consécutives. Les Nordiques en font autant aux dépens des Sabres.

La série tant attendue peut commencer...

Dans les jours qui précèdent le premier match, une fébrilité particulière règne dans chaque camp. Ça grouille de reporters. On cherche la déclaration-choc.

Les médias contribuent à accentuer la haine entre les deux équipes et à galvaniser davantage le peuple. Au travail, à l'épicerie, dans le métro, les gens ne parlent que de cette série, la grande bataille du Québec.

Il y a beaucoup de tension chez les joueurs. Les hockeyeurs francophones des deux formations écoutent la radio ou finissent par tomber sur un journal; sinon, leur copine ou des amis rapportent ce que les rivaux racontent d'eux.

Les joueurs sont influencés par l'atmosphère dans laquelle baigne tout le Québec. Même les anglophones se laissent gagner par la fièvre. Rapidement, ils veulent se faire traduire ce qu'on écrit dans les journaux. Les deux équipes se détestent à mourir. On peut s'attendre aux pires excès.

L'intérêt pour ces matchs dépasse nos frontières. Le magazine *Passions*, de Paris, a demandé deux laissez-passer pour la série. Ses éditeurs comprennent que cet affrontement Montréal-Québec promet d'être aussi électrique que les plus grandes rivalités du soccer européen.

Des journalistes de New York, Boston, Washington, Philadelphie, Buffalo, Hartford, Los Angeles, Chicago et du Minnesota sont également sur place.

Le matin du premier match, un journaliste d'une agence de presse aborde Tremblay.

— Es-tu prêt pour la guerre civile, mon Mario?

Le Bleuet ne la trouve pas drôle.

— J'veux rien commencer. On n'est quand même pas au Vietnam. Tout ce que je peux dire, c'est que je suis heureux pour mon équipe et pour tous les amateurs de hockey du Québec. Vous allez assister à toute une série.

Mario résiste de peine et de misère à dire ce qu'il pense de ses ennemis jurés. Mais son année difficile l'oblige à la discrétion. Il ne veut pas fouetter une équipe très redoutable.

Sauf que le Bleuet a repris le goût de jouer. Fébrile comme jamais, il veut surtout rabattre le caquet aux partisans des Nordiques de sa brasserie d'Alma. Ceux-ci ne cessent, depuis quelques étés, de lui vanter les exploits de Bouchard, Stastny et autres vedettes des Nordiques, et de lui rappeler la débandade du Canadien aux séries les saisons précédentes.

Pour Tremblay, qui a remporté quatre fois la Coupe Stanley pendant les cinq premières saisons, ce retour à la médiocrité et aux railleries qui en découlent est dur à avaler.

Il déteste tellement Bergeron. Et il adore ces matchs intenses, chargés d'émotion.

Cette série met en lumière la rivalité entre les deux plus grandes villes du Québec, mais elle concerne aussi les secteurs du haut et du bas du Lac-Saint-Jean, avec la présence de Goulet et Tremblay.

Les sentiments des Jeannois sont partagés. C'est du moins ce que semblent indiquer les tribunes télépho-niques. Ce qui n'empêche pas Molson d'être encore le leader dans la vente des bières au Lac.

Quant aux familles des deux joueurs, elles expriment leurs craintes dans les journaux avant le début de la série. Mme Jean-Noël Goulet est très nerveuse et ne veut absolument pas quitter Péribonka pour assister aux ren-contres. Elle préfère regarder son fils à la télévision, car elle est moins inquiète devant le petit écran.

La mère de Mario, Maude, restera aussi chez elle à Alma. Elle compte voir des matchs au Forum, seule-ment si le Tricolore accède au tour suivant.

Colette suivra son Mario, même si elle a peur. « Je trouve que vous, les médias, en parlez tellement. Sur-tout après les matchs. Je pense à la violence. Je suis inquiète. Dans le temps, contre les Flyers, les matchs étaient virils, mais les bâtons restaient sur la glace. C'est devenu dramatique depuis deux ans. »

Elle a tout tenté pour convaincre son mari de porter la visière. Elle ne comprend pas pourquoi il s'obstine à jouer sans cette pièce de l'équipement. Surtout que Mario a vu son ami Pierre Mondou se faire une grave blessure à la rétine. Colette a même chargé ses filles Janie et Claudia du dossier, en vain. Le Bleuet n'aime pas parler de hockey à la maison.

Mais s'il ne jase pas de son métier au domicile familial, il y laisse toutefois transparaître ses émotions. Le matin des matchs contre les Nordiques, Tremblay ne tient plus en place. Si Mats Naslund vient le chercher, il marche de long en large dans la maison et passe son temps à regarder par la fenêtre, pour voir si Naslund est arrivé...

Les Nordiques remportent le premier match 4 à 2. Mario Tremblay est copieusement hué par les partisans des Nordiques chaque fois qu'il touche le disque. Des 122 reporters, seulement une douzaine ose aller cuisiner le Bleuet au vestiaire, après la défaite.

— T'es pas flatté, Mario, qu'on te hue comme Gretzky et Lafleur ont l'habitude de l'être au Colisée ?

— Tu parles d'une question, répond agressivement Tremblay. Les gens paient 20 piastres pour venir au match. Ils ont bien le droit de huer ceux qu'ils veulent.

Tremblay est couvert d'ecchymoses. On s'est frappé sans relâche. Les arbitres s'accordent pour dire qu'ils n'ont jamais vu autant de joueurs s'engueuler au cours d'un match. On s'accroche dans les coins, on se donne quelques taloches, on se lance une série de *fuck you !*, puis tout le monde reprend sa place.

Cinq rencontres plus tard, les Nordiques affrontent l'élimination quand ils se présentent au Forum, le vendredi 20 avril 1984.

Québec mène 1 à 0 vers la fin de la deuxième période, quand Guy Carbonneau tente de faire perdre la rondelle à Daniel Bouchard avec le bout de son bâton.

Une loi non écrite au hockey veut qu'on ne charge pas le gardien de but quand celui-ci semble avoir immobilisé le disque.

Furieusement, Dale Hunter se porte à la défense de Bouchard et bondit sur Carbonneau. Le coéquipier de

Hunter, Randy Moller, s'approche pour séparer les deux hommes.

L'incident semble sur le point de se calmer quand Chris Nilan prend son élan d'une vingtaine de mètres pour aller frapper violemment Moller au visage. Le sang gicle sur la glace, c'est la stupeur dans le Forum. Une clameur s'élève quand la foule voit les deux bancs des joueurs se vider.

Des combats éclatent partout sur la patinoire. Même les gardiens auxiliaires Richard Sévigny et Clint Malarchuk en viennent aux coups, au milieu d'une mer de gants. Le spectacle est presque surréaliste. Les fans n'en croient simplement pas leurs yeux. Certains, horrifiés, ne regardent même pas en direction de la patinoire.

Au centre de l'échauffourée, Mario Tremblay et Peter Stastny se chamaillent. Stastny retient Tremblay du mieux qu'il peut. Le Slovaque n'est pas un batailleur : il ne veut pas se frotter au coriace Mario et ne tient surtout pas à passer de longues minutes au cachot.

Mario se libère de la poigne de Stastny et il lui donne un coup de poing directement sur le nez. Le sang pisse, le Slovaque a le nez fracturé.

À deux pas de là, derrière le filet de Bouchard, Louis Sleigher, des Nordiques, et le défenseur Jean Hamel, du Tricolore, se bousculent eux aussi.

Tremblay s'approche alors de Hamel.

— Jean, Jacques (Lemaire) fait dire de pas te battre. Si t'es puni, il nous restera pas assez de défenseurs.

Comme il y a un vacarme incroyable dans le Forum, Hamel se retourne vers Mario pour mieux saisir ce que le Bleuet vient de lui dire.

Sleigher profite alors de ce moment d'inattention de son rival pour lui asséner une puissante gauche. Hamel s'écroule, assommé, devant une foule médusée.

Mario, qui a tout vu, devient fou. Pendant que les autres continuent à se taper dessus, il prend un bâton par terre et fonce vers le banc des Nordiques, le hockey pointé sur Michel Bergeron. L'entraîneur recule de peur d'être empalé, pendant qu'un soigneur s'empare lui aussi d'un bâton pour défendre le *coach*.

— Toé Bergeron mon sale, j'aimerais ben ça te voir sur la glace!

Le policier de service des Nordiques, Jimmy Mann, arrive finalement à la rescousse de son entraîneur sur le banc.

Une trentaine de minutes plus tard, c'est enfin l'accalmie. Quand l'arbitre Bruce Hood a décerné toutes les punitions, il ne reste plus beaucoup de monde sur le banc des deux clubs.

Une autre mêlée générale éclate au début de la troisième période. Une fois tous les antagonistes expulsés, il n'y aura plus beaucoup de joueurs disponibles...

Les Fleurdelysés mènent 2 à 0 en début de troisième. C'est alors que le mal-aimé il y a une semaine à peine, Steve Shutt, 31 ans, les jambes fraîches après avoir séché sur le banc durant deux périodes, compte deux buts décisifs en quelques minutes. Le Forum explose. Green, Chabot et Carbonneau imitent Shutt, Montréal élimine Québec. Et venge enfin son affront d'avril 1982.

Bergeron file dans son vestiaire en tempêtant, sans même serrer la main de son rival Lemaire.

À la conférence de presse d'après-match, le « Tigre »,

dépité par cet échec, mais encore très en verve, accuse Lemaire d'user de tactiques déloyales.

« Je veux perdre avec dignité, comme j'ai toujours gagné avec dignité. Je tiens à féliciter l'organisation, c'est-à-dire les joueurs, Serge Savard et Ronald Corey. Mais lui, je ne veux pas le nommer. Il passe pour un ange et moi pour un *coach* agressif. Il est responsable de tout ce dégât. Je n'ai jamais vu d'incidents aussi disgracieux. Stastny et Moller sont blessés. Mais j'excuse les joueurs qui ont accompli cette sale besogne. Ils suivaient les ordres de quelqu'un. C'est regrettable que beaucoup d'enfants aient vu ce match à la télévision. »

Lemaire se défend d'avoir prémédité quoi que ce soit : « Il se passait tellement de choses que j'en ai même perdu le contrôle de mes joueurs. J'ai eu peur, car les Nordiques cherchaient surtout à sortir mes défenseurs. Des foires de ce genre, je n'avais jamais vu ça. Même pas à l'époque des Flyers... »

Le lendemain, au Colisée, Bergeron est toujours aussi dévasté quand il rencontre les reporters pour faire le bilan des récents événements. Il n'a presque pas dormi de la nuit.

« La série s'est terminée sur une note très triste, dit-il. Une belle rivalité, saine et sportive, prend fin de façon idiote. J'ai maintenant peur pour sa survie. »

Bergeron a raison. L'image du hockey en a pris pour son rhume. Cette rencontre marquera tristement l'histoire du sport au Québec. On l'appellera le « match du Vendredi Saint »...

Tremblay, lui, savoure ce gain. Il se rappelle de ce matin, à l'entraînement, quelques jours plus tôt, avant le cinquième match, quand Bergeron s'est approché des joueurs du Canadien et qu'il a souri. Furieux, déterminés à faire ravaler à Bergeron cette insulte, les protégés de Jacques Lemaire ont remporté les deux rencontres suivantes.

Cette victoire du Canadien sur les Nordiques change bien des choses. Les Glorieux ont enfin retrouvé l'amour de leurs partisans. Il fut un temps, en saison régulière, où les joueurs auraient préféré disputer leurs matchs locaux sur une patinoire extérieure dans un coin reculé, tellement ils n'étaient pas à l'aise au Forum.

Lors des deux dernières séries, on a revu le public bruyant de la belle époque. Il y a eu une ambiance extraordinaire. Les joueurs recevaient des ovations debout, dès la période d'échauffement.

Cette victoire force aussi les principaux télédiffuseurs du Québec à changer leurs plans. La station TVA souhaitait un partage des ondes entre Canadien et Nordiques, mais depuis quelques jours, les dirigeants du réseau privé révisent leurs positions. Un sondage confirme d'ailleurs la hausse de popularité du Canadien dans la Belle Province. Elle atteint désormais 40 %, contre 24 % en faveur des Nordiques.

Les Rouges affrontent les puissants Islanders de New York au tour suivant. Ceux-ci tentent d'égaler un record du Canadien en remportant une cinquième Coupe Stanley consécutive.

À la surprise générale, Steve Penney et les siens remportent les deux premières rencontres. Mais l'équipe s'écroule et perd les quatre matchs suivants.

Néanmoins, pour la première fois en quatre ans, Mario ne passera pas l'été à se *chicaner* avec ses clients de la brasserie. Avant de rentrer à Alma, Tremblay, avec Colette, passera quelques temps en Floride avec Richard Sévigny, Steve Penney, Guy Carbonneau et leurs compagnes.

—

Quand Mario Tremblay se réveille ce matin du 25 septembre 1984, il ignore qu'une nouvelle ahurissante l'attendra plus tard.

Le vénérable Red Fisher annonce ce matin dans *The Gazette* que les Jets de Winnipeg tentent de faire l'acquisition du vétéran de vingt-huit ans. Fisher ne nomme personne, mais il rappelle que Serge Savard a toujours aimé le style de jeu de Morris Lukowich, un ancien marqueur de 40 buts actuellement blessé.

Le Tricolore compte un surplus d'ailiers droits. Guy Lafleur vient même d'être muté du côté gauche. Savard et le directeur général des Jets, John Ferguson, auraient discuté longuement de Tremblay.

Dans les faits, il ne serait pas surprenant de voir partir un marqueur de 14 buts. Ce type de hockeyeur au talent limité passe rarement sa carrière entière au même endroit.

Mais Tremblay n'est pas un compteur de 14 buts comme les autres. On a vu son importance dans les rencontres avec les Nordiques. Il lutte jusqu'à l'épuisement dans ces matchs hautement émotifs. Michel Bergeron se frotterait sûrement les mains de satisfaction si Tremblay allait à Winnipeg.

Il y a un autre mais. Si on échange le Bleuet, les ventes de Molson risquent de chuter dangereusement au Lac-Saint-Jean. Tremblay n'est pas à l'abri d'une transaction, mais Savard a beaucoup de facteurs à considérer.

Mario est plutôt sonné quand il se pointe au Forum pour l'entraînement. Il tient à tout prix à terminer sa carrière à Montréal. Savard le rassure. Dit-il vrai? Tremblay a des doutes...

Il se pose toutefois de drôles de questions quand Jacques Lemaire l'écarte de la formation pour le match d'ouverture. Il faut remonter au temps de Bowman pour se rappeler d'une telle humiliation.

Mario accepte plutôt bien cette décision, du moins publiquement Il ne rajeunit pas et préfère disputer 60 matchs à Montréal que 80 rencontres à Winnipeg. Et Lemaire, son ancien coéquipier, a pris le temps de lui expliquer sa décision.

Mais quand le Bleuet apprend qu'il ratera un autre match une dizaine de jours plus tard, il fulmine. Il se permet même une visite au bureau de Serge Savard pour savoir de quoi il retourne.

L'autre grand de l'équipe, Guy Lafleur, est aussi victime de l'intransigeance de Lemaire. Lafleur perd tranquillement sa touche magique. Il n'a marqué aucun but en douze rencontres lors des dernières séries. Depuis l'ouverture de la saison, il passe de plus en plus de temps sur le bout du banc.

Lafleur et Tremblay boudent. Il n'en faut pas plus pour faire rêver les gens de Québec. Et si les Nordiques pouvaient faire l'acquisition de ces deux grands joueurs francophones?

«C'est un rêve fou, écrit Claude Bédard dans sa chronique du *Journal de Québec*, le 22 octobre. Jamais Serge Savard n'oserait envoyer un seul des deux au Colisée. Il serait lynché comme on a voulu pendre Irving Grundman au lendemain de sa décision d'échanger Pierre Bouchard à Washington.

«Molson se souvient du remous causé par le départ de Bouchard, poursuit Bédard. Maintenant qu'elle vient de se donner un beau collet en reprenant le sommet des ventes au Québec, le temps serait mal choisi de se départir de deux grands vendeurs.»

D'autant plus que la popularité de Tremblay grandit sans cesse. En novembre, il devient Bleuet d'or. Il remporte un grand concours régional organisé par l'hebdomadaire *Progrès-Dimanche* et la station CJMT à travers tout le Saguenay-Lac-Saint-Jean.

Le Bleuet d'or est remis au Bleuet expatrié qui fait le plus honneur au Lac-Saint-Jean sur la scène nationale. Il devance la comédienne Marie Tifo et le père Georges-Henri Lévesque, fondateur de la faculté des Sciences sociales de l'Université Laval.

Lafleur, écœuré du traitement que lui fait subir son ancien compagnon de trio, Jacques Lemaire, craque le premier. Il annonce sa retraite le 26 novembre. Décision qui secoue tout le Québec sportif.

Mario assiste à la conférence de presse. «Quand je le regardais dans le vestiaire, parfois il me faisait pitié de le voir aussi malheureux. Malheureux de ne pouvoir répéter ses exploits du passé. J'essayais bien de l'encourager...»

Tremblay a le cœur gros. Il doit à Lafleur plusieurs

Coupes Stanley. Mais il préfère qu'il se retire immédiatement plutôt que dans quatre ou cinq mois. Il sait que les gens n'auraient pas accepté longtemps son relâchement.

« Guy Lafleur n'est pas un joueur fini. C'est seulement la frustration qui l'a forcé à prendre sa retraite. Un gars comme lui ne peut accepter de se voir dans la peau d'un compteur de 20 buts. Moi je peux le faire, mais pas lui. De 50 à 20 buts, la *drop* était trop dure à accepter. Fier comme il est, Guy était trop tourmenté par ses performances pour être heureux. Ça aurait été terrible de l'entendre se faire huer au Forum. Un si grand joueur... »

Tremblay, lui, a retrouvé un second souffle. Naslund, Mondou et lui ont recommencé à menacer les territoires adverses, comme jadis.

Le 7 décembre à Hartford, il obtient le 500e point de sa carrière, dans l'indifférence générale. Personne ne s'est rendu compte de son exploit avant le lendemain !

Avec le départ de Lafleur, Mario Tremblay devient le leader incontesté de l'équipe. Naslund, Bobby Smith et Chris Chelios dominent les marqueurs du club, mais ils n'ont pas son charisme.

Lors d'une séance d'entraînement publique et commanditée à laquelle assistent 15 000 jeunes partisans, on a un bon indice de la popularité du Bleuet : à la présentation officielle, Tremblay et Naslund sont de loin les joueurs les plus applaudis.

Mario, soucieux de son image tout au long de sa carrière, récolte ce qu'il a semé. Après les matchs, il s'arrête toujours pour signer des autographes durant une vingtaine de minutes, à la sortie du Forum. Il se laisse volontiers photographier avec les gens. Il prend le temps de parler avec tout le monde.

Il comprend bien ce qu'un jeune garçon peut ressentir au contact d'une idole. Il se rappelle sa fierté, à huit ans, quand il avait obtenu l'autographe de John Ferguson lors d'une partie de balle-molle du Canadien à Alma, contre l'équipe de son père. Mario, entassé avec des dizaines d'autres jeunes, avait tendu sa balle dans l'espoir de voir Ferguson ou Béliveau la signer. Quand «Fergie» a finalement saisi sa balle, le cœur du petit Tremblay s'était mis à battre très fort. Il possède encore cette balle chez lui.

Plusieurs le considèrent comme le remplaçant logique de Lafleur dans le cœur des Québécois. Les ovations qu'il reçoit se multiplient depuis quelques semaines. Tremblay, enfin, ne joue plus dans l'ombre des grandes vedettes. Mario a même un couvreur adversaire continuellement à ses trousses depuis quelques matchs!

«Faut pas mélanger les pommes et les oranges, se borne-t-il à répéter, quand on le compare à Lafleur. Je reçois de belles ovations, mais ça ne veut pas dire que je suis une vedette. Je pense plutôt que les jeunes recherchent des athlètes auxquels ils peuvent s'identifier. Je suis fier d'être de ceux-là. Je ne suis pas une vedette, mais le monde m'aime.»

Tremblay et Lafleur constituent deux personnages de marque dans le folklore du sport Québécois, mais chacun a son propre style.

Lafleur a galvanisé les foules avec un talent fou, des feintes électrisantes, mais, à ses yeux, les bains de foule ont souvent été une corvée.

Mario, l'image même du *self-made man*, enthousiasme les partisans par sa fougue et sa détermination, mais son entregent lui donne également un atout de taille. Il a appris à charmer jeunes et moins jeunes par sa personnalité attachante pendant les entrevues à la télévision et dans les publicités.

Dans son langage bien à lui, Mario Tremblay racontera au magazine *L'actualité*, en avril 1984, le hockey tel qu'il le voit. Comme une profession de foi...

«Jouer au hockey professionnel, ça demande du *guts* en hostie. Ça peut saigner un homme à la longue. C'est tout le temps des rapports de forces, des petites batailles à gagner. Devant le *net* pour garder sa place, aux poings pour sauver sa peau, dans le coin pour ne pas être celui qui tombe sur le cul. Pis quand t'es sur le cul, tu te relèves pis tu repars.

«Ça arrête pas. Un soir après l'autre. Pis c'qui est dur, c'est qu'y faut tout le temps recommencer à zéro. Y'en arrive des nouveaux : ça a juste vingt ans pis ça se crisse ben de Mario Tremblay! Faut leur montrer que tu peux tenir ton boute. Si tu tiens pas ton boute, c'est fini, kapoute.

«Pour moé, le hockey, c'est encore une passion, parce que... c'est toujours un défi. La victoire. Gagner. J'aime ça gagner. Gagner tout le temps. Juste ça gagner. Ça fait dix ans que je suis là, pis j'aime encore ça comme un fou. Pis si un des vingt gars pense pas pareil, ça me met en ostination.

«J'en ai assez vu, avec du talent, mais qui arrivaient su'a glace pis qui marchaient pas parce qu'ils avaient pas de *drive*. Pour jouer ce sport-là, ça prend de la *drive*. Je trouve ça drôle des fois. Je vois un gars de vingt ans,

200 livres, pis y'a des *games* que ça y tente pas. J'y dis câlisse, envoye, *let's go* tabarouette de crime! »

Et d'ajouter : « Jouer au hockey n'est pas un sport mais un sacrifice. C'est fatigant, ben fatigant. Après la *game*, t'as perdu six, sept livres. T'es fatigué. T'as les mises en échec dans le corps. C'est fatigant en maudit. C'est une *job* pour hommes. Durant la saison, tu pognes un *down*. T'es fatigué physiquement pis moralement. Après ça tu te remontes. Ça demande toute ton énergie.

« Pis souvent on joue blessé. Moé j'ai souvent mal dans le dos. Mais tu te mets un *ice-pack* pis *let's go*. Mais y'en a qui jouent pas quand ils sont blessés.

« Je lâche jamais. Je suis prêt à souffrir pour défendre l'équipe. Pour moé, le Canadien, c'est une dynastie à défendre, l'organisation, le public, pis surtout vingt gars qui sont comme des frères. C'est tout ça le Canadien. Et pour ça, il faut se sacrifier.

« Quand je me bats à coups de poing, c'est pour les gars que je le fais. C'est pour les défendre, les réveiller, mettre du *pep* dans la *game*. Je fais pas ça parce que j'aime ça me battre, hostie... »

Tremblay ne raffole pas des bagarres : « Je ne suis pas plus fou qu'un autre, me faire taper su'a gueule, j'aime pas ça moé non plus. Ça arrive des situations que t'as pas le choix. Y faut que tu y ailles. Y'a comme des règles de la Ligue que quand un gars te donne un coup, y faut que tu y en donnes un. Sinon y embarque su toé pis le monde vont penser que t'es un peureux. C'est de la pression ça. Si un gars ne se défend pas, y survit pas. C'est une jungle. Un gars qui joue avec un style agressif, y faut qu'y lâche ses gants. Parce que si tu fais pas ça, tu peux pas résister dans le hockey. Dans cette ligue-là en tout cas.

«Quand tu sais qu'y va y avoir du trouble, tu te prépares pour ça. T'arrives su'a glace pis tu sais qu'y en a un qui va venir te chercher. Pis quand y arrive, ben là c'est d'valeur, tu sauves ta vie, tu sauves ta peau. Là c'est plus l'*fun* de jouer au hockey.

«C'est ben sûr que le gars qui score 50 buts, y est pas obligé de se battre. Peut-être qu'en jouant plus relaxe, j'en scorerais 40 plutôt que 30, mais commencer à faire des zizis avec la rondelle, pis aller me promener, je suis pas capable de faire ça. C'est pas moé. Parce que ma force, pis mon *feeling*, c'est d'aller dans les coins pis frapper. Je sus un Québécois qui bûche pour gagner sa croûte.»

Plus bagarreur que ça...

Nordiques et Canadien se retrouvent à nouveau confrontés aux séries éliminatoires du printemps 1985, après avoir franchi avec succès la première ronde.

Mario, le cœur et l'âme des Rouges lors de ces rencontres, sait qu'il sera l'homme à abattre. Il s'est fait détester encore plus par les joueurs des Nordiques en saison régulière. La même vieille rengaine : multiples combats contre Pat Price, engueulades avec Michel Bergeron, railleries à l'endroit de Daniel Bouchard.

Tremblay prend un malin plaisir à se moquer des convictions religieuses du gardien des Nordiques. Et chaque fois, Bouchard se fait prendre.

Au cours d'un match, assis au banc des punitions, Mario s'est moqué de Bouchard, assis au bout du banc des Nordiques, en inclinant la tête et en multipliant les signes de croix.

Sans compter les fois où Mario sort sa panoplie de mots pas très catholiques quand il est prêt du filet de Bouchard. Celui-ci a écopé de multiples punitions pour avoir agressé son adversaire.

Les journalistes font leurs choux gras de ces confrontations verbales entre Tremblay et Bouchard.

Le gardien des Nordiques entend cette fois se concentrer du début à la fin de la série. «Pour certains joueurs, tous les moyens sont bons pour parvenir à la victoire, et ils n'affichent plus aucun principe. Quand je vois Tremblay agir de la sorte, je dresse un mur entre lui et moi. S'il se voyait dans un miroir, il arrêterait fort probablement. Il dit des choses tellement insensées. »

Bouchard arrivera-t-il à garder son sang-froid? «J'ai déjà mordu à l'appât, mais j'ai remarqué que lorsque je ne tiens pas compte de ses agissements, il se met en colère. »

Le numéro 31 cite parfois des passages de la Bible pour attiser le feu. Quand on lui rapporte ces propos, Tremblay se raidit. «Dites-lui que je suis aussi chrétien que lui, sinon plus. Quand je suis à Montréal, le dimanche, je vais toujours à la messe avec ma femme et mes deux filles. Je n'ai rien à me reprocher. Je ne nie pas avoir déjà fait un signe de croix devant lui. Je voulais le déconcentrer, mais je tenais aussi à remercier le Bon Dieu pour cette autre victoire. Que voulez-vous, il est toujours de notre côté... »

«Mais, poursuit Tremblay, je ne veux pas que ces

histoires avec Bouchard prennent des proportions exagérées. J'ai énormément de respect pour ceux qui croient en Dieu. Je vais vous dire pourquoi je déteste tant Bouchard : c'est un individualiste de la pire espèce. Quand il jouait à Calgary et à Atlanta, je l'ai vu faire des crises inimaginables. Je l'ai déjà entendu crier de bien gros mots. Ce n'était jamais de sa faute. J'étais mal à l'aise pour ceux qui étaient obligés de l'endurer. Si Bouchard était si chrétien, pourquoi ne partage-t-il pas sa douleur avec ses coéquipiers ? »

Le Canadien perd son premier match contre les Nordiques, et Mario est frappé comme il ne l'a jamais été. Après la rencontre, il marche avec difficulté. Il parle difficilement. On l'a traqué comme une bête.

Dès les premières minutes, Dale Hunter l'a atteint au visage d'un solide coup de bâton.

Lors de la deuxième rencontre au Forum, les Nordiques continuent de marteler le Bleuet. Le Canadien l'emporte néanmoins. Tremblay a mal de partout. Il n'a jamais vécu une telle expérience de toute sa vie.

À chaque geste, un adversaire se charge de lui donner un coup de bâton dans les côtes, une taloche au visage. Il est exténué. Il doit payer pour son courage et sa fierté.

Sa lèvre inférieure est coupée, il a les deux bras en compote et la mâchoire en bien mauvais état. Et un sérieux mal de dos. Mais il n'est pas mort. Pas question de rater le prochain match à Québec. Il va défendre sa peau jusqu'à la fin.

Avant le départ pour la vieille capitale, Tremblay éclate. Il déboutonne sa chemise devant les journalistes. Il a une longue cicatrice sur le torse.

« Ils appellent ça du *fake*. Regardez. Un coup de bâton de Brad Maxwell. Tous les gestes sont posés en fonction de blesser. Cette série est l'une des plus vicieuses que j'ai connues. Regardez le film du match de samedi. Comptez les coups vicieux. Je ne veux pas excuser notre conduite, mais comptez-les. Qu'on me sacre la paix, maudit ! Je ne suis pas Peter Stastny. Je suis un pauvre plombier. Je sais qu'ils veulent me sortir de la patinoire. Je sais qu'ils vont tout tenter à Québec. C'est dur parfois de garder son calme, de contrôler ses émotions. »

On l'achèvera presque au troisième match. En troisième période, Hunter tente d'engager le combat avec lui. Tremblay ne veut pas jeter les gants. Il a déjà mal à la mâchoire et Jacques Lemaire a ordonné à ses hommes de ne pas se battre.

Les deux hommes sont devant le banc du Canadien, Hunter tente d'atteindre Tremblay avec sa droite, celui-ci s'accroupit sur la glace, les bras devant son visage pour se protéger.

Quand le calme semble revenu, Tremblay se relève pour voir ce qui se passe. Au même instant, Hunter lui assène un formidable coup de poing à la figure ! Mario grimace de douleur. Il a la mâchoire en mille miettes.

Sur le banc, aucun joueur du Canadien ne bouge. L'ennemi a été finalement battu. Ce sera un des points tournants de la série. Hunter marque en prolongation, les Nordiques prennent une avance de 2 à 1.

Au cinquième et dernier match, au Forum, Mario porte une barre de protection à son casque, pour empêcher une aggravation de sa blessure à la mâchoire. Il n'est plus le même joueur.

Peter Stastny, encore lui, élimine le Tricolore avec un but en prolongation. Le Canadien est en vacances.

Après le match, Tremblay cherche en vain Bergeron au banc des Nordiques pour lui serrer la main.

Brisé physiquement et moralement, il ira passer la nuit chez son copain Cournoyer.

Le lendemain après-midi, il demande un rendez-vous à Serge Savard : il songe sérieusement à la retraite.

En soirée, les joueurs se retrouvent au restaurant la Mise au jeu, situé au deuxième étage du Forum, pour une petite fête. Ils ont tous la tête entre les deux jambes. On pourrait entendre une mouche voler dans la pièce.

Mais à un certain moment, à table, le ton monte entre Lemaire et Tremblay. Tout commence quand celui-ci demande de lui fournir des explications sur sa façon de diriger l'équipe. La conversation s'envenime quand le Bleuet reproche à son *coach* de l'avoir écarté de la formation pour le match d'ouverture, en octobre.

Le vin et la bière aidant, les deux hommes s'engueulent... Mario bousculera même Lemaire, devant tout le groupe ! Celui-ci ne réplique pas. Les joueurs sont en état de choc. Serge Savard s'en mêle rapidement.

— Calmez-vous les gars, voyons !

— Serge, j'ai ben hâte de te parler de tu sais quoi.

— Écoute Mario, prends le temps de réfléchir. Repose-toi quelques jours et on se revoit pour en discuter, d'accord ?

Le Bleuet est capable des pires colères. À Boston, quelques années plus tôt, il plante une fourchette dans la main de Chris Nilan qui pique dans son assiette. Et Nilan n'a pas la réputation d'un enfant de chœur...

Tremblay semble sérieux dans ses projets de retraite. Il en a parlé à plusieurs proches. Il est tellement meurtri physiquement. Pour la première fois, le hockey lui apparaît comme une corvée. Mais peut-on prendre sa retraite à vingt-neuf ans, quand on vient de connaître une saison remarquable, avec 31 buts?

Est-il encore prêt à endurer les coups? Et aussi à prendre le risque d'être employé sporadiquement par son entraîneur, comme Lafleur? Il ne veut surtout pas terminer sa carrière comme il l'a commencée. Et Mario sait très bien qu'il n'y a pas de sentiments dans ce milieu, d'autant plus que le Tricolore regorge de bons jeunes ailiers droits comme Claude Lemieux et Stéphane Richer.

Le Bleuet n'a pas oublié les rumeurs d'une transaction qui l'envoyaient à Winnipeg, il n'y a pas huit mois. Il en a souffert. Et ces infections cutanées qui le forcent à se gratter tout l'hiver...

Quand Tremblay rencontre Savard pour un lunch dans un restaurant du centre-ville, quelques jours plus tard, son idée est faite. Il veut décrocher. L'imposant Savard le regarde droit dans les yeux:

«Avant de prendre une décision aussi importante, une décision qui met toute ta vie en cause, laisse refroidir tes patins. Prends ton temps. Reviens me voir dans un mois.»

Aux journalistes, Savard se dit très étonné de la réaction de Tremblay: «À première vue, il me semble qu'il s'agit d'une décision prématurée. Remarquez-bien, il se peut qu'il lâche, mais pour le moment, ça m'apparaît un peu trop rapide. C'est vraiment étonnant qu'un joueur s'amène dans ton bureau pour te dire qu'il veut accrocher quand il n'a pas encore trente ans. Jean Béliveau parlait de retraite à vingt-huit ans et il a joué jusqu'à l'âge de trente-neuf ans. »

Le directeur général du Canadien se garde bien de dévoiler la prise de bec entre Lemaire et son ailier droit, le soir de l'élimination du Tricolore. Il se borne à parler de raisons personnelles.

Après sa rencontre avec Savard, Tremblay appelle le vice-président de Molson, Roger Samson, pour lui demander une audience.

Les rumeurs vont bon train. Mario Tremblay quitterait le hockey et deviendrait l'agent officiel de Molson au Lac-Saint-Jean.

Tremblay rencontre finalement Roger Samson vers la fin mai. On marche sur des œufs chez Molson. Même si Mario semble sérieux dans son désir d'entreprendre une deuxième carrière dans le domaine du marketing, on préfère qu'il se libère de ses obligations avec le Canadien avant de lui offrir un poste quelconque.

Les données changent complètement au cours de l'été. Lemaire démissionne, las de devoir affronter quotidiennement les médias. Il est remplacé par son adjoint, Jean Perron, issu du milieu du hockey universitaire.

Tremblay pourra sans doute revenir au jeu avec un autre entraîneur. Lemaire a une mémoire d'éléphant. Il lui aurait probablement fait la vie dure après l'attaque dont il a été victime pendant la soirée d'adieu des joueurs.

Un mauvais départ de Mario lui aurait probablement valu une rétrogradation rapide au sein du troisième ou quatrième trio de l'équipe. Ce sera différent avec Perron.

Celui-ci, pour établir rapidement sa crédibilité, devra employer ses meilleurs éléments. Et Tremblay est justement le deuxième marqueur du club.

D'autres raisons, d'ordre financier, celles-là, incitent Mario à poursuivre sa carrière.

Tremblay a fait chou blanc quand il a tenté de convaincre Ronald Corey et Serge Savard de lui faire cadeau de deux années de salaire à sa retraite.

La politique du club est sans équivoque. Tout athlète qui passe dix saisons avec le Tricolore reçoit à sa retraite une année d'option en récompense, mais pas deux.

Tremblay voit difficilement comment il pourrait se passer de 187 000 $. Il négocie avec Savard une nouvelle entente, mais celui-ci refuse d'amender son contrat. Le Bleuet jouira toutefois d'un salaire annuel qui frise les 225 000 $.

Mario a donc gagné sa partie de bras de fer avec Lemaire. Il devra faire un bon début de saison pour ne pas se mettre à dos les amateurs. Car Lemaire a sans doute été le premier entraîneur idole à avoir foulé le Forum. Il était plus populaire que la majorité de ses joueurs.

Après l'engueulade, tout ce que Mario a eu droit comme remontrance de la direction de l'équipe, c'est une belle augmentation de salaire.

Cette prise de bec a-t-elle précipité le départ de Lemaire? Plusieurs croient que oui. Pas Tremblay.

« Ma discussion avec Jacques Lemaire n'a rien eu à voir avec son départ, se défend Mario. Pas la plus petite miette. Je comprends qu'on puisse me poser la question, mais je suis convaincu que ça n'a rien à voir. »

Mario Tremblay est incapable de dormir cette nuit. Demain matin, à l'aube, s'ouvre le camp d'entraînement de la saison 1985-1986. Déjà son douzième, et il se sent comme une recrue. À cinq heures du matin, il n'arrive plus à se rendormir. Il a des papillons dans l'estomac.

Il est l'un des premiers joueurs à arriver au Forum le 18 septembre, à 7h15. Ce qu'un été de repos peut faire...

Tremblay vise une saison d'une trentaine de buts et de soixante-dix points. Il a retrouvé toute sa fougue. Et Jean Perron s'en félicite.

Mais le ciel tombe sur la tête du Bleuet, six jours plus tard. Le Canadien dispute ce soir-là, dans les Cantons de l'Est un match contre son club-école de la Ligue américaine, le Canadien de Sherbrooke.

Mario est partout sur la glace. En troisième période, la tragédie survient : un coéquipier perd le disque, le numéro 14 pivote à gauche pour effectuer un repli. Son patin reste coincé dans une fissure de la glace. Il tombe, son épaule donne lourdement contre la bande. Il sent son épaule arrachée. Il a tellement mal, il voudrait qu'on lui gèle son membre immédiatement. Jamais il n'a ressenti une telle douleur.

Il quitte la patinoire avec peine, aidé par ses coéquipiers. Dans la clinique qui jouxte le vestiaire, le médecin du Canadien, Claude Clément, qui assiste par un heureux hasard au match, examine l'épaule droite de Mario. À chaque tâtonnement, Tremblay pousse un cri sourd. Il souffre à mourir.

— Ça ne s'annonce pas très bien, Mario, lui glisse le docteur Clément. On rentre à Montréal, il faut t'examiner davantage.

Le lendemain, les nouvelles ne sont pas très bonnes. Il a l'épaule complètement sectionnée. Il souffre de ligaments déchirés à la clavicule droite et d'un déboîtement de l'épaule. Une heure après son arrivée à l'Hôpital général de Montréal, il passe sous le bistouri.

Selon les premières estimations, Mario ratera au moins dix semaines, mais il a déjà hâte de revenir au jeu. Il se félicite d'ailleurs toujours, malgré l'accident, de ne pas avoir pris sa retraite l'été dernier. Mais cette blessure constitue un avertissement. Il n'a plus beaucoup de temps devant lui.

Une semaine plus tard, il visite ses coéquipiers au Forum. Sa blessure est douloureuse. Il doit dormir sur un *lazy-boy*. Mais au moins, il peut bouger le bras. Ça l'encourage. Il compte faire de la bicyclette stationnaire dès le lendemain.

Il revient au jeu le 26 novembre à Washington. Dès les premiers matchs, il ne donne pas l'impression d'être rouillé.

« À la lumière de ce que je vois aujourd'hui, disons que j'aurais été pas mal « concombre » de prendre ma retraite cet été, confie-t-il aux journalistes. J'ai failli commettre la gaffe de ma vie. J'ai vécu les moments les plus dépressifs de ma carrière après la série contre les Nordiques. »

Nous sommes à la mi-janvier 1986. On grelotte à

Buffalo. Dans une chambre de l'hôtel Hyatt, deux Québécois gèlent comme des rats. Et plus ils ont froid, plus ils rient.

Ils s'entendent bien, tout est prétexte à la rigolade. Ils se racontent toujours des tas d'histoires drôles.

— Hey le jeune! lance le plus vieux des deux, chu trop bien sous les couvartes, va monter le chauffage!

— OK boss, pas de problème, répond la recrue avec enthousiasme, fière de se retrouver dans la même chambre que le joueur vedette.

Le vétéran s'appelle Mario Tremblay. La recrue, elle, se nomme... Patrick Roy.

Après de belles séries éliminatoires avec Sherbrooke, dans la Ligue américaine, le printemps précédent, Roy a été promu avec le Canadien cet automne. Le p'tit gars de Québec partage le filet du Tricolore avec Steve Penney et Doug Soetaert.

Roy s'est retrouvé dans la même chambre que Tremblay par défaut : personne ne voulait partager la chambre avec ce gros fumeur de cigarettes.

Rapidement, Mario prend le jeune «Casseau» (on lui donne ce surnom, car il a toujours son petit casseau de patates frites dans le vestiaire...) sous son aile.

Après un des premiers entraînements, Tremblay l'amène prendre une bière au centre-ville en compagnie de Lucien Deblois et Guy Carbonneau. Le quatuor rit un bon coup quand Tremblay, distrait, emprunte Maisonneuve vers la droite, dans le sens contraire de la circulation...

En février, Tremblay est en pleine léthargie. Il a cessé de fumer dans l'espoir de s'en sortir.

Pour le secouer, Roy s'amuse parfois à se faufiler

derrière lui avant les rencontres et à lui envoyer du parfum Aqua-Velva sur les joues. Chaque fois, Tremblay connaît un bon match...

Mais ceux qui le connaissent savent qu'il n'a plus sa hargne d'antan. Son épouse Colette, avec qui il parle rarement de hockey, n'a pu s'empêcher de lui demander récemment si son épaule le faisait encore souffrir.

Il ne frappe plus ses adversaires comme avant. Il retient son élan quand il pourrait pourtant écraser un rival sur la bande. Il pense toujours à son épaule. Cette hésitation l'empêche de frapper son adversaire aussi fort que jadis.

Il se sait à la fin de sa carrière. La retraite, cette fois, lui fait peur. Tous les joueurs se disent prêts à affronter l'inévitable, mais c'est presque impossible.

Son copain Houle a eu plus de chance. Molson l'a embauché immédiatement après sa retraite. Cournoyer a mis deux ans avant de retomber sur ses pattes. Mario, lui, ne devrait pas être en peine. Mais il imagine le désarroi de ceux qui n'ont pas de projet après leur carrière de hockeyeur. L'anonymat, après la gloire.

Le hasard fait drôlement les choses. Le 17 mars 1986, au Forum, le destin des deux plus grandes vedettes sportives du Lac-Saint-Jean, Mario Tremblay et Michel Goulet, prend une direction complètement opposée.

Alors que Goulet s'attire une autre soirée de gloire en marquant quatre buts, pour une victoire de 8 à 4 des Nordiques aux dépens du Canadien, Tremblay est à l'hôpital et grimace de douleur.

La saison du Bleuet a pris fin en deuxième période, quand son ancien coéquipier Robert Picard l'a solidement cogné contre la rampe. Son épaule déjà sensible n'a pas tenu le coup, il s'est fracturé la clavicule. C'est le début de la fin.

———

Tremblay espère encore revenir au jeu l'automne suivant. Mais déjà, une carrière dans les médias semble se dessiner.

Avant les séries éliminatoires, le grand blessé du Canadien conclut une entente avec CJMS et la Soirée du hockey, à Radio-Canada.

Il fera un commentaire tous les matins de la semaine à CJMS, pendant les bulletins de sport animés par Pierre Trudel, à l'émission du *morning man* Michel Beaudry. Celui-ci promet de ne pas imiter Tremblay pour ne pas confondre les auditeurs.

Tremblay interviendra également trois fois par semaine à l'émission de fin de journée Parlons Sports, également animée par Trudel.

Le Bleuet n'a pas une élocution «radio-canadienne», son débit trop rapide l'amène parfois à bégayer, son vocabulaire est truffé d'anglicismes, mais il conquiert son nouvel auditoire par son enthousiasme et sa fraîcheur. Jamais la Soirée du hockey n'aura paru aussi décontractée.

Mario est sollicité de partout. Il participe même, en mai, à un tournage pour Environnement Canada, avec le défenseur Paul Coffey, la chanteuse Ginette Reno, les baseballeurs Tim Raines et André Dawson.

Il est devenu, pour la société québécoise, une espèce de référence. Le magazine *Châtelaine* lui demande, en juin 1986, de décrire la femme idéale. Tremblay, qui a la cote d'amour auprès des partisanes du Canadien, se plie de bon cœur à l'interview. D'abord parce qu'il a épousé une femme idéale, ou presque, Colette, mais aussi parce qu'il se considère comme un homme idéal.

«Remarque, ajoute-t-il, que je n'aurais pas dit ça voilà dix ans. »

«Une femme idéale a de la classe, avance Tremblay. Elle sait comment se présenter devant le monde. Elle est plus âgée que moi ; je trouve ça beau une femme mature, élégante.

«J'aime pas les cheveux roux. J'aime mieux une belle blonde ou des cheveux noirs. »

Pour Mario, la femme idéale devrait davantage penser à élever une famille qu'à se bâtir une carrière : «Ça dépend des femmes, c'est sûr, nuance l'athlète. Il y en a qui ont absolument besoin de travailler à l'extérieur pour être bien dans leur peau. Mais, pour ma part, si Colette avait insisté pour travailler, j'aurais fait mon possible pour la faire changer d'idée. Je pense que les enfants ont besoin de leur mère. Surtout que je ne suis pas là souvent.

«Les diplômes ne m'intéressent pas. Même une fille sans diplôme peut avoir de la classe. Pas besoin d'aller à l'université pour apprendre ça.

«J'aime celles qui ont vécu, qui peuvent me parler de n'importe quoi sans chercher à m'impressionner. »

Faudrait pas, par contre, qu'elle soit plus grande que lui ou qu'elle apporte plus d'argent à la maison : «Me semble que la culotte me ferait moins. Ça me prendrait du temps à m'habituer. »

Le femme idéale, dans les banquets, les galas, sait

converser avec tous les invités. Chez elle, elle sait recevoir *first class.* « Je veux pas que les gens viennent chez nous pour manger du baloney ! »

Le maquillage, oui, mais léger. « Une femme beurrée, je trouve ça dégoûtant. Elle peut même s'en passer si elle est belle. »

Qu'elle sache s'habiller sans dilapider la paie de son mari, et avec goût. « Si ma femme met un chandail vert avec un pantalon rose, je risque de lui dire : chérie, habille-toi donc comme du monde ! »

Une femme sportive, athlétique, c'est aussi l'idéal, sans qu'on en vienne toutefois aux muscles d'haltérophile. « Ça, ça m'écœure terrible ! »

De quelle nationalité sont les plus belles femmes ? « Je trouve les Allemandes extraordinaires. Elles sont toutes grandes, sensuelles. Ah ! et puis, j'aime beaucoup les Hawaïennes. Elles me font rêver. »

—

Tremblay a beaucoup de choses à raconter à ses nouveaux auditeurs pendant les séries de 1986. Son jeune ami Patrick Roy fait des miracles devant les buts.

Même s'il est blessé, Mario est toujours membre de l'équipe et on le surprend à pousser des cris de joie sur la passerelle des journalistes quand le Tricolore s'assure le précieux trophée. On lui pardonne bien ce petit excès...

Le 24 mai, au Saddledome de Calgary, les Glorieux, contre toute attente, éliminent les Flames et remportent leur première Coupe Stanley en sept ans. Patrick Roy remporte le trophée Conn Smythe remis au joueur le plus utile.

À la fin du match, Tremblay quitte précipitamment son poste d'analyste à Radio-Canada pour rejoindre ses coéquipiers dans le vestiaire.

À bord de l'avion, dans la nuit, les champions sont beaux à voir. Calmes. Trop fatigués pour fêter. Ils lèchent leurs plaies. Ils reviennent de la guerre. Si, à l'époque, le Canadien l'emportait grâce à son talent fou, cette fois, le Tricolore a arraché la Coupe Stanley en bûchant.

Brian Skrudland a joué tout le match malgré une fracture de la mâchoire, subie en deuxième période. Tous les joueurs, ou presque, sont blessés.

Serge Savard et Mario Tremblay discutent avec les journalistes. Les autres roupillent. L'épouse de Naslund dort sur ses genoux.

L'avion survolera Dorval pendant plus de trente minutes à cause d'un épais brouillard. Pendant que les joueurs assistent au plus beau lever de soleil de leur vie, le pilote se demande s'il pourra atterrir avec une visibilité complètement nulle.

Quand l'avion se pose finalement, le spectacle qui s'offre aux joueurs est encore plus saisissant. Effrayant, même...

Pendant que la police de la CUM tente, au centre-ville, de circonscrire les événements, plus de 10 000 partisans envahissent le petit aéroport dès minuit pour attendre leurs héros.

Le service d'ordre, habituellement assuré par la GRC, est pris de court. Les fans ont traversé toutes les barrières pour s'agglutiner près des portes où les joueurs sont attendus.

Une chaleur étouffante écrase les fans dans l'entrée de l'édifice. L'humidité est telle que les plafonds en suintent.

Quand Mario et les autres voient la foule se presser autour de la sortie, c'est un peu la panique. Comment arriveront-ils à sortir de l'aéroport sans mourir écrasés?

L'escouade anti-émeute intervient en catastrophe, vers sept heures du matin, pour permettre à l'équipe de traverser cette mer de monde.

Les policiers y vont en douceur, la plupart ont même le sourire. Montréal n'a pas connu pareille effervescence depuis plusieurs décennies. Selon certains, il faut remonter à l'émeute que la suspension de Maurice Richard avait provoquée.

Le défilé, le lendemain, est aussi, sinon plus, émouvant. Les fans sont en délire. Mario aggrave sa blessure à l'épaule quand un partisan tente de lui arracher un bras. Claude Lemieux est coupé à un pied.

Puis, pendant que la foule acclame ses héros, le Bleuet quitte en douce l'automobile qui le transporte avec Chris Nilan et Guy Carbonneau pour se mêler à la foule. Il suit le défilé à pied, avec son fidèle ami Michel Beaudry, de CJMS. Il avance, il regarde autour de lui, il pleure.

— Michel, c'est peut-être la dernière fois que je vis ça. Regarde les gens. C'est incroyable. J'trippe au boutte.

Il veut tenter un retour, mais en son for intérieur, il sait qu'il a probablement joué son dernier match.

Quand les présentations prennent fin, Tremblay ramène la Coupe Stanley dans le vestiaire. Plusieurs interprètent son geste comme un signe d'adieu.

En juin, il subit une opération mineure qui consiste à lui enlever un dépôt de calcium dans l'épaule. Il passe deux jours à l'hôpital.

Quelques semaines avant le camp d'entraînement, en août, Tremblay hésite encore à prendre sa retraite. Il aura trente ans le 2 septembre. Il n'est pas prêt à lever le nez sur l'argent que pourraient lui rapporter quelques saisons supplémentaires.

Selon la nouvelle convention collective, Mario pourrait toucher 250 000 $ à l'âge de cinquante-cinq ans s'il participe à un minimum de quarante matchs la saison suivante.

SIX

Une nouvelle vie

Vers la fin du mois d'août 1986, Mario recommence à s'entraîner avec quelques joueurs à l'Auditorium de Verdun. Il a de la difficulté à lancer.

Il regarde le jeune Claude Lemieux patiner avec fougue, rapide, pétant de santé. Ce n'est pas son cas. Il sait qu'il ne guérira jamais complètement, qu'il ne pourra plus jamais foncer tête baissée dans les coins, comme il le faisait jadis. Il se sent comme un citron pressé.

Même après sa première blessure, il avait commencé à avoir peur. Et ses problèmes de peau qui ont refait surface.

Il sait déjà que Serge Savard ne placera pas son nom sur la liste des joueurs protégés par l'équipe. Tout autre club de la Ligue nationale pourra réclamer ses services. Mais qui donc prendra le risque d'hériter du gros contrat d'un joueur âgé de trente ans, à l'épaule amochée?

En rentrant d'une de ces séances de patinage à Verdun, Mario s'assoit avec Colette. C'est là qu'il prendra la décision la plus douloureuse de sa vie.

Le 22 septembre 1986, le Canadien annonce une importante conférence de presse au Forum. Les reporters s'en doutent : l'un des plus valeureux soldats de la glorieuse histoire du Tricolore se retirera.

L'émotion est palpable quand Tremblay fait son entrée dans le Salon des anciens, bondé de journalistes et de joueurs. Quand il commence son allocution, sa voix cassée trahit sa nervosité.

Il ne dort pas depuis cinq jours. Il a mal à l'âme. Depuis son enfance, il n'a vécu que pour sa carrière de hockeyeur. Et son beau rêve prend fin aujourd'hui... à seulement trente ans.

Son dernier discours ne versera pas dans le mélo. Il laisse l'émotion le trahir une seule fois, quand il rend hommage à son père Gonzague, à sa mère Maude, à ses frères et sœurs, à sa femme Colette.

« Je dois vous dire que depuis jeudi de la semaine dernière, je n'ai à peu près pas dormi. Je suis très nerveux... puis j'ai pas besoin de vous dire que ça me fait mal au cœur.

« Le vrai moment de la retraite, c'est pendant que je vous parle. C'est quand on dit à tout le monde, officiellement, c'est fini, j'accroche. J'en ai vu beaucoup d'autres venir ici. Venir dire en pleurant que l'heure avait sonné. Et aujourd'hui, je comprends.

« Quand on arrive dans ce grand Forum, quand on tombe dans la famille du Canadien et de ses partisans, c'est exactement comme si on tatouait le mot orgueil dans le front pis le cœur.

« Si j'arrête de jouer au hockey aujourd'hui, c'est parce que... ça me fait mal de le dire... c'est parce que je ne suis carrément plus capable de continuer. C'est quand même drôle d'avoir les épaules en morceaux, à trente ans. Je vais aller me laisser guérir en dehors de la glace.

« Dans le merveilleux vestiaire des champions de la Coupe Stanley, il y a, écrit sur le mur : Nos bras meurtris vous tendent le flambeau, à vous de toujours le porter bien haut. Je pense que ça dit tout.

« Oui, c'est vrai, lorsqu'on passe dans la machine du Canadien, on devient assoiffé de victoires. On ne peut pas vivre sans gagner. Si, aujourd'hui, j'ai le corps qui ressemble à un casse-tête, c'est parce que bien jeune, à dix-huit ans, j'ai compris que je venais de me joindre à la meilleure organisation de sport professionnel du monde. J'ai choisi de donner tout ce que je pouvais...

« Je veux bien vous confier que chaque fois que vous avez accueilli mon équipe en applaudissant à tout casser, chaque fois que vous avez dit merci par vos cris, chaque fois, comme un enfant, l'eau me montait aux yeux, la boule dans la gorge, puis tout le *kit*...»

Vers la fin de sa conférence, une réponse à un journaliste anglophone, qui lui demande pourquoi il se retire, résume tout.

« Pourquoi je prends ma retraite ? *Because I'm finished...*», répond-il l'air sérieux.

Réjean Tremblay fait son éloge le lendemain dans *La Presse*. « Maurice Richard, Jean Béliveau, Yvan Cournoyer, Guy Lafleur... Je sais, Mario Tremblay serait le premier gêné de voir son nom accolé à celui des grands porteurs du flambeau. Pourtant, s'il n'était qu'un honnête plombier, Mario Tremblay représentait beaucoup dans le cœur et l'inconscient des Québécois. Il était

Baptiste dans ce que Baptiste a de plus travailleur, de plus gouailleur, de plus joyeux et de plus frondeur. »

Colette est soulagée. Elle se doutait depuis long-temps que son homme avait joué son dernier match. Elle n'aura plus ce fardeau, qu'elle partageait avec Mario, de répondre sans cesse à la même question concernant une éventuelle retraite. Mais elle est aussi triste. Elle trouvera étrange de venir au Forum et de ne plus voir son Mario bûcher à chacune de ses apparitions sur la patinoire.

Au match suivant, contre les Blues, l'annonceur Claude Mouton n'a pas le temps de compléter sa présentation que la foule, debout, hurle son amour à Mario. Durant deux longues minutes, le Bleuet a la gorge serrée, il salue ceux qui l'ont toujours épaulé pendant les douze dernières saisons.

Les patins et le bâton de Mario Tremblay seront mis en vente aux enchères pour les œuvres des Petits Frères des pauvres. Les patins s'envolent pour 400 $, le bâton pour 360 $. Les profits seront remis aux personnes âgées les plus démunies.

Quelques jours après sa retraite, Mario est nommé personnalité de la semaine du quotidien *La Presse*.

« Toute sa carrière durant, Mario Tremblay fut un plombier de service, écrit Guy Pinard. Travailleur infa-tigable, imbu d'un désir insatiable de vaincre, combatif sans être arrogant et respecté de ses adversaires, il était de ceux qui permettent aux meilleurs joueurs de l'équipe de respirer plus à l'aise dans les coins de patinoire.

« Sa fiche de 258 buts et 584 points en 852 matchs ne suffira pas pour le démarquer des joueurs de son époque. Mais les partisans du Canadien se souviendront de lui comme d'un joueur qui s'est donné entièrement à son équipe au jeu, et d'un homme fier de porter la sainte flanelle et de la défendre farouchement autant sur la glace qu'à l'extérieur du Forum.»

Mario ne chôme pas longtemps. Il donnera ses commentaires sur le sport trois fois par jour à CJMS et CJRP. Il sera aussi analyste à la radio de Radio-Canada, le samedi soir, lorsque le vénérable Gilles Tremblay sera affecté aux rencontres à la télévision. Sans compter ses chroniques à la radio CKRS, au Lac. Tremblay est heureux. Il aura la chance de rester dans le milieu.

S'il a tardé à prendre sa retraite, au début du camp d'entraînement, c'est qu'il négociait justement avec Radio-Canada. La société d'État avait un autre candidat en vue, Pierre Bouchard. Mais celui-ci a préféré hono-rer son contrat avec CKAC jusqu'à la fin, c'est-à-dire pour une autre année.

Il fait ainsi mentir la rumeur qui l'envoyait au Saguenay à titre de représentant de Molson. Même s'il a longtemps exprimé le désir de rentrer dans son coin de pays après sa carrière, le Bleuet semble vouloir se fixer dans la région de Montréal. Les enfants y sont inscrits à l'école, ils ont un cercle d'amis bien établi.

Tremblay n'est pas la première vedette sportive qu'on récupère pour en faire un analyste. Phil Esposito a troqué ses bâtons pour un micro après sa carrière avec les Rangers; ironiquement, il s'est retrouvé par la suite directeur général de cette équipe. Bobby Hull, Gary Dornhoefer et Mickey Redmond ont aussi suivi cette voie.

Tremblay mettra la même ardeur au travail dans

son nouveau métier. À sa première semaine, il ne rate aucun entraînement de l'équipe. Et contrairement à beaucoup d'autres, il les suit attentivement! Il s'écoute sur bande sonore pour corriger ses défauts.

À CJMS, Michel Tremblay, le directeur des sports, l'aidera à acquérir les bases du métier. Tout comme Pierre Trudel et Michel Beaudry. À une occasion, Gilles Proulx passera deux heures à lui dresser une liste de ses erreurs les plus fréquentes.

Sa première participation à Parlons Sports sera annoncée en grandes pompes. Au début de l'émission, il a droit aux félicitations de tout le monde quand, soudain, le téléphone retentit.

— Salut Mario! C'est Michel, un de tes amis intimes, à Québec...

— Michel Bergeron! Ah ben tabarouette de calike!

— Mario, laisse-moi te féliciter pour tes douze années dans la Ligue nationale. Ta retraite ne fait pas de peine à l'organisation des Nordiques...

L'entraîneur des Nordiques, un *showman*-né, l'aidera à mousser ses cotes d'écoute. «Maintenant que Mario est devenu commentateur aux matchs du Canadien, il viendra peut-être dans mon bureau, lance le Tigre. J'espère qu'il ne sera pas trop nerveux...»

Bergeron et Tremblay se sont détestés à mourir, mais au fond, ils ont toujours éprouvé un profond respect l'un pour l'autre. Après un match, deux jours avant Noël, il y a quelques années, ils ont tous les deux eu la surprise de retrouver leurs voitures garées l'une à côté de l'autre.

En voyant l'épouse de Bergeron, Mario lui souhaite

Joyeux Noël. Puis il hésite.

— Euh... toi aussi Michel !

Bergeron lui renverra la politesse. Ils venaient de s'engueuler vertement au Forum, mais le match était terminé, une fine neige tombait sur Montréal et les fêtes allaient commencer.

La fameuse rencontre entre le journaliste et l'entraîneur survient le 25 novembre 1986. Armé de son micro et d'un magnétophone en bandoulière, Tremblay interroge Bergeron dans les coulisses du Colisée de Québec, à l'écart de ses confrères et des photographes.

Le premier contact est chargé d'émotion. La tension cède quand Bergeron lui tend la main et lui souhaite la bienvenue dans le monde des médias. Les deux hommes discutent ensuite huit longues minutes.

Tremblay aurait pu poser ses questions lors du point de presse. Mais il préfère la discrétion pour cette première entrevue avec son ancien ennemi. Il ne veut pas attirer l'attention. Il y a moins de six mois, ne l'oublions pas, les deux étaient encore comme chien et chat.

Mario a brisé la glace en interrogeant Bergeron, mais il n'est pas encore prêt à pénétrer dans le vestiaire des Nordiques. Il veut laisser le temps arranger les choses, ne pas sauter les étapes. Il a probablement sur le corps encore quelques meurtrissures causées par les bâtons des Fleurdelysés.

Mais les auditeurs salivent déjà à la pensée de sa première entrevue avec un Dale Hunter ou un Peter Statsny...

Mario Tremblay a-t-il le recul nécessaire pour

accomplir objectivement son travail ? Cette question le suivra tout au long de sa carrière de journaliste.

Au cours de l'hiver 1987, Bertrand Raymond le surprend à faire un *pep-talk* dans le vestiaire du Canadien avant un match des séries éliminatoires, contre les Nordiques.

Il écrit, le 24 avril dans le *Journal de Montréal*, une chronique qui fait beaucoup parler et qui remet en doute l'objectivité du Bleuet :

« Mario Tremblay fait du sang de cochon, écrit le chroniqueur. Quand le Canadien est menacé d'une élimination, ce n'est plus le commentateur qui se promène dans le vestiaire à la recherche d'une bonne entrevue. C'est plutôt l'ancien joueur, celui qui n'a jamais su perdre, qui s'y promène nerveusement. »

En conférence de presse, le matin de l'événement dont parlait Raymond, Jean Perron discute du manque d'agressivité de certains attaquants. Il prétend que Claude Lemieux est le seul qui se soit sali le nez dans les coins de la patinoire.

Dans le vestiaire, quelques instants plus tard, Raymond assiste à une scène bien particulière, quand il recueille les commentaires de Shayne Corson.

— Peut-être que nous aurions gagné si nous avions joué comme l'entraîneur le désire, lui dit Corson. S'il veut nous voir jouer d'une façon plus robuste, nous allons devoir le faire. C'est lui le patron.

— Non seulement est-il le *coach*, mais il a raison, réplique sèchement le Bleuet, qui vient de s'interposer.

Tremblay a du feu dans le regard, selon Raymond. Sans avertissement, il vient de retirer son veston de commentateur.

Il s'avance vers Corson, teste les muscles de ses bras et lui demande s'il a l'intention de s'en servir.

Corson rit jaune.

— Bien sûr que je vais le faire, Mario.

Tremblay ne lui a pas rendu son sourire.

Plus tard, il reprend le même petit manège en plein centre du vestiaire, raconte Raymond. Il tourne le fer dans la plaie en insistant davantage auprès de Corson.

— Tu te laisses frapper par Dale Hunter et pendant qu'il se sert de son bâton contre toi, tu regardes ailleurs. Par deux fois, il t'a frappé et tu n'as pas riposté.

Un peu embarrassé, Corson rougit.

— Tu as sans doute mal vu, Mario. Cela ne s'est pas passé de cette façon, lui dit-il.

— Quand Hunter t'a frappé, tu semblais davantage préoccupé par ta défensive, tu t'es replié, ajoute Tremblay avec un brin d'ironie dans le ton.

John Kordic se mêle alors à la conversation. Tremblay ne l'épargne pas lui non plus.

— Moi, quand je jouais, je n'aurais pas laissé Basil McRae m'agripper par le chandail, j'aurais été plus vite que lui, dit Tremblay au gros bagarreur qui, la veille, a pourtant servi une bonne leçon de boxe au joueur des Nordiques.

— Si tu m'avais affronté, ajoute Tremblay, ton beau visage en aurait conservé des marques...

« Dans le cas de Kordic, relate Raymond, Tremblay se pinçait les lèvres pour ne pas rire, mais peu importe s'il était sérieux ou pas, il était en train de passer son message. Quand on pique un dur de dur dans son orgueil, il est inutile de trop insister. Ce que Kordic et Corson ont entendu hier vaut bien tous les discours qu'on pourrait faire dans le vestiaire avant le match de ce soir. »

« Tremblay ne joue plus ; il ne souffre plus avec les autres et ne s'enferme plus dans un hôtel à l'extérieur de la ville pendant les séries. Sans doute que les joueurs du Canadien lui auraient dit d'aller faire son *show* ailleurs s'il ne possédait pas déjà cinq bagues de la Coupe Stanley, s'il n'avait pas déjà beaucoup plus souffert que la majorité des membres actuels de l'équipe. »

Las de se faire réprimander, Kordic se retourne vers Tremblay.

— Toi Tremblay, je te détestais quand tu jouais, lui dit-il. J'haïssais ton cran. Je me disais que je te ferais ton affaire si je t'affrontais un jour. Sur la glace, tu faisais de la *boulechite*, comme tu es en train d'en faire à l'heure actuelle dans notre vestiaire...

Tremblay niera avec vigueur s'être compromis avec un *pep-talk* dans le vestiaire. Le patron des sports à CJMS, Michel Tremblay, défendra son poulain. « Mario Tremblay est capable de garder ses distances. »

« C'est sûr, quand vient le temps de critiquer les plus vieux avec qui j'ai joué, j'y pense deux fois, explique Tremblay à Daniel Lemay, de *La Presse*. Mais je suis capable d'être critique. Une critique positive. Planter un gars, c'est facile. Moi, j'essaie d'expliquer les circonstances et traiter les joueurs aussi bien qu'on m'a traité quand je jouais. »

Malgré l'article de Raymond, le Bleuet ne craint nullement de perdre son intégrité de journaliste. À preuve, il se permet même de jouer, au cours de l'été, pour l'équipe de balle-molle du Canadien.

Le succès de Mario à la télé et à la radio se confirme. Au printemps 1987, TVA lui propose un *talk-show*. Vingt émissions, vingt invités. Les entrevues seront diffusées après les matchs de hockey. Tremblay se retrouve devant les caméras dès juillet, au restaurant la Mise au jeu, au Forum, avec son inséparable ami Michel Beaudry.

Les producteurs Olfmeyer et Effix prennent les grands moyens. Ils accordent un budget de 550 000 $. Tremblay retrouve amis et anciens ennemis.

Les frères Stastny, Patrick Roy et Michel Goulet participeront à des sketches humoristiques. Claude Lemieux chantera du folklore québécois.

Tremblay et Beaudry ont quelques jours à peine pour se reposer, vers la fin de l'été, avant d'entreprendre une autre saison à la radio de CJMS.

Le Bleuet aura un concurrent de taille. Et il le connaît bien. Michel Bergeron, entraîneur des Rangers de New York depuis quelques semaines à peine, signe une entente de trois ans avec CKAC. Cinq fois par semaine, aux Amateurs de sport, l'émission sportive de fin de journée avec Danielle Rainville et Pierre Bouchard, il livrera ses commentaires sur les actualités de la Ligue nationale et fera découvrir le monde sportif de la *Big Apple* aux auditeurs québécois.

La guerre se poursuit. Après la quête de victoires, la chasse aux cotes d'écoute…

On emploie Mario à toutes les sauces. CJMS envoie son reporter-vedette couvrir le ski alpin aux Jeux olympiques de Calgary, en février 1988. Tremblay n'y connaît rien. Afin de se mettre au parfum, il lit, se rend à la Fédération québécoise de ski pour apprendre l'abc de ce sport...

Il est partout. CJMS, Radio-Canada, à la télé et à la radio, TVA, sans compter les nombreuses publicités qu'il fait.

Il annonce, entre autres les petites annonces du *Journal de Montréal* et fait tout un tabac avec le slogan : « Ça marche en p'tit Mario de plâtre... »

Il signe aussi un lucratif contrat avec Ford. Incroyable, mais il est encore plus populaire, et plus riche qu'à l'époque où il jouait au hockey !

Cela lui vaut une omniprésence qu'il n'avait pas en tant que joueur. On l'entend deux fois par jour à la radio, on le voit plusieurs fois par semaine à la télé.

Avril 1988. Un scandale est à la veille d'éclabousser la Sainte Flanelle.

Après une autre superbe saison, le Canadien s'apprête à affronter les Whalers de Hartford en première ronde des séries. Le Tricolore peut compter sur des leaders, les Chris Chelios, Shayne Corson, Mats Naslund, Bobby Smith et Larry Robinson...

Ils gagnent, mais l'entraîneur Jean Perron a énormément de difficulté à contrôler la conduite de certains de ses hommes hors de la patinoire : le Tricolore a un petit groupe de joyeux fêtards dans ses rangs. Et Perron fait de moins en moins l'unanimité dans le vestiaire. Beaucoup sont mécontents.

Chelios ira même jusqu'à aller au bureau du

président Ronald Corey pour exiger le départ de Perron.

À quelques jours du premier match des séries, Perron isole ses hommes, comme c'est souvent la coutume, à l'hôtel Sheraton de l'Île Charron, afin de leur éviter toute distraction.

Les joueurs appellent affectueusement cette retraite fermée Alcatraz, l'endroit d'où on ne s'évade jamais. Jamais ? Hum...

Près de quarante-huit heures avant le premier match, Corson, Chelios et Svoboda font une escapade de nuit. Comble de malchance, leur automobile emboutit un lampadaire à Boucherville, à leur retour d'une boîte de nuit. Deux mineures, dont l'une est au volant, sont à leurs côtés dans le véhicule.

Au lieu de téléphoner à la police, le trio se réfugie à l'intérieur de l'édifice de Boisvert Automobiles, afin d'appeler un taxi. Ils laissent les deux jeunes filles derrière eux.

Ce soir-là, chez ce concessionnaire, on inaugure les nouvelles voitures et quelques invités traînent encore. Le lendemain après-midi, un de ces invités téléphone à Tremblay, à CJMS, pour lui raconter l'histoire. Quand Mario rentre dans le vestiaire de l'équipe, le lendemain matin, il va retrouver Chelios devant son casier.

— Salut Chelly ! Comme ça, t'en as encore fait une belle...

Chelios joue l'innocent.

— De quoi veux-tu parler ?

— J'espère pour toi que tu vas connaître de grandes séries, lui répond Tremblay, qui tourne les talons.

Le défenseur-étoile du Canadien panique et téléphone *illico* à Serge Savard à son bureau.

Ronald Corey a vent de l'histoire et lâche un coup de fil à Tremblay. Il le supplie de garder le silence.

L'histoire aurait été oubliée si Réjean Tremblay, mis au courant plus tard par un appel du chauffeur de taxi, n'avait dévoilé l'affaire dans *La Presse* une dizaine de jours après l'accident.

Son scoop lance un débat grandiose : l'histoire du lampadaire relève-t-elle de la vie publique ou privée des athlètes concernés ?

Le jour de la publication de l'article, Pierre Trudel et Mario Tremblay y vont d'une charge d'une rare violence à l'endroit du chroniqueur de *La Presse*, au cours de l'émission Parlons Sports.

Ils l'accusent de verser dans le jaunisme, de faire du journalisme *cheap*.

Pourtant, Réjean Tremblay ne nomme aucun joueur dans son texte, un article secondaire dans sa page. Il réfléchit seulement à haute voix sur l'impunité dont jouissent nos joueurs de hockey.

Le 28 avril, le confrère de Réjean Tremblay, Gilles Blanchard, attaque à son tour Tremblay et Trudel.

« Serge Savard et Jean Perron ont fait preuve d'une extrême délicatesse dans l'histoire des sauteurs de clôture parce que les péripéties de l'aventure nocturne n'ont pas été sans créer une série de problèmes personnels à leurs auteurs, des problèmes qui dépassent largement les intérêts du club de hockey Canadien, écrit Blanchard.

« Savard et Perron ont parlé de l'escapade au conditionnel, mais ils en ont parlé aussi longtemps que les journalistes ont eu de questions à poser. Il y a eu plein de si, mais aucune dérobade. Dans le même contexte, Savard a aussi répondu que la conduite d'un joueur à l'extérieur de la patinoire faisait partie de l'évaluation de son rendement au moment des négociations de contrat.

« J'écoutais Parlons Sports et j'ai été touché tant par la violence de l'attaque que par la fausseté de l'argumentation qui la soutenait. D'autant plus que le topo n'était pas le fruit de la spontanéité. Il avait été préparé et annoncé au début de l'émission.

« Dans le contexte du journalisme sportif montréalais, l'évasion d'Alcatraz était d'intérêt public. Il ne s'agissait pas de joueurs qui étaient rentrés un peu tard à la maison, un soir donné, mais des joueurs qui violaient une directive d'équipe, un couvre-feu et une retraite, Alcatraz, en pleines séries.

« Parlons Sports n'est pas la Radio du Canadien, comme on a une Radio des Expos, commanditée par le club de baseball, poursuit le journaliste de *La Presse*. Parlons Sports revendique un statut de journaliste, même si la brasserie du Canadien commandite la chronique de Mario Tremblay.

« Cela peut être difficile à l'occasion, mais la rigueur, un minimum de rigueur, indiquerait qu'on ne se sente pas attaqué personnellement par un concurrent qui ne trouve pas tout beau, tout rose au sein de l'équipe. Quant à l'éthique, elle commande le respect pour les confères. »

Deux semaines plus tard, le scandale n'aidant pas, les Rouges sont rapidement éliminés par les Bruins en deuxième ronde.

Tremblay doit couvrir la série entre les Bruins et les Devils du New Jersey. Quelques minutes avant le premier match, le 10 mai, le Bleuet est installé dans l'immense camion de production de Radio-Canada, garé derrière le Garden de Boston, quand il reçoit le coup de téléphone d'un proche de l'organisation.

Au bout du fil, Me Jean Bruneau, un ami personnel de Serge Savard, qui gravite dans l'entourage de l'équipe depuis de nombreuses années, et qui a agi comme conseiller dans la délicate affaire du lampadaire, lui annonce une nouvelle ahurissante.

Quand Tremblay raccroche, il prend le producteur Claude Brière à l'écart.

— Claude, j'ai un scoop sensationnel.

— Quoi?

— Jean Perron ne sera pas de retour l'an prochain. Le Canadien ne lui offrira pas de nouveau contrat.

— Es-tu vraiment sûr? lui demande Brière, étonné.

— Ma source est irréprochable, répond Mario. J'veux l'annoncer au monde durant le premier entracte.

— C'est qui ta source?

— J'peux pas te le dire. Mais je suis sûr de mon coup.

— Écoute Mario, parfait, on a confiance. Tu sais ce que tu fais.

La nouvelle de Tremblay a l'effet d'une bombe. Toutes les salles de presse du Québec s'affolent.

Ce soir-là, Serge Savard assiste au tournoi de la Coupe Memorial au centre Georges-Vézina de Chicoutimi.

Bertrand Raymond s'y trouve également. Il va rapidement retrouver Savard dans les gradins.

— Écoute Serge, j'imagine que t'as entendu la rumeur...

— Y'a rien de fondé là-dedans !

— Es-tu vraiment sûr ? Mario est quand même un gars pas mal au courant.

— Je t'le répète, y'a rien de fondé là-dedans.

— Serge, je vais écrire que c'est pas vrai, mais je te fais confiance. Je joue gros.

Bertrand Raymond joue gros, en effet. Il est dans son patelin, à Chicoutimi, devant les siens, et le lendemain, dans son journal, il désavoue la nouvelle de Mario Tremblay.

Vers minuit, le texte de Raymond est écrit et presque imprimé quand il apprend le nom de l'informateur de Tremblay. Il est rouge de colère. Trop tard.

Le lendemain, une horde de reporters débarquent au centre Georges-Vézina.

Savard est assis calmement dans les gradins avec Pat Burns, alors entraîneur des Canadiens de Sherbrooke, dans la Ligue américaine, quand une vingtaine de journalistes s'installent autour de lui.

Le directeur général du Canadien demande au groupe d'attendre la fin de la première période du match entre Windsor et Medecine Hat avant de lui poser des questions.

Quand la sirène annonce finalement la fin de l'engagement, les journalistes se jettent sur Savard.

— Serge, demande l'un, Jean Perron est-il vraiment congédié ?

— Je démens catégoriquement cette rumeur, répond Savard avec flegme. Jean Perron se repose actuellement avec son épouse sur une plage dans les Caraïbes et il est toujours l'entraîneur du Canadien. Au surlendemain de notre élimination, j'ai dit en conférence de presse que Perron était mon entraîneur et qu'il n'était pas question que je fasse des changements. Ce n'est pas vous qui allez me dire quoi faire et ce n'est pas Mario Tremblay non plus.

— Pourquoi alors, s'interroge un autre journaliste, Jean Perron n'est-il pas avec toi pour cet important tournoi?

— Jean n'a pas d'affaire à Chicoutimi, réplique Savard. Si Jacques Lemaire est sur place, c'est parce qu'il surveille les joueurs juniors en vue de la prochaine saison du Canadien Junior de Verdun. Si Pat Burns y est, c'est parce qu'il travaille directement avec ces juniors pour la période de développement à Sherbrooke. Y a-t-il d'autres questions?

— Mais Serge...

Savard interrompt son interlocuteur.

— Écoutez-moi bien. Il y a deux jours, c'était la rumeur farfelue qui envoyait Chris Chelios aux Kings de Los Angeles en retour de Jimmy Carson et, aujourd'hui, c'est Jean Perron qui ne sera pas de retour ou qui démissionnerait. Quelle sera la prochaine rumeur? Si certains journalistes continuent à travailler de cette manière, je devrai bientôt me contenter de répondre que je n'ai pas de commentaires à faire...

Bertrand Raymond accroche Savard après le départ des derniers journalistes.

— Serge, je connais l'informateur de Mario Tremblay. C'est ton ami Jean Bruneau. Tu m'as menti.

— Je te répète, Bertrand, qu'il n'y a rien de fondé dans la rumeur de Mario Tremblay.

Ce même après-midi, Mario téléphone à son informateur pour s'assurer de la véracité de la nouvelle. On lui confirme qu'il ne fait pas fausse route. Il a néanmoins le sommeil perturbé cette nuit-là. Pourquoi Savard se borne-t-il à tout nier?

Le monde sportif québécois reste perplexe. Les amateurs et les journalistes ne savent plus qui croire. Tremblay ou Savard? Même si Mario ne jouit pas d'une vaste expérience dans le monde du journalisme, il n'est tout de même pas inconscient. Il joue sa crédibilité. D'autant plus qu'il a choisi Radio-Canada pour lancer sa nouvelle. En fait d'impact médiatique, ce n'est pas comparable à une émission de tribune téléphonique de CJMS.

Savard, de son côté, joue gros jeu en démentant ainsi. Si on analyse chacune de ses phrases, chacun de ses mots, on peut trouver une échappatoire quelconque. Mais il semble sincère dans ses propos. Et au cours des quinze dernières années, Savard a toujours fait preuve de beaucoup d'honnêteté.

Pour une deuxième journée consécutive, Savard, l'homme le plus couru de la province, nie catégoriquement la rumeur.

— Jamais, au cours d'une conversation, Jean ne m'a laissé entendre qu'il voulait remettre son avenir en question. J'ai même pris rendez-vous avec lui au retour de ses vacances, question de finaliser une prochaine entente. Je me demande où Mario a pu pêcher ça. À l'exception de Ronald Corey, tous les membres de mon organisation sont ici à Chicoutimi, pour les séries de la Coupe Memorial.

On commence à remettre sérieusement en doute la rumeur lancée par Tremblay.

— C'est ma première expérience dans le domaine des rumeurs et des nouvelles et je sais que Serge Savard n'est pas content de ça, mais ma source est sûre, sûre, sûre, répète Tremblay.

La localisation géographique des acteurs fait en sorte que la nouvelle tarde à être confirmée. Tremblay est au New Jersey, Perron dans les îles, Savard à Chicoutimi et le Forum, toujours à Montréal...

Perron commence à se poser des questions, quand il retrouve une cinquantaine de messages sous la porte de sa chambre d'hôtel. Il craint d'abord un drame familial.

Il téléphone à la maison. Son fils est en pleurs.

— Papa, Mario Tremblay a dit à la télévision que tu étais congédié.

— T'inquiète pas, Serge Savard m'a parlé avant mon départ, je suis toujours en poste.

— Je suis content de t'entendre dire ça papa, je suis tellement heureux que t'aies appelé.

Perron rejoint ensuite Serge Savard à Chicoutimi pour être rassuré. Le Sénateur est furieux à l'autre bout de la ligne.

— Ces maudits journalistes, lui dit Savard. Passe de belles fins de vacances. Perron raccroche soulagé.

L'histoire prend des allures romanesques. L'as-reporter à CJMS, Jean Gagnon, et Danielle Rainville, de

CKAC, sont dépêchés à la Guadeloupe pour aller rejoindre Perron.

Perron est en train de danser la samba sur la piste de danse du Club Med avec sa femme, quand il aperçoit Rainville.

Sur le coup, Perron ne fait pas le lien.

— Danielle, quel hasard qu'on se retrouve en vacances à la même place !

Rainville est un peu mal à l'aise. Elle trouve la situation délicate, mais elle n'a que le choix de faire son travail.

— Il faudrait que je vous parle, monsieur Perron.

La femme de l'entraîneur, elle, ne la trouve pas drôle.

— Vous l'avez onze mois par année. Vous pouvez pas me le laisser seulement un mois ?

Madame Perron court chercher des gardes de sécurité.

— Est-ce que cette dame vous importune, Monsieur Perron ? lui demande le gérant de l'endroit, en regardant Rainville.

— Oui, justement, elle m'importune...

Rainville sera expulsée assez brutalement du village par deux mastodontes.

Ses patrons lui demanderont d'y retourner le lendemain, par le chemin de la plage, mais la reporter-vedette de CKAC fait comprendre à ses supérieurs que l'idée n'est pas très bonne...

Perron se doute bien que CJMS ne doit pas être loin. Il paye la note de sa chambre, loue une voiture et se promène dans l'île pour les trois derniers jours de ses vacances.

Gagnon et Rainville réussiront à lui parler à l'aéroport,

avant le départ de l'entraîneur pour Montréal. Perron sera muet comme une carpe.

Quand il rentre à Mirabel, le samedi, vers onze heures, un imposant groupe de reporters se bousculent pour recueillir ses commentaires à son arrivée dans l'aérogare.

— Aux dernières nouvelles, je suis toujours le *coach* du Tricolore, lance Perron, avant de partir en coup de vent.

Le lundi matin, il se rend au bureau de Serge Savard, prêt à négocier son nouveau contrat.

Quelques mois plus tôt, il avait refusé une offre de trois ans, préférant attendre la conclusion des séries éliminatoires avant de négocier.

— Écoute Serge, un contrat d'un an ferait bien l'affaire.

— Faut que tu me donnes du temps, lui répond Savard.

— Comment ça du temps? Tu voulais me donner un contrat de trois ans cet hiver !

— Il me faut du temps. Il s'est passé des choses dernièrement.

— Bon, j'ai compris, réplique Perron. Aussi bien sacrer mon camp...

Le lendemain, six jours après la nouvelle annoncée par Mario Tremblay, Serge Savard convoque les journalistes à une importante conférence de presse au Forum.

La salle est bondée. Mario sue à grosses gouttes. Quand Jean Perron annonce sa démission, le Bleuet pousse un soupir de satisfaction. Le premier *scoop* de sa carrière est confirmé !

Mario Tremblay aura lancé la nouvelle au Garden de Boston, dans l'amphithéâtre où il a donné ses premiers coups de patin dans la Ligue nationale.

Tous les journalistes présents se tournent vers lui une fois les allocutions terminées.

— J'vous avoue que j'ai eu de la difficulté à dormir depuis que j'ai annoncé la nouvelle à Radio-Canada. Ça a été une semaine bien difficile parce que je savais que plusieurs personnes mettraient ma nouvelle en doute. Je ne l'ai pas fait pour nuire à Jean Perron, seulement pour renseigner les amateurs de hockey, pour informer le public. Mon informateur était valable et fiable.

Autant Tremblay gagne du galon, autant la crédibilité de Serge Savard en prend pour son rhume.

« Depuis quinze ans, le Sénateur avait la réputation de donner l'heure juste même quand les choses se corsaient, écrit Réjean Tremblay le 17 mai. Mais depuis un an, Savard a perdu de cette belle limpidité qui lui gagnait la confiance de tous les médias d'information. Cette fois, il a franchement et carrément induit en erreur les journalistes sérieux. »

Bertrand Raymond est encore plus virulent dans ses chroniques suivantes. Pendant des années, Savard sera écorché par la presse montréalaise. Pourquoi cette obstination à nier la rumeur lancée par Mario Tremblay pendant six jours ? Sans doute pour protéger Perron. Pour qu'il ne reçoive pas la nouvelle par les médias. En fait, Savard a été trompé par l'impulsivité de son ami Bruneau.

Quand Perron part en vacances, le directeur général du Canadien lui demandera d'aller se reposer et de réfléchir à son avenir. Une façon polie de lui dire que le Canadien peut se priver de ses services.

Bruneau est mis au courant des plans de l'organisation. Quand il téléphone à Tremblay, il est blessé que Savard ne l'ait pas invité dans sa loge pour la finale de la Coupe Memorial. Le grand Serge lui a préféré Me Gabriel Lapointe, avec qui Bruneau était alors en froid. Voilà donc, vraisemblablement, l'origine du plus grand *scoop* de la carrière de Tremblay. Mais cette histoire est complexe. En savons-nous vraiment tous les dessous?

Perron admettra à CJMS, après sa conférence de presse pour annoncer sa démission, qu'il croit fermement que Savard n'était pas au courant de ce qui se tramait quand la nouvelle de Mario Tremblay est sortie sur les ondes de Radio-Canada.

L'entraîneur déchu s'organise, à mots couverts, pour que les gens sachent que Jacques Lemaire a joué un drôle de rôle dans cette affaire.

— Tu as défendu Serge Savard tout en mettant en doute le rôle joué par Jacques Lemaire, lui lance Réjean Tremblay après son interview à CJMS. Voulais-tu blanchir Ronald Corey de cette façon?

Perron réfléchit un instant.

— Non, je défendais spécifiquement Serge Savard...

Ronald Corey déclarera pour sa part au *Soleil*, deux jours après la conférence de presse, qu'il ignorait tout de la démission de Jean Perron, et même que Serge Savard allait tenir une conférence de presse le lundi.

Le Sénateur a une mémoire d'éléphant. Il ne pardonnera pas facilement au Bleuet.

Mario se trouve en effet dans une drôle de position face au Canadien. Il n'est plus un employé de l'équipe, mais il reçoit toujours un salaire du Tricolore, ayant fait échelonner son dernier contrat de joueur sur plusieurs années. Il a aussi accès aux installations de l'équipe, comme le vestiaire et le gymnase. Après l'affaire Perron, Serge Savard mettra fin à ces privilèges.

Néanmoins, les deux hommes feront la paix l'été suivant, quand Mario se rendra au camp de pêche de Savard, à La Tuque.

Perron est remplacé par Pat Burns, des Canadiens de Sherbrooke. Burns est un ancien policier de la région de Gatineau. Il n'a pas la réputation de se laisser marcher sur les pieds. Voilà sans doute le candidat idéal pour remettre les joueurs indisciplinés du Canadien sur la bonne voie.

Avec sa nouvelle gigantesque, Mario Tremblay atteint un nouveau sommet de popularité. Après avoir connu une belle carrière d'athlète, voilà qu'il devient un journaliste accompli.

Il caresse maintenant un autre rêve, le rêve ultime : diriger le Canadien de Montréal...

Le 22 mai 1988, il parle de ses ambitions à Ronald King, de *La Presse*. Il aurait même offert ses services au Canadien pendant les Jeux olympiques de Calgary. C'était avant qu'il ne mette Savard et la direction du Canadien dans l'embarras...

Il discute maintenant avec les Red Wings de Detroit.

« J'aimerais diriger le Canadien d'ici cinq ans. J'ai toujours songé devenir entraîneur, j'ai même choisi de travailler dans les communications pour connaître la façon de fonctionner des journalistes. Pour être entraîneur en chef à Montréal, c'est important. »

Tremblay en est convaincu depuis qu'il a constaté le succès de son vieux rival, Terry O'Reilly, à Boston : « Je ne suis pas plus fou qu'un autre. J'ai assez d'expérience pour savoir ce qui se passe dans une équipe de hockey. Avec quelques années d'expérience et avec un bon encadrement, je me sens capable d'accomplir du bon travail. Je pourrais même apprendre de certaines personnes. Des gars comme Claude Lemieux et Chris Chelios auraient intérêt à marcher droit avec moi comme patron... »

Le Bleuet tente des approches avec l'entraîneur en chef des Red Wings de Detroit, Jacques Demers, pour un boulot d'adjoint, advenant le départ de Dave Lewis ou de Don MacAdams à la fin de la saison.

« Je perdrais de l'argent en devenant entraîneur-adjoint, mais j'ai pris ma décision, dit Tremblay. Je veux devenir entraîneur. Je vais commencer lentement et je crois que dans quelques années, je serai prêt à diriger une équipe. »

Mais Demers met rapidement fin aux rumeurs en confirmant le retour de ses adjoints : « Mario m'a effectivement offert ses services, précise Demers. J'ai considéré son offre parce qu'il y avait une possibilité de voir MacAdams ou Lewis travailler ailleurs. Mais la nouvelle est sortie trop vite. Mes assistants n'ont pas apprécié de lire tout ça dans les journaux. Myre était mon premier candidat, avant Mario. »

Tremblay reste donc à la radio. Il livre une lutte féroce aux cotes d'écoute de Danielle Rainville. Car pour plusieurs, Tremblay et Rainville sont les locomotives de leurs stations respectives. Le piquant, les controverses proviennent généralement de ces deux journalistes.

À ce chapitre...

Tremblay se retrouve à nouveau au cœur de l'actualité sportive du Québec, en avril 1989, un an environ après l'affaire Perron.

Un article du chroniqueur Yves Létourneau, dans *La Presse*, déclenchera toute l'histoire.

Replaçons les choses dans leur contexte. Le Canadien, avec son entraîneur recrue Pat Burns, vient de connaître une brillante saison de 115 points. Les Rouges mènent facilement les Bruins trois matchs à zéro en deuxième ronde des séries éliminatoires. Malgré tout, ils ne jouent pas à la hauteur de leur belle réputation.

Les Rouges perdent finalement un match au Garden, 3 à 1, avec l'auxiliaire Brian Hayward devant les buts et la recrue Éric Desjardins à la défense pour une première fois.

Deux jours plus tard, dans sa chronique, Létourneau, soulève une l'hypothèse : Pat Burns a-t-il finement « planifié » cette défaite afin de réveiller son équipe ?

« Ne vous attendez pas à ce que j'aille insinuer que le hockey est arrangé... », écrit Létourneau.

« Acheter vingt gars d'une équipe de hockey, ça me paraît une tâche devant laquelle même Al Capone aurait reculé. On peut cependant s'arranger pour qu'une victoire soit moins facile à décrocher. Ou qu'une défaite serve de leçon. Pat Burns en a raconté une bien bonne que je ne suis pas prêt d'oublier. Ses Olympiques de Hull avaient la vie extrêmement facile et n'avaient qu'à se présenter sur la patinoire pour que la victoire soit assurée. Les gars s'enflaient la tête. Pat a décidé qu'ils avaient besoin d'une leçon. Il s'est arrangé pour qu'ils perdent par une marge humiliante. Ses gars se sont remis à jouer avec intensité.

« Tout cela pour vous dire que je ne suis pas entièrement persuadé que la direction du Canadien et Pat Burns tenaient tant à ce que le Canadien remportent le quatrième match de sa série à Boston », ajoute Létourneau, qui se sert, comme argument pour appuyer son idée, de l'entrée en scène de deux substituts mal préparés, Brian Hayward et Éric Desjardins.

« On a vu Hayward une fois contre les Whalers lors de la série précédente, écrit Létourneau. Il était loin d'être impressionnant. Desjardins n'avait pas joué une seule minute. »

Quand Mario Tremblay lit l'article de Létourneau, il prend la mouche. Le soir-même, au deuxième entracte du cinquième match présenté à Radio-Canada, dans une grande scène théâtrale pour dénoncer l'article de Létourneau, un Tremblay enragé se saisit du journal en question et le déchire en mille miettes, avant de le jeter à la poubelle...

Le lendemain, pendant 75 minutes à CKAC et 90 minutes à CJMS, les auditeurs des émissions rivales de lignes ouvertes, les Amateurs de sport et Parlons Sports, appellent pour donner leur avis sur la guerre entre les deux journalistes.

CKAC reçoit cinq ou six appels. On défend Létourneau. La dizaine d'auditeurs de CJMS sont tous derrière Mario...

La réplique de *La Presse* ne tarde pas à venir.

« Mario Tremblay, le redresseur de torts du Canadien, s'est emporté avec toute la fougue qu'on lui connaît contre Yves Létourneau et *La Presse*, mardi soir à la télévision d'État par surcroît, une chaîne financée à même les deniers publics », écrit Michel Blanchard, le 27 avril 1989.

« Les arguments invoqués par Mario étaient faibles. En aucun moment il n'a relevé de faits précis tels que rapportés par notre chroniqueur. Ce qui n'a pas empêché Mario et la Soirée du hockey d'y mettre le paquet. Gros plan, fondu, on nous a même fait le coup du journal qu'on déchiquette par dépit. Du grand burlesque. Par moments, on se serait cru à une émission de lutte tellement les gens de la Soirée du hockey en ont beurré épais. L'attaque de Mario était disons, quatre coches en dessous de la norme. Côté information, ça volait plutôt bas. »

Le producteur exécutif de la Soirée du hockey, Claude Brière, admettra qu'on est allé un peu loin : « Il y a des limites, dit-il. Le sujet de l'intervention de Mario était prévu, mais il devait aborder la question dans une perspective générale. Je souhaitais qu'il n'en fasse pas une affaire personnelle. Si c'était à recommencer, je tenterais de mettre les choses au point. Quant à la mise en scène, elle n'était pas prévue. Mario nous a pris par surprise et les techniciens ont réagi comme ils pouvaient. »

L'animateur Jean Pagé s'expliquera lui aussi : « Je voulais présenter le texte de Létourneau, effectuer une mise en situation, mais Mario est parti sur son envolée et je n'ai pu que l'écouter. »

Réjean Tremblay va plus loin dans sa chronique. Il parle de pollution de l'information sportive par le contrôle et la manipulation pratiquée par Molstar, une filiale du Canadien. Molstar produit la Soirée du hockey à Radio-Canada.

« Quelqu'un, peut-être Ronald Corey ou François-Xavier Seigneur, a eu la brillante idée de se servir des émissions de télévision que Molson contrôlait directement ou indirectement pour donner des piges aux chroniqueurs et commentateurs sportifs du Grand Montréal.

« C'est la télé qui fait les vedettes. Certains commentateurs à la radio sont devenus des personnalités quand ils ont enfin eu la chance de devenir analystes à la Soirée du hockey. Ce que la télé apporte à l'égo d'un individu est beaucoup plus important que l'argent. Et certaines « vedettes » de la télévision seraient prêtes à travailler bénévolement pour ne pas perdre leur nanane. Et seraient prêtes aussi à oublier leurs beaux principes d'éthique professionnelle pour conserver leur participation à une émission de prestige comme la télédiffusion du hockey au Canada français. Mais la direction du Canadien et de Molstar a peut-être créé un monstre en pensant manipuler l'information sportive. Les événements survenus cette semaine pourraient être indicatifs d'une situation qui pourrit. »

La Presse offrira au Bleuet une demi-page pour qu'il

se défende contre les attaques de Létourneau.

« C'est comme si j'avais reçu un couteau en plein cœur, dit Tremblay. La première chose qui m'a écœuré quand j'ai lu le texte d'Yves Létourneau, c'est lorsqu'il a fait allusion à Pat Burns et à sa décision d'utiliser Éric Desjardins et Brian Hayward.

« Quand tu connais Terry O'Reilly et les Bruins de Boston, tu sais qu'il n'y a pas de match facile à Boston. Il était prévisible que les Bruins aillent jouer un grand match. Ce qui m'a le plus touché dans le texte, c'est que j'y ai senti une attaque personnelle. C'est vrai, je me suis senti visé. J'ai moi-même joué douze saisons et les propos de Létourneau laissaient croire que la même chose aurait pu arriver quand j'étais actif. Cela m'écœure que quelqu'un puisse suggérer une telle chose. Il faut connaître l'aréna de Boston. C'est une place terrible. J'ai tellement souffert à Boston.

« Quand un gars joue blessé et qu'il doit aller dans les coins de la petite patinoire du Garden, c'est dur. Il y a des soirs où ça ne nous tente pas, mais il faut y aller, prendre des coups et souffrir.

« Yves Létourneau, on ne le voit jamais au Forum. Sauf les soirs où il travaille, et encore ; il ne fait que répéter des textes qu'il a écrits deux ou trois jours avant. Ça m'achale beaucoup. Si Létourneau avait été au Garden de Boston, je suis sûr qu'il n'aurait pas écrit la même chose. »

Aux yeux de plusieurs, le raisonnement de Létourneau est plutôt tiré par les cheveux. Mais Mario Tremblay a-t-il su faire la part des choses entre le joueur et le journaliste ?

Le Canadien parvient en finale contre les Flames de Calgary, mais s'incline en six matchs.

À la fin de la saison de hockey 1988-1989, Pierre Trudel et Mario Tremblay seront nez à nez avec Danielle Rainville et Pierre Bouchard avec 11 % des parts du marché.

—

Un an et demi plus tard, automne 1990 : l'image de la radio sportive francophone change radicalement avec l'entrée en scène de Michel Bergeron.

L'ancien entraîneur des Nordiques vient d'être congédié cavalièrement par les Rangers et Phil Esposito, le printemps dernier, à la toute veille des séries éliminatoires 1989-1990.

Quand Bergeron rentre au Québec au cours de l'été, après deux ans d'exil dans la *Big Apple*, toute la province le porte en triomphe.

Esposito a été injuste à l'endroit de Bergeron et il a été lamentable pendant les séries éliminatoires, à sa place. Le Tigre est devenu un héros martyr.

Bergeron est la personnalité sportive la plus populaire du Québec, avec Patrick Roy, de loin le meilleur gardien de la Ligue nationale ; avec Stéphane Richer, qui vient de connaître sa deuxième saison de cinquante buts avec le Canadien, Guy Lafleur, qui endosse maintenant l'uniforme des Nordiques et... Mario Tremblay !

CKAC tente le grand coup pour distancer ses éternels rivaux de CJMS et embauche Bergeron à temps plein. Il fera directement concurrence à Mario Tremblay en fin de journée.

Au moment de l'engagement de Bergeron, CKAC, pour la région de Montréal, attire 32 600 auditeurs au quart d'heure contre 30 000 à CJMS. En province, son avance est de 16 000 auditeurs.

Bergeron signe aussi une entente comme analyste à TVA. Avec l'arrivée du Tigre sur les ondes, le paysage sportif radio-télévisuel québécois est presque occupé entièrement par des anciens joueurs, entraîneurs ou arbitres.

Mario Tremblay, Ron Fournier, Jacques Demers, Michel Bergeron, Gilles Tremblay et Jean Perron gagnent tous leur vie au micro. Le 13 octobre 90, Philippe Cantin, de *La Presse*, s'interroge : les jeunes auront-ils accès au journalisme sportif?

«Les jeunes journalistes de sport qui visent un emploi à la radio ou à la télé devront se montrer très combatifs pour obtenir des postes, note-t-il. La compétition sera féroce. Cette saison, Yvon Pedneault sera le seul analyste des matchs télévisés de la Ligue nationale, au Québec, à ne pas être un ancien joueur ou entraîneur professionnel. Cette race semble en voie d'extinction.» Le débat est lancé, mais on n'y donnera pas suite.

En février 91, Michel Marois, de *La Presse,* dévoile les résultats de son enquête sur les salaires des annonceurs sportifs. Michel Bergeron est le mieux rémunéré. Son entente de trois ans avec CKAC et TVA lui rapportera, au total, un peu plus d'un million de dollars. Marc Simoneau est le deuxième, avec 200 000 $.

Mario Tremblay n'est pas en reste. L'annonceurvedette de Radiomutuel reçoit entre 125 000 $ et 140 000 $ par année à CJMS, en plus de ses cachets à titre d'invité régulier de la Soirée du hockey, à Radio-Canada.

Il fait encore plus d'argent avec ses publicités. Il signe au début des années 90 un important contrat avec Chrysler. Mario est l'homme tout indiqué pour représenter cette gamme de véhicules.

La ligne de pensée de Chrysler : des véhicules vrais, pour des gens vrais. Et Mario Tremblay est justement un gars « vrai » !

Une belle amitié se concrétisera entre le président de Chrysler, Yves Landry, et le Bleuet. Presque une relation père-fils.

Tremblay est facile à diriger. Il n'y a jamais d'anicroches lors des tournages. Et surtout, ses pubs obtiennent de très bons résultats.

La grande force de Mario, à titre de porte-parole de Chrysler, résidera dans sa dizaine de promotions par année chez les concessionnaires automobiles.

Il lui arrive parfois de rester deux heures supplémentaires chez des concessionnaires, comme ça, juste pour discuter. Ceux-ci rappellent Chrysler le lendemain, charmés.

À la fin de la saison de hockey 1991, malgré la rivalité Bergeron-Tremblay sur les ondes, les émissions sportives sur la bande AM marquent un net recul dans les derniers sondages BBM.

À Montréal, les Amateurs de sport à CKAC perdent près de 15 000 auditeurs. Ils tombent sous la barre des 30 000. Le réseau Radiomutuel ralentit lui aussi, mais ses pertes sont moins importantes.

À l'automne, Mario Tremblay manifeste de l'intérêt pour le poste d'entraîneur en chef des Nordiques. La formation de Québec ne gagne plus, Dave Chambers vient d'être congédié.

Le directeur général des Nordiques, Pierre Pagé, qui a remplacé Chambers derrière le banc, commente de façon narquoise : « J'ai beaucoup de respect pour Mario Tremblay, c'est pourquoi je ne commenterai pas ce qu'il a dit... »

« J'apprécie sa fougue et son humour, mais il ne figure pas dans mes préoccupations pour l'instant ; le monde de la radio n'est-il pas en période de sondage ? » s'interroge Pagé, un sourire en coin.

La station de télévision le Réseau des sports, elle, trouve en Mario Tremblay le candidat idéal pour diriger les Nordiques.

Le Bleuet devra remettre ses rêves à plus tard...

———

Mario Tremblay est parfois capable de critiques acerbes envers des joueurs du Canadien. En janvier 1992, il accuse le meilleur marqueur de l'équipe, l'ailier droit Russ Courtnall, de feindre une blessure à une main.

Courtnall a été sérieusement blessé il y a quelques semaines, il est vrai. Mais Tremblay estime, selon ses conversations avec des sources dignes de foi, que sa main est assez guérie pour qu'il puisse revenir au jeu.

À l'époque où il était joueur, Mario avait un seuil de douleur très élevé. Il a de la difficulté à accepter qu'un athlète ne supporte pas la douleur pour aider la Sainte Flanelle à gagner.

Le procès du Bleuet à l'endroit de Courtnall ne s'arrête pas là. Il déclare que des membres de l'organisation du Canadien n'étaient pas heureux de voir Courtnall passer la fin de semaine du match des étoiles à New York, au lieu de suivre des traitements au Forum. Tremblay lance aussi la rumeur d'une transaction entre Courtnall et Rick Tocchet, des Flyers.

Courtnall est dans tous ses états quand lui parviennent les propos de Tremblay. Il exige des excuses du Bleuet. Rarement voit-on un joueur réagir aussi vivement à la critique d'un reporter.

— Que ça vienne d'un ancien joueur est encore plus troublant, lance Courtnall. Il devrait comprendre mieux qu'un autre. Pourquoi n'est-il pas venu me voir? Qu'il ait eu un informateur ou que ce soit son opinion personnelle, ça n'a aucun sens. Je ne peux y croire. Je n'en reviens simplement pas.

Courtnall ne commente pas la rumeur relative à l'échange, mais il se défend d'avoir joué les touristes à Manhattan. «J'ai pu y faire les mêmes exercices que j'aurais dû faire à Montréal. La seule personne qui en a fait une histoire a été Mario Tremblay. J'espère recevoir des excuses, ou sinon, que l'équipe va en exiger. Parce que ma réputation a été attaquée. Un journaliste comme lui a beaucoup d'influence et les gens vont croire ça. Je suis choqué. C'est un embarras pour moi et pour l'équipe.»

Tremblay avait déjà adressé des reproches similaires à l'endroit de Stéphane Richer quelques années plus tôt.

Il l'avait ni plus ni moins traité, sur les ondes, de bébé gâté et d'athlète à fort salaire qui ne s'implique pas assez.

À sa sortie de la clinique, le lendemain, Richer avait expliqué la nature exacte de sa blessure, tout en prenant soin d'écorcher Tremblay au passage. «Mario perd sa salive inutilement en parlant comme ça. Je le respecte un peu moins qu'auparavant. C'est la deuxième fois qu'il me poignarde dans le dos...»

Pat Burns défendra Courtnall avec beaucoup plus de vigueur qu'il ne le faisait chaque fois qu'on accusait Richer d'avoir un seuil de douleur peu élevé.

«Dans ce monde-là, il y a beaucoup de jaloux, dira Burns. Peut-être quelqu'un a-t-il dit quelque chose à Mario. Je dois admettre que le Bleuet a toujours eu de très bonnes sources. Mais je ne veux pas partir en guerre avec lui. Il est mon ami.»

Reste que les déclarations du Canadien ont sûrement plu à la direction de l'équipe. Serge Savard et Pat Burns ne pouvaient se permettre de critiquer un de leurs athlètes de cette façon, en public. La direction s'est donc contentée de dire que le Bleuet avait droit à ses opinions, en souhaitant sans doute que cette histoire pique Courtnall dans son orgueil.

Le Canadien a-t-il fait faire le travail par Mario Tremblay? «Fort possible», écrit Maurice Richard dans sa chronique du dimanche, dans *La Presse*.

En mars 1992, Tremblay signe un très lucratif contrat de quatre ans avec le réseau Radiomutuel, son employeur principal depuis maintenant six ans. Il continuera d'animer Parlons Sports et collaborera à l'émission matinale de Paul Arcand.

Deux mois plus tard, le Canadien est rapidement éliminé par les Bruins en séries éliminatoires et Pat Burns, en poste depuis quatre ans, offre sa démission. Burns a eu beaucoup de difficulté à composer avec les journalistes, à l'exception du Bleuet, avec qui il s'est bien entendu jusqu'aux derniers jours.

Jacques Demers et Michel Bergeron, dans une lutte très médiatisée, seront les principaux candidats à la succession de Burns.

Demers a eu beaucoup de succès avec les Blues de Saint-Louis et les Red Wings de Detroit. Bergeron a lui aussi une fiche très éloquente à titre d'entraîneur, mais son état de santé inquiète la direction du Tricolore. Le Tigre a eu un infarctus il n'y a pas longtemps, et on craint qu'il ne laisse sa peau derrière un banc, tellement le métier d'entraîneur en chef à Montréal est exigeant.

Que ce soit Demers ou Bergeron, Tremblay est confiant de se retrouver derrière le banc des Rouges à titre d'adjoint.

En juin, Jacques Demers est nommé entraîneur. Il semble favorable à l'embauche de Tremblay comme adjoint. Mais il fait volte-face et choisit Charles Thiffault et Jacques Laperrière.

Un an plus tard, pendant l'été 1994, Mario Tremblay croit enfin réaliser son rêve après un coup de fil de Michel Bergeron. Bergeron vient de s'entendre avec son ami d'enfance Pierre Lacroix, nouvellement nommé directeur général des Nordiques : le Tigre retournera à la barre des Fleurdelysés.

Lacroix lui demande de former une équipe d'assistants. Le nom de Tremblay figure en tête de la courte liste soumise par Bergeron.

— Tu n'as pas peur des frictions, lui demande Lacroix. Vous avez deux tempéraments bouillants...

— Ne t'inquiète pas, répond Bergeron. On va mettre de la vie derrière ce banc.

Dans les jours qui suivent, des gens de l'organisation, probablement sous les ordres de Marcel Aubut, laissent circuler la rumeur selon laquelle Lacroix est furieux de l'initiative de Bergeron, à savoir offrir le poste à Mario Tremblay. Le travail de sape est commencé.

Visiblement, Aubut ne veut pas de Bergeron derrière le banc. Sous la pression de son président, Lacroix doit finalement sacrifier son amitié et revenir sur sa parole. Il embauche le jeune entraîneur des Maple Leafs de Saint-John's de la Ligue américaine, Marc Crawford, une vedette montante dans le *coaching* professionnel.

Bergeron est dévasté. Tremblay aussi...

Tout ce grenouillage est dévoilé publiquement par Michel Blanchard, de *La Presse*, une dizaine de jours plus tard. À son retour de vacances, Bergeron confirme la nouvelle de Blanchard. « J'avais commencé à penser à mes assistants ; j'aimais beaucoup le tempérament de Mario Tremblay, et du côté anglophone, Chris Nilan me plaisait aussi. Deux gars qui ont du caractère pour motiver les joueurs. »

Aubut ne la trouve pas drôle. Deux jours plus tard, il retire la candidature de Bergeron pour la radiodiffusion des matchs des Nordiques à Télévision Quatre-Saisons (TQS), à titre d'analyste...

Ce même été, Tremblay quitte le réseau français de

Radio-Canada pour accepter une offre d'analyste des matchs du Canadien à TQS. Tout allait bien pour Mario à Radio-Canada, mais il désirait faire plus de télévision. La décision du distingué Gilles Tremblay, de conserver son poste d'analyste aux côtés de Claude Quenneville, a motivé le changement de carrière du Bleuet.

Bergeron et Tremblay resteront donc « ennemis » à la radio. Pour le plus grand plaisir des mordus de hockey. Un sondage Descaries et complices, publié le 8 septembre 1994, les place en tête parmi les commentateurs sportifs les plus connus du Québec, par une marge de 10 % sur tous leurs autres rivaux. Tremblay obtient 84 %, Bergeron 83 %.

Le destin les réunira plus vite qu'on ne le pense...

Le 30 novembre, une grande rivalité disparaît avec la fermeture de CJMS. Six autres stations régionales disparaissent. C'est un jour de deuil pour la radio AM.

CKAC et CJMS fusionnent, les plus gros canons de l'information radiophonique sportive se retrouvent sous un même toit. Dès le lundi suivant, Pierre Trudel animera les Amateurs de sport à CKAC, avec Michel Bergeron et Mario Tremblay.

Trudel et Tremblay sont heureux de se joindre à Bergeron, mais ils sont un peu sonnés. Le décor change, plusieurs de leurs amis perdent leurs emplois. En recueillant leurs effets personnels, le jour de la fermeture, ils ne se diront pas grand-chose et se contentent de se regarder d'un air éberlué.

Malgré tout, l'équipe de CJMS s'en sort presque indemne. Son directeur des sports, Michel Tremblay, se retrouve à la tête de la nouvelle équipe à Radiomédia, tout comme le reporter Jean Gagnon.

Le paysage de la radio sportive AM au Québec s'est transformé. Jean Denoncourt, de CKVL, se démenait déjà avec des moyens réduits. Tremblay et sa bande n'ont plus aucun adversaire de taille.

La première émission du nouveau trio, annoncée à grand renfort de publicité, est sympathique. En mentionnant la présumée guerre où se sont affrontés Michel Bergeron et Mario Tremblay au fil des ans, le Tigre se replie en position défensive.

— Moi, Mario, je n'ai fait que me défendre...

— En tout cas, à l'époque, j'aurais bien aimé ça que tu chausses les patins...

La première des Amateurs de sport vient de décoller. Mais l'attitude défensive de Bergeron et sa relative timidité à ce moment-là ne constituent pas une réelle surprise. Il est le seul rescapé de CKAC et se retrouve avec deux hommes habitués de travailler ensemble. Il passera cette première émission à chercher sa place dans le trio, sans parvenir à s'installer confortablement.

Il ne tardera pas, cependant, à s'imposer. Et Tremblay, fringant, visite déjà une part du marché FM. Mais l'union du Tigre et du Bleuet sera de courte durée. À peine six mois. Une autre mission, et elle est de taille, attend Mario Tremblay...

La grande aventure

Septembre 1995. Les choses ne tournent pas rond chez le Canadien. Les Rouges ont remporté une autre Coupe Stanley suprise un an et demi plus tôt, grâce encore aux prouesses de Patrick Roy, mais depuis, l'équipe pique dangereusement du nez.

La dernière saison 1994-1995, marquée par un *lock-out* de plusieurs mois, a laissé un goût amer dans la bouche des amateurs. Le Tricolore, en effet, a raté les séries pour la première fois depuis 1970. L'entraîneur Jacques Demers a de la difficulté à maintenir son navire à flot. Son leadership n'est pas contesté par les joueurs, mais on semble moins l'écouter.

Patrick Roy, pour la première fois, n'a pas exécuté ses habituels miracles. Serge Savard, en catimini, l'offre même au directeur général de l'Avalanche du Colorado (les anciens Nordiques de Québec), Pierre Lacroix, ancien agent et ami intime de Roy.

Vincent Damphousse, pour sa part, a connu l'une des pires saisons de sa carrière.

Plusieurs joueurs de la formation championne de 1993 sont partis, après des échanges contestés. Guy Carbonneau, John LeClair, Éric Desjardins, Kirk Muller.

Il y a eu les scandales. La bagarre entre Roy et Schneider dans le vestiaire de l'équipe, à Philadelphie ; la série d'articles de Réjean Tremblay sur le climat pourri qui y règne.

Demers rappellera même le rude attaquant Mario Roberge, de la Ligue américaine, afin de mettre un peu d'ordre dans ce fameux vestiaire...

La saison 1995 débute comme elle a terminé : dans le tumulte. L'ailier droit Mike Keane vient d'être nommé capitaine. Le choix étonne. Keane, malgré un talent limité, a rendu de fiers services au Canadien ces dernières années, et il assume beaucoup de leadership, mais il n'a pas le panache des Maurice Richard, Doug Harvey, Jean Béliveau, Henri Richard, Yvan Cournoyer, Serge Savard, Bob Gainey, Guy Carbonneau.

De plus, l'athlète de Winnipeg ne parle pas un mot de français. Traditionnellement, les capitaines du Tricolore ont toujours su au moins maîtriser les éléments de base de la langue de Molière.

Le lendemain de la nomination de Keane, après l'entraînement de l'équipe, un jeune reporter de *La Presse* (moi-même) attend l'ailier droit dans un vestiaire vide.

— Félicitations Mike !

— Merci.

— Mike, Kirk Muller a suivi des cours de français après sa nomination comme capitaine. Vas-tu suivre ses traces, question de pouvoir communiquer avec le public du Canadien, majoritairement francophone ?

Keane, la serviette encore enroulée autour de la taille, semble surpris par la question.

— Pourquoi apprendre le français? J'assure seulement le pont entre les joueurs et la direction. De toute façon, tout le monde ici parle l'anglais. Je ne sens pas le besoin d'apprendre le français. Je ne suis pas un porte-parole.

Keane se couche ce soir-là sans se douter qu'il vient de faire éclater une bombe.

L'ailier droit a-t-il compris son rôle auprès des différentes communautés de Montréal et des médias francophones du Québec lors de sa nomination? Le lui a-t-on expliqué? A-t-il une idée du contexte dans lequel il vient de faire ses déclarations? Sûrement pas.

Nous sommes en pleine campagne référendaire. Les sentiments nationalistes sont exacerbés. Et une semaine plus tôt, Mike Lansing, des Expos, a insulté le public en criant : « *Shut that crap* » a un agent de bord d'Air Canada en train d'expliquer en français les propos d'usage d'avant décollage.

Le lendemain, l'entrevue avec Keane, même si elle paraît de façon modeste dans la partie inférieure de la page deux du tabloïd des sports de *La Presse*, fait un vacarme énorme.

Le quotidien *The Gazette*, dans sa page éditoriale, condamne les propos du nouveau capitaine. Bertrand Raymond, du *Journal de Montréal* et Michel Blanchard, de *La Presse*, réclament la destitution de Keane.

À la télé, à la radio, dans les journaux, on ne parle que de l'affaire Keane.

L'histoire rebondit même au parlement canadien, où Jean Chrétien, puis Jacques Parizeau à l'Assemblée nationale, commentent l'affaire. Le vice-premier ministre du Québec, Bernard Landry, fustige la direction du Canadien.

Même le président de l'Assemblée nationale française et maire d'Épinal, M. Philippe Séguin, en visite par hasard au Forum pendant cette tempête, y met son grain de sel.

« J'ai été surpris par la pauvreté du français de Bob Gainey quand il est arrivé à la tête de notre équipe de hockey à Épinal, il y a quelques années, souligne-t-il. Gainey avait pourtant passé tellement d'années à Montréal. »

On savait le poids du Tricolore dans la société québécoise. Mais à ce point ?

La panique s'installe au Forum. L'image des Glorieux vient d'être ternie par cette histoire controversée. Une conférence de presse est organisée en catastrophe pour rétablir les faits.

Dans une salle bondée, Serge Savard, entouré de tous ses joueurs, défend ardemment Keane : « Le rôle du capitaine se limite au vestiaire et à la patinoire, dit-il en substance. On a vu de nombreux capitaines unilingues anglophones avec les Nordiques. Je pourrais dire qu'il va suivre des cours de français, mais ça changerait quoi ? »

À CKAC, Mario Tremblay, un fervent nationaliste dans les belles années du PQ, se range derrière Savard, Keane et le Canadien. « Pour moi, Mario Tremblay, c'est plus important de connaître une bonne saison avec un bon capitaine que de s'occuper de politique. »

Au lendemain de cette conférence de presse, le président Ronald Corey surprend en condamnant publiquement les propos du nouveau capitaine des Rouges. «Keane a fait une erreur. Il ne se rendait pas compte de ce qu'il disait. Il l'a d'ailleurs compris puisqu'il a indiqué qu'il prendrait des cours de français.»

Cette sortie de Corey, ce désaveu à l'endroit de Savard, est le premier symptôme d'un profond malaise entre le président du Canadien et son directeur général.

Le match d'ouverture au Forum est catastrophique. Les Flyers de Philadelphie humilient le Canadien 7 à 1. Patrick Roy, avec ses nouvelles jambières, semble avoir complètement perdu son synchronisme. Il est remplacé au début de la deuxième période après avoir accordé cinq buts rapides.

La foule est sidérée. Rarement a-t-on vu le Tricolore se faire dominer de la sorte. Les fans huent copieusement les joueurs du Tricolore à la fin de chaque période.

Et John LeClair rend encore plus impopulaire l'échange qui l'a envoyé à Philadelphie en amassant un but et deux aides.

Les deux rencontres suivantes, en Floride, se solderont par autant d'échecs.

À leur retour au Forum, contre les Devils, les spectateurs attendent les Rouges de pied ferme. Le Canadien perd un quatrième match d'affilée, sous une pluie de huées. Le gardien adverse, Martin Brodeur, de Saint-Léonard, reçoit une ovation monstre.

Le Tricolore éprouve l'un des pires départs de son histoire. Les médias commencent déjà à réclamer des têtes.

Ronald Corey en a assez vu. Pendant les deux jours

qui suivent cette quatrième défaite consécutive, il s'enferme chez lui et réfléchit à l'avenir de l'équipe.

Savard ne semble pas vouloir se départir de Demers. Corey frappe le grand coup. Le 17 octobre, coup de théâtre : il annonce le congédiement de Savard, de ses adjoints André Boudrias et Carol Vadnais, de l'entraîneur Jacques Demers et de son second Charles Thiffault. Sa conférence de presse est retransmise un peu partout en direct. Les stations de radio et de télévision présentent des émissions spéciales en catastrophe. Le Québec est en état de choc.

L'identité des successeurs de Savard et de Demers (celui-ci demeure au sein de l'organisation à titre de dépisteur, tout comme Thiffault) n'est toutefois pas connue. Corey veut se donner encore quelques jours avant de faire un choix. L'un des seuls survivants de la purge, l'entraîneur-adjoint Jacques Laperrière, est nommé entraîneur en chef par intérim pour le match suivant à Long Island.

Les jours suivants, tous les sportifs se branchent sur CKAC pour écouter les commentaires de deux candidats au titre, Michel Bergeron et Mario Tremblay.

Ronald Corey a déjà une bonne idée de son choix. Le lendemain de sa conférence de presse, il téléphone à Réjean Houle.

Houle a fait une belle carrière avec le Canadien. Et depuis sa retraite, il se débrouille fort bien à titre de directeur des relations publiques chez Molson-O'keefe.

Gilles Blanchard, dans *La Presse*, raconte bien les dessous de l'embauche de Houle et Tremblay

Corey et Houle se rencontrent dans un endroit secret. Ce sera la plus longue journée dans la vie de Houle. Des heures durant, Corey le questionne. Le force à puiser au fond de lui-même. En fin d'après-midi, Houle obtient le poste. Il est le premier surpris. Lui qui pensait finir ses jours chez Molson.

Reste maintenant à trouver un coach...

— Fais-moi une liste de dix candidats, lui demande Corey.

Houle soumet des noms : Mario Tremblay, Michel Bergeron, Jean Pronovost, Paulin Bordeleau. Ils en discutent. Corey le questionne sur les qualités et les défauts de chacun.

— Reviens-moi avec une réponse demain matin, lui dit le président du Canadien avant de le quitter.

Houle ne dort pas de la nuit. À six heures du matin, le téléphone sonne. C'est Corey.

— As-tu bien dormi Réjean ? As-tu pensé à mon affaire comme il faut ?

— Ronald, j'peux pas passer à côté. Mon choix, c'est Mario. Plus j'étudie la liste, plus je me rends compte que Mario a toujours été mon homme, plus je me rends compte que ça me prend quelqu'un avec qui j'ai beaucoup d'affinités.

— Y penses-tu, Réjean ? Mario n'a jamais dirigé un seul match dans la Ligue nationale, même pas les rangs mineurs !

— Euh... non vraiment, Ronald, j'suis sûr de mon coup. Mario a une importante force de caractère. Il s'est dépassé chaque fois qu'il a eu un défi à relever. C'est pas donné à tout le monde.

— Pourquoi pas comme adjoint?

— Non Ronald. Il va refuser. Il a déjà refusé des offres. Je le connais. Donnons-lui le *job,* il va réussir.

— Bon, c'est vendu.

À 7 h 40 jeudi matin, Houle appelle Tremblay chez lui. Le Bleuet vient à peine de terminer son commentaire à CKAC.

— Mario, il faut que je te voie tout de suite.

— Qu'est-ce qui se passe?

— Arrive chez nous le plus vite possible. C'est important.

Dans l'auto, en direction de chez Houle, Mario commence à s'imaginer des scénarios. Réjean a été nommé directeur général, il veut lui offrir le poste d'adjoint.

Tremblay s'installe à la cuisine. Houle lui sert le café.

— Mario, ce qui va se dire ici ne sort pas de la cuisine...

— C'est sûr, Réjean. On se connaît depuis assez long-temps.

— Mario, t'as devant toi le nouveau directeur général du Canadien de Montréal !

Tremblay le félicite. Ils discutent.

— Veux-tu me bien me dire ce que je fais là-dedans, lui demande Tremblay, qu'est-ce que tu veux de moi?

— Ça me prend un *coach.*

— Ouais, pis?

— J'veux t'avoir.

— T'es pas sérieux Reg?

— Je suis très sérieux.

Tremblay est stupéfait. Il exulte intérieurement. Il se sent comme lors de cette fameuse journée de printemps, à Alma, en 1974, quand sa mère lui a annoncé qu'il venait d'être repêché par le Canadien. Il revoit ces images chez O'Keefe, avec les copains qui le félicitent. Cette fois, il a devant lui son éternel ami Réjean. Ils ont le sourire accroché aux lèvres.

Ils ont gagné multitude de batailles sur la glace. Ils n'ont jamais reculé. Ils se battront désormais ensemble pour rebâtir une équipe qui vacille. Le défi est de taille. Mais ils ont hâte...

— Faudrait que tu penses à te trouver des adjoints, lui mentionne Houle.

— J'vois pas pourquoi on garderait pas « Lappy » et « Shutty », lui glisse le Bleuet. Mais je veux avoir Yvan (Cournoyer). Tu le sais, Yvan a été le premier à m'aider quand j'suis arrivé dans ligue. Il connaît la *game*. Il a dix bagues de la Coupe Stanley. Yvan va pouvoir aider les *boys*, les comprendre.

— Penses-tu que son expérience comme entraîneur avec les Roadrunners au roller-hockey soit suffisante ? lui demande Houle.

— Écoute Reg, Yvan a gagné dix coupes. Il sait c'est quoi souffrir pour le Canadien. Personne peut acheter ça...

Houle et Tremblay se rendent ensuite rencontrer Ronald Corey. Le président l'attend avec des questions bien précises.

— Réjean t'as choisi. Dis-moi maintenant pourquoi t'as accepté ?

— Ronald, tu me connais, j'ai toujours foncé. *Coacher* le Canadien, c'est mon rêve. J'ai joué avec de grands athlètes. J'ai connu des grands *coachs*. J'ai gagné des coupes. Je sais ce que ça prend pour gagner.

Corey le cuisine pendant quelques heures. En fin de journée, Tremblay prend l'avion en direction de Long Island, New York. Le Bleuet couvre le match du vendredi soir contre les Islanders à titre d'analyste pour TQS.

À l'aéroport de Dorval, il téléphone à Colette. Il lui annonce tout. Elle l'encourage. Elle connaît son rêve. Ailleurs, elle aurait dit non, car elle ne veut pas déménager, mais un poste d'entraîneur à Montréal, c'est le scénario parfait.

Tremblay venait d'ailleurs de refuser un poste d'adjoint avec Jacques Lemaire, au New Jersey.

— Mario, tu sais que je suis derrière toi, lui dit sa femme.

— Merci Colette. Ça va être une longue fin de semaine. C'est dur de côtoyer les *boys* et de tout garder en dedans. Avertis Janie et Claudia. Oublie pas, « top secret »...

Dans l'avion, Tremblay et son collègue André Côté discutent évidemment de hockey. Tout le Québec sportif cherche à savoir qui sera le prochain entraîneur. Côté fait partie du lot.

— Toi Mario, lui demande-t-il, accepterais-tu le poste d'entraîneur en chef, ou celui adjoint ?

— Jamais adjoint, répond Tremblay fermement. Moi c'est *head coach* !

— Ah oui ? Et tu prendrais qui comme adjoint ?

— Yvan Cournoyer, lui répond le Bleuet. C'est un cristie de bon gars et il mérite sa chance !

Malgré les indices, Côté ne fait pas le lien.

Le lendemain matin, Mario se joint à Patrick Roy et

quelques-uns de ses coéquipiers, qui ont commencé à déjeuner dans le restaurant de l'hôtel, à Long Island.

La conversation s'anime rapidement. Roy et Tremblay, il faut le dire, ne font plus bon ménage. Roy n'a pas accepté certaines critiques du Bleuet à la radio. Et en plus, ils viennent d'avoir une prise de bec sur les ondes, la veille. « Casseau » est loin de se douter qu'il a devant lui son nouvel entraîneur.

Une heure plus tard, le groupe traverse à pied l'immense stationnement qui sépare le Marriott du Nassau Coliseum pour se rendre à l'entraînement matinal des deux équipes.

Le Bleuet a son magnétophone en bandoulière. Il est chargé d'interviewer, à la demande de ses patrons, l'un des candidats au poste d'entraîneur du Canadien, Guy Charron.

Charron, de Verdun, est entraîneur adjoint chez les Islanders. Après une belle carrière de douze ans dans la Ligue nationale, dont quelques années avec le Tricolore, il a mené l'équipe canadienne junior à la conquête du Championnat du monde en 1990. Depuis, il roule sa bosse comme adjoint dans la Ligue nationale, en espérant obtenir enfin un jour la chance de diriger une équipe.

Tremblay joue le jeu. Il fait une entrevue de plus de vingt minutes avec Charron, dans les estrades de l'amphithéâtre, pendant que les Rouges s'échauffent.

Charron a les yeux qui brillent quand il évoque la possibilité d'obtenir le poste avec le Canadien.

— Si on recherche un entraîneur bilingue avec l'expérience de la Ligue nationale, dit-il à Mario, il m'est permis de rêver un peu. La liste est plutôt mince. Il y a Alain Vigneault à Ottawa. Jacques Lemaire, Pat Burns, Pierre Pagé, Scotty Bowman. Il y a aussi Paulin Bordeleau. Lorsqu'une organisation comme le Canadien cherche du personnel, moi, un Canadien français, un gars de Montréal, je souhaite obtenir une chance. Quand j'ai eu la courte occasion de porter l'uniforme du Tricolore, je pensais mourir.

Décidemment, Charron ne se confiait pas au bon gars...

Tremblay dira plus tard avoir fait cette entrevue pour ne pas mettre la puce à l'oreille de ses patrons. Mais plusieurs observateurs sont demeurés sceptiques. Pourquoi avoir fait durer le supplice de Charron plus d'une vingtaine de minutes?

Quand le match commence, en soirée, Mario a un trac fou. André Côté perçoit une certaine nervosité chez son collègue. Tremblay ne voit rien de la première minute de jeu. Il est gelé, complètement «parti». Il doit se secouer. «Mario, se dit-il intérieurement, t'es à la télé, pas dans ton garage!»

À un certain moment du match, le réalisateur reçoit un appel de Montréal. L'ex-entraîneur des Islanders, Alger Arbour, et l'ancienne vedette de ces mêmes Islanders, Mike Bossy, auraient été vus ensemble à Montréal.

À la pause, Côté transmet l'information à Tremblay. Le Bleuet lui fait un signe de la main.

— Pas besoin de toucher à ça. Une autre rumeur...

De retour à Montréal, vers minuit, après une cinquième défaite consécutive, Tremblay s'assoit avec

Yvon Pedneault, analyste à Radio-Canada. Ils discute-ront durant tout le vol.

— Penses-tu que Bergie (Michel Bergeron) pourrait avoir le *job*? lui demande Pedneault.

— J'crois pas. Son état de santé ne le lui permettrait pas.

Pedneault en est un autre qui ne se doute de rien...

Tremblay se couche aux petites heures du matin. À neuf heures, il doit rencontrer Réjean Houle pour pré-parer la conférence de presse de dimanche.

À l'aube, pendant que Tremblay dort toujours, Houle a un flash en faisant son jogging. Pourquoi ne pas avancer la date de la conférence de presse et diriger l'équipe dès ce soir contre les Maple Leafs de Toronto au Forum? Houle a hâte de dévoiler le secret. Le cœur lui sort presque de la poitrine.

À 6 h 40, le nouveau directeur général téléphone à Tremblay et à Cournoyer. Ils sont d'accord. Corey, lui, paraît surpris. Mais il accepte de tout chambarder. Les journalistes seront convoqués à 16 heures ce même après-midi.

Vers 8 h, Colette, au volant de leur fourgonnette aux vitres teintées, reconduit son homme chez Cournoyer.

Le trio repart vers un endroit secret, la résidence d'un ami personnel de Ronald Corey à proximité du Forum. Ils y prépareront l'annonce officielle. La conduc-trice du véhicule se sent comme un agent secret dans un film d'espionnage.

Daniel Lamarre, de la firme de relations publiques National, est chargé d'organiser la conférence de presse. Il y a beaucoup de tension dans l'air. Deux heures avant le moment fatidique, Lamarre s'assoit avec Tremblay et Houle pour réviser les discours.

En les voyant relire leurs notes, il se dit que ça cloche. Il se tourne vers Corey, qui est aussi son ami personnel.

— Ronald, ça ne passera pas. C'est pas Réjean ça.

Au grand étonnement de Houle, Lamarre déchire le discours.

— Réjean, sois toi-même. Parle-nous avec ton cœur. Toi aussi Mario...

Vers 15 heures, les journalistes commencent déjà à s'agglutiner dans le hall d'entrée du Forum. Tout le monde spécule. Le secret a été bien gardé.

Quand Réjean Houle, Mario Tremblay et Yvan Cournoyer font leur apparition sur la petite tribune, la foule, massée contre les vitrines de la rue Sainte-Catherine, ovationne le trio à tout rompre.

Les journalistes, eux, poussent une clameur de stupéfaction. Plusieurs se regardent, n'arrivent pas à y croire : trois hommes sans aucune expérience de leurs futures fonctions nommés simultanément...

Le vétéran Red Fisher, qui a vu passer plus de treize entraîneurs dans la glorieuse histoire du Canadien, se permet un peu de cynisme.

— Dis-moi que je rêve, glisse-t-il à l'oreille d'un collègue...

La fébrilité est à son comble dans la salle quand le président de l'équipe enterre les murmures.

— Je voulais un homme qui connaisse bien la *chambre* d'une équipe, quelqu'un qui est déjà allé à la guerre, lance Corey, en regardant en direction de Houle. Je voulais aussi quelqu'un qui ait déjà gagné la

Coupe Stanley. Il faut aussi un homme qui possède de solides connaissances dans le monde des affaires. Enfin, ça prenait quelqu'un d'acharné au travail, bon communicateur, et capable de tenir un rôle de rassembleur. Cet homme, c'est Réjean Houle.

La conférence de presse prend des allures de séance de motivation quand Houle, et surtout Tremblay, affirment leur volonté de relancer la dynastie du Canadien.

L'air déterminé de Houle tranche avec son éternelle mine douce. « Je n'aime pas voir le Canadien au 26e rang. Ce n'est pas sa place. Le Canadien ne doit pas être 26e. Nous allons remédier à la situation le plus tôt possible. S'il y a des joueurs qui ne veulent pas suivre, on va s'en occuper... »

Dans le balayage, Steve Shutt, Jacques Laperrière et François Allaire conservent leur poste.

Tremblay est enflammé pendant son discours. Il parle de fierté. De désir de vaincre. D'acharnement. Son enthousiasme est contagieux. Sa fermeté tranche avec la bonhomie de son prédécesseur, Jacques Demers.

Mario Tremblay quitte la pièce avant tous les autres. Le match contre les Maple Leafs commence dans deux heures à peine. Il a maintenant rendez-vous avec ses nouveaux joueurs.

HUIT

Deux coqs
dans la basse-cour

Quand Mario Tremblay quitte la conférence de presse pour rencontrer ses hommes une première fois, il a déjà une bonne idée du climat qui règne au sein de l'équipe.

Tremblay n'ignore pas le statut particulier de Patrick Roy avec le Canadien et les relations privilégiées qu'il entretenait avec Jacques Demers.

Roy a donné deux Coupes Stanley au Canadien en huit ans, il a atteint le statut de méga-vedette, la première du Tricolore depuis la retraite de Guy Lafleur, en 1984.

Comme l'entraîneur Eddie Johnston le fait avec Mario Lemieux chez les Penguins de Pittsburgh, comme Phil Jackson avec Michael Jordan chez les Bulls de Chicago, Jacques Demers traite son gardien vedette aux petits oignons. Au risque de faire des jaloux.

Le Bleuet ne partage pas cette philosophie. Il considère qu'on doit traiter tous les joueurs sur le même pied. Il sait qu'il y aura peut-être des étincelles avec Roy, mais il se sent appuyé par la direction.

Il sait aussi que Serge Savard a essayé de refiler Roy à l'Avalanche en début de saison et que son gardien a probablement été mis au courant de ces tractations par son père spirituel, Pierre Lacroix.

Quand Tremblay pénètre dans le vestiaire, les joueurs sont tous assis devant leur casier. Ils le regardent silencieusement.

Il sait que les joueurs le connaissent tous, mais il commence par se nommer.

— *I am Mario Tremblay...*

Puis il débite son discours, avec son anglais d'Alma.

— On commence ce soir. À partir de maintenant les *boys*, il faut que les choses changent. Nous allons avoir besoin de l'effort de chacun dans cette *chambre*.

Tremblay est fébrile, les mots, dans une langue qu'il ne maîtrise pas parfaitement, ne sortent pas comme il le veut.

Puis soudain, on entend un gros éclat de rire dans un coin. Tremblay se retourne. C'est Roy. « Casseau » n'a pu réprimer son fou rire.

Le Bleuet arrête de parler au groupe et s'adresse au gardien.

— Qu'est-ce qu'il y a de drôle ?

— C'est rien contre toi Mario, c'est juste ta façon de t'exprimer... rien contre toi.

— Qu'est-ce que tu trouves drôle, s'tie ? Penses-tu que c'est une hostie de *joke* icitte ?

Quand Tremblay quitte le vestiaire, il a les nerfs à fleur de peau. Il se serait bien passé de cette première confrontation, à deux heures de son baptême derrière un banc.

La guerre entre Roy et Tremblay vient officiellement de commencer...

Tremblay passe prendre un café au Salon réservé aux femmes. Brian Savage est en train de manger un sandwich.

— *Hi*, lance-t-il innocemment à son nouveau coach. Tremblay n'en revient pas.

— *Get the fuck out of here! Back in your room!*

Le Bleuet est furieux. Savage déguerpit immédiatement. Il le prendra peut-être pour un fou, mais Tremblay veut imposer sa loi dès maintenant. Et que faisait-il dans le Salon des femmes deux heures avant un important match?

La rencontre contre les Maple Leafs de Pat Burns sera très émotive. Le bon vieux Forum revit enfin...

Dans les premières minutes, tout va vite pour Mario. Heureusement, Jacques Laperrière est à ses côtés pour l'aider dans ses changements de trio. Même le soigneur Gaétan Lefebvre prend des notes pour lui!

Le scénario sera digne, une fois de plus, de Hollywood. Il reste encore quelques secondes de match quand Pierre Turgeon brise une égalité de 3 à 3 et donne la victoire à Tremblay et à son équipe. Le vieil amphithéâtre est en liesse.

Mario Tremblay est euphorique derrière le banc. Il a les bras levés au ciel, il hurle, il pleure presque. Dans un geste inhabituel, il fait un *high five* au président Ronald Corey, prend ses adjoints dans ses bras.

Il serre ensuite la main de chacun de ses joueurs. Le capitaine Mike Keane lui remet la rondelle du but gagnant. Le *coach* lui fait l'accolade.

Tremblay a la voix éraillée quand il rencontre les journalistes après le match. Quelle journée! Conférence de presse inattendue, multiples entrevues, première rencontre avec les joueurs, empoignade avec Roy, puis cette victoire in extremis ! Heureusement, le Bleuet a le cœur solide...

— Je me suis senti comme à mon premier match avec le Canadien au Forum, à l'âge de dix-huit ans, lance-t-il. Quand je suis entré dans le vestiaire après la deuxième période, les gars étaient tous debout dans la *chambre*. On perdait 2 à 1. Ils parlaient de souffrir pour gagner. En tout cas les gars, vous ne pouvez pas dire que je ne représente pas bien la confrérie !

Réjean Houle est tout aussi fébrile.

— Ça fait longtemps que je n'avais pas vécu des émotions comme celles-là. On aurait pu se cacher dans un placard une journée de plus et envoyer Mario derrière le banc lundi seulement, mais je me disais qu'après cinq défaites de suite, c'était assez. On avait besoin de deux points tout de suite. En jouant pour un nouvel entraîneur, j'ai pensé que les gars auraient un petit coup d'adrénaline.

Pendant que Tremblay et Houle sont submergés de reporters, l'épouse de Mario, Colette, se détend dans le Salon des joueurs. Elle était stressée lors du premier match de Mario au Forum en 1974, mais elle était deux fois plus tendue ce soir-là.

Elle n'a presque rien avalé avant le match. Elle avait une grosse boule dans l'estomac.

Ses filles Janie et Claudia étaient aussi excitées que leur mère. Claudia a rougi lorsque son père a été acclamé à tout rompre avant le match. Les deux adolescente n'ont guère eu la chance d'admirer leur paternel dans l'uniforme du Tricolore. Elles avaient sept et quatre ans lorsque le Bleuet a annoncé sa retraite.

Colette s'est donc chargée de leur expliquer que leur existence allait changer. Qu'on leur parlerait plus souvent de leur papa à l'école et dans la rue. Que des inconnus voudront les aborder.

Pendant ce temps, dans le vestiaire, Patrick Roy surprend les journalistes quand on lui demande de commenter l'embauche de Tremblay, Houle et Cournoyer.

— Je regardais les nouvelles à RDS quand j'ai vu le trio apparaître, répond Roy sérieusement. Je suis allé prendre une bonne douche. Une bonne douche froide pour voir si j'étais bien réveillé...

Dans les journaux, le lendemain, les spécialistes ne cachent pas leur surprise eux aussi.

« Il est neuf heures et quart, écrit Réjean Tremblay dans *La Presse*, et ça fait cinq heures que je sais que Réjean Houle est le nouveau directeur général du Canadien. J'essaie de comprendre la logique de tous ces chambardements et n'y arrive pas. Peanut, directeur général du Canadien ? Alors qu'il vient de passer dix ans à vendre de la bière ? Peanut, le grand patron des Glorieux, responsable de la relance de l'équipe, chargé de transiger avec de vieux renards rusés comme Fletcher, Sinden, Pulford et compagnie, qui connaissent le hockey comme le fond de leur poche ? »

Les experts sont moins durs à l'endroit de Mario. « Tremblay arrive dans la *chambre* des joueurs avec une réputation de gagnant, de bagarreur et d'un gars à qui l'on n'en passera pas, souligne Michel Blanchard. Un gars fort attachant capable cependant de dire non. Comme atouts, c'est énorme. Quant à ceux qui mettraient en doute ses talents de technicien et de stratège, ne me faites pas rire. Les instructeurs, en Amérique, mis à part quelques-uns que vous connaissez, sont d'abord et avant tout des motivateurs. »

Le Bleuet dirige son premier entraînement le lendemain midi. Longtemps qu'on n'avait pas vu autant de sourires à un entraînement du Tricolore. On patine avec entrain, les rires fusent de partout, le défenseur Stéphane Quintal reçoit même une tarte à la crème au visage, gracieuseté de Patrick Roy, pour souligner son 27e anniversaire de naissance.

L'arrivée de Tremblay et son exubérance, semblent avoir fouetté ce club sans vie deux jours plus tôt.

Mario est le dernier à quitter la glace. Il a patiné comme un jeune loup, exercé son lancer frappé, fait quelques *high five* à ses joueurs, il s'est même chamaillé un brin avec certains de ses protégés.

À un certain moment, il frappe un joueur avec son bâton.

— T'es chanceux que je sois à la retraite, t'en aurais mangé une tabarnak !

Tremblay leur parle comme ça. Il les taquine. Comme Jacques Lemaire le faisait jadis. Il veut que les joueurs le sentent proche, mais loin à la fois.

Tout a changé rapidement au Forum. La preuve, après l'entraînement, au lieu de s'installer dans la salle des médias, le nouvel entraîneur donne sa conférence de presse directement sur le banc des joueurs, devant des reporters tassés comme des sardines.

« J'ai pas patiné depuis le mois de mars, mais j'ai pas perdu ma finesse... », lance un Tremblay presque aphone.

Mario revient ensuite sur le match de la veille. « Je n'avais jamais senti une dose d'adrénaline aussi forte depuis très longtemps. C'est un peu comme à la radio, lorsque les BBM sortaient, mais en plus fort. »

Puis le Bleuet passe à l'anglais. Il arrive à se faire comprendre, mais les reporters anglophones ont les oreilles qui bourdonnent...

Comme par hasard, l'ancien coéquipier de Mario, Larry Robinson, est en ville avec ses Kings, pour y affronter les Rouges le lendemain.

Robinson, après quelques saisons comme adjoint de Jacques Lemaire au New Jersey, en est lui aussi à ses premières armes comme entraîneur en chef. Il a été nommé à la tête de la formation de Los Angeles au cours de l'été. Le grand Larry a fait le saut en apprenant l'embauche de Tremblay. Il n'avait jamais songé à lui comme entraîneur. Savard, Gainey, Lemaire, oui, mais pas Mario.

« Dans le temps, je passais beaucoup de temps à faire le clown alors que d'autres discutaient de hockey. Mario n'a pas d'expérience, mais comme dans d'autres métiers, il peut apprendre en travaillant. Je pense quand même qu'un poste d'adjoint l'aurait aidé avant de faire le grand saut. »

Dans les jours qui suivent, Mario rencontre ses joueurs un à un. Il leur demande si le CH signifie quelque chose pour eux. Il prend soin d'ajouter que pour lui, le CH voulait dire beaucoup. Que tous les entraîneurs avaient gagné des Coupes Stanley et que personne, personne, ni eux, ni Lafleur, ni Dryden, ni aucun autre ne s'était jamais pensé plus fort que l'équipe.

La rencontre avec Roy n'est pas des plus chaleureuses.

— S'cuse-moi Mario pour samedi. C'était pas ce que tu disais qui était drôle. C'est juste de la façon dont ton anglais sortait. Je voulais pas te ridiculiser devant les gars.

— C'correct. Contente-toi juste de *goaler* maintenant, pis on va essayer de gagner le plus de *games* possible.

Et effectivement, Roy retrouve ses moyens. Le Canadien remporte un match, puis un autre. Et un autre. Le nom de Mario Tremblay est sur toutes les lèvres.

Il a redonné le goût du hockey aux Québécois. Du pompiste au cadre de grande entreprise, tous ont retrouvé le plaisir de suivre les matchs du Canadien.

Les cotes d'écoute des rencontres du Tricolore ont déjà augmenté de 30 %.

On louange Tremblay. Sa décision de muter Vincent Damphousse au centre porte des fruits. Le trio des schtroumpfs que Mario a formé avec les p'tits Koivu, Bure et Petrov soulève la foule chaque fois qu'il se retrouve sur la patinoire.

L'arrivée de Tremblay influence même les idées de certains dirigeants de la Ligue de hockey junior majeure du Québec.

« Les succès de Mario ont eu une incidence sur les récentes décisions prises par les dirigeants des équipes de Laval, Sherbrooke et Victoriaville, déclare le président de la Ligue, Gilles Courteau. Mario Tremblay dit des choses simples. Les joueurs comprennent son langage. Il n'a pas de diplôme, mais il connaît le jeu et les joueurs. »

Mais certains fans s'inquiètent aussi de son état de santé. Il ne pourra certes pas tenir le coup longtemps s'il continue à se dépenser derrière le banc comme il l'a fait lors du premier match contre les Maple Leafs.

Dans les milieux bien informés du Forum, on craint même que sa maladie de la peau réapparaisse. Il en avait tellement souffert pendant ses dernières années dans l'uniforme du Tricolore.

Tremblay se garde cependant en forme. Il fait de la bicyclette stationnaire chaque matin durant quarante minutes. Ses adjoints en font autant.

———

Une semaine passe. Réjean Houle et Mario Tremblay terminent une autre réunion au deuxième étage du Forum.

Ces deux grands copains sont encore sous le choc. Ils vivent une expérience fabuleuse, mais ils sont épuisés. Ils ont les traits tirés.

Ce matin, Réjean Houle s'est pointé au bureau à cinq heures et demie. Il avait fait son jogging le long du fleuve à quatre heures et demie!

Tremblay a rejoint Houle vers six heures quinze, avec un déjeuner acheté chez le dépanneur du coin.

Le Bleuet était réveillé à cinq heures. Pourquoi rester à la maison? Houle, lui, a dormi à peine deux heures.

Ces deux vieux complices se retrouvent au centre d'une des semaines les plus folles de l'histoire du Tricolore. Ils sont sollicités de partout, ils n'arrivent plus à respirer. Ils travaillent comme des fous, mais il est difficile de trouver sur terre des hommes aussi heureux...

Leur complicité est totale, mais elle peut aussi se révéler un défaut. Tremblay est un émotif. Les émotifs montent vite au deuxième étage; ainsi, dans ses meilleures années, Michel Bergeron entrait souvent dans le bureau du directeur général des Nordiques, Maurice Filion, en tempêtant.

— Lui, lui, pis lui, j'veux pu les voir, débarrasse-moi d'eux autres.

Au début, Filion résistait aux demandes du Tigre. Avec l'usure des ans, il finit par céder.

— Il va se passer quoi, demandera un journaliste à Houle dans les premiers jours de son règne, quand Mario va grimper au deuxième pour exiger des changements dans le vestiaire.

— C'est déjà commencé, Mario est monté au bureau hier, a répondu le directeur général du tac au tac...

L'ailier droit Mark Recchi a été l'un des premiers dont Tremblay a voulu se départir. Il a rapidement été offert aux Maple Leafs de Toronto.

Pat Burns, alors entraîneur des Maple Leafs, avait déclaré à son directeur général Cliff Fletcher :

— Si Recchi t'a vraiment été offert, va le chercher !

Recchi savait que le Bleuet, à l'époque où il était à CKAC, n'aimait pas son style de jeu. Les deux ont une forte personnalité. Il y aura des accrochages mineurs entre les deux hommes lors des premiers temps de Mario derrière le banc. À quelques occasions, Recchi manifeste ouvertement son insatisfaction à l'endroit de son entraîneur sur le banc des joueurs.

Mario se rendra rapidement compte de la grande valeur de son ailier droit. Le temps arrangera les choses. Recchi sera le grand leader du club en 1996-1997. Dans les dernières semaines de la saison, le numéro 8 deviendra même l'homme de confiance de Tremblay.

Le défenseur Jean-Jacques Daigneault, un ami personnel de Patrick Roy, sera le premier à partir sous le règne Houle-Tremblay, le 7 novembre. Houle l'échange aux Blues de Saint-Louis en retour du gardien Pat Jablonski.

Malgré le départ très intéressant du Canadien sous la nouvelle direction, les relations entre Roy et Tremblay ne s'améliorent pas. Quelques jours plus tôt, ils se sont encore affrontés.

Ce jour-là, Roy va boire son petit café à la clinique médicale des joueurs, une petite pièce qui jouxte le vestiaire.

Depuis son arrivée à Montréal, en 1986, le 33 a coutume de s'y rendre, surtout avant les matchs, pour flâner et discuter avec ses coéquipiers qui reçoivent des massages ou des premiers soins. C'est la petite salle fétiche de Roy.

Quelle n'est pas la surprise du gardien quand il aperçoit une affiche sur le mur : Interdit aux joueurs non blessés de demeurer dans la clinique.

Roy s'informe, on lui répond que Tremblay a fait installer l'affiche la veille. Le gardien la jette par terre.

Quelques instants plus tard, l'entraîneur se choque quand il voit la pancarte au sol.

— Qui a fait ça???

— C'est moi, lui répond Roy. Ça fait dix ans que je viens ici, pis j'vais encore revenir. Je fais rien de mal. C'est vraiment du *stuff* de junior, c't'affaire-là...

Tremblay tourne les talons, furieux.

Les frictions de ce genre se multiplient. Pendant un entraînement, les joueurs sont tous réunis dans un coin de la patinoire, sauf Roy, qui est resté devant son but, à l'autre bout de la surface glacée.

Mario s'étire la tête pour appeler Roy.

— Hey le grand! Viens-t-en icitte, lui lance-t-il à tue-tête.

Roy n'en fera pas grand cas sur le coup, mais il n'apprécie pas...

Ces incidents n'empêchent pas les Rouges de gagner. Après une autre victoire contre les Bruins, au Forum, Mario Tremblay devient le premier entraîneur de la Ligue nationale à remporter ses six premiers matchs.

La lune de miel entre Tremblay et son public se poursuit lors d'un voyage dans l'Ouest canadien. Le Tricolore enregistre trois victoires convaincantes contre les Flames de Calgary, les Canucks de Vancouver et les Oilers d'Edmonton.

Après le match de Calgary, une foule de fans du Canadien se masse autour de l'autobus de l'équipe. Quand Tremblay sort du Saddledome, les gens s'excitent.

— Mario! Mario! Mario!

Ronald Corey, Réjean Houle et Mario Tremblay signeront des autographes durant une dizaine de minutes...

Mais si, en façade, le bonheur semble régner au sein de l'équipe, l'histoire est bien différente dans les coulisses.

Après cette troisième victoire consécutive à Edmonton,

Patrick Roy se rend au bar de l'hôtel, question de se rafraîchir en compagnie de Pierre Turgeon.

Roy a joué de façon extraordinaire au cours du voyage. Il a accordé trois maigres buts en autant de rencontres. « Casseau » a été choisi deux fois la première étoile et une fois la deuxième.

Il est environ minuit quand Roy se commande une bière pour lui et une autre pour son ami.

La plupart des joueurs sont sortis fêter ce soir-là. L'équipe a congé pour quelques jours.

Roy sirote sa bière en discutant tranquillement avec Turgeon et trois journalistes de Montréal quand Mario Tremblay fait irruption dans le bar presque désert. Il s'approche de son gardien.

— Vous avez pas le droit d'être ici ! Tu connais le règlement, « Casseau ».

Depuis l'arrivée de Bob Berry, en 1983, il est en effet interdit aux joueurs du Canadien de fréquenter les bars de l'hôtel. Jacques Demers faisait une exception pour Roy, qui n'appréciait pas les bains de foule dans les discothèques.

— Écoute Mario, lui répond Roy. On prend juste une bière. J'ai pas le goût de sortir. C'est tranquille ici. J'veux juste relaxer. On vient d'en gagner trois en ligne.

— J'ai dit non, dans votre chambre !

Roy ne bronche pas. Tremblay va s'asseoir plus loin. Le 33 commande une autre bière...

Mario bout.

Quinze minutes plus tard, le Bleuet interpelle son gardien.

— Viens-t-en icitte tout de suite !

Roy, d'un pas nonchalant, comme un élève qui se fait gronder, se rend vers son entraîneur.

— J'vous ai dit d'aller dans votre chambre!!!

Turgeon et Roy se regardent et montent finalement dans leur chambre.

Dix jours plus tard, fort d'une fiche de douze victoires en seize rencontres, Mario Tremblay et sa troupe se rendent à Detroit pour y affronter les Red Wings.

Mario attend ce match avec impatience. Les Wings sont dirigés par un certain William Scott Bowman...

Tremblay a enfin la chance de lui prouver que lui, le p'tit gars d'Alma, a fait du chemin depuis ses premières années difficiles dans la Ligue nationale. Mario n'a pas oublié les humiliations que lui a fait subir son premier entraîneur.

Même si Bowman s'est adouci avec les années, Tremblay et Cournoyer ne comptent pas discuter avec lui.

Pendant des années, avec CJMS, Mario a refusé d'interviewer Bowman lors de ses visites à Montréal avec les Sabres, les Penguins et les Red Wings.

« Je lui dis bonjour maintenant, mais pas tellement plus, confie-t-il au reporter de *La Presse*, Ronald King. Il y a des choses qui restent. Des méchancetés. On a beau vouloir casser un gars, il y a des limites. »

Cournoyer est tout aussi amer. « Bowman était correct les deux premières années. Après, il s'est pris pour une vedette. Il ne savait plus comment nous motiver, on gagnait tout le temps. Alors il essayait des folies et il était hypocrite. C'était facile d'être dur, nous avions assez de joueurs pour habiller deux équipes... »

Tremblay perd son duel contre Bowman 3 à 2. Un

troisième match d'affilée sans victoire pour le Canadien. Le lendemain, autre défaite, à Saint-Louis. Le Bleuet pique sa première crise envers ses joueurs. «On ne peut pas aller à l'étranger avec de simples passagers...»

Patrick Roy remporte néanmoins le titre de joueur du mois de novembre chez le Canadien, avec six victoires et trois revers, et une brillante moyenne de buts alloués de 1,97.

Au retour de l'équipe à Montréal, pour secouer ses troupes, Tremblay remanie ses trios en vue du prochain match, contre ces mêmes Red Wings, au Forum. Nous sommes à 24 heures d'une soirée qui bouleversera l'histoire du club de hockey Canadien...

———

Quand Patrick Roy quitte sa maison de l'Île Ducharme, le matin de ce match contre les Red Wings, ses deux jeunes fils, Jonathan et Frédérick, lui donnent un petit *pog*, espèce de rondelle miniature en carton.

— Papa, s'il te plaît, tu le donneras à Mario Tremblay.

Quand Roy remet le *pog* à Tremblay à son arrivée dans le vestiaire, celui-ci paraît surpris. Agréablement surpris.

— J'vais le garder dans ma poche ce soir, ce sera mon porte-bonheur, lui dit Mario en recevant le cadeau.

L'après-midi passe. Vers 17 h, les joueurs se préparent fébrilement pour cet important match. La tension est palpable.

À 17 h 55, Vincent Damphousse n'est toujours pas arrivé. Tremblay fait les cent pas dans le vestiaire. Il fulmine.

Le numéro 25 se pointe finalement, dix petites minutes avant le début de l'échauffement. Tremblay va le retrouver, comme soulagé. Il lui donne une petite tape dans le dos.

— *Let's go* Vinny, dépêche-toi, c'est une grosse *game* à soir.

Roy, qui assiste à la scène, n'en revient pas. Il s'approche de son entraîneur.

— Si Vincent Damphousse s'était appelé Yves Sarault (un joueur de quatrième trio), y'aurais-tu joué à soir? lui demande Roy.

Tremblay se retourne, profondément agacé.

— Ce sont des choses qui peuvent arriver, lui répond-il sèchement.

Le moins qu'on puisse dire, c'est que les deux hommes ne sont pas dans de très bonnes dispositions quand le match commence...

Après huit minutes de jeu, c'est déjà 2 à 0 pour Detroit. Les joueurs russes des Red Wings sont trop forts. Les défenseurs du Canadien ne parviennent pas à les suivre.

Une période est complétée. Les Wings mènent 5 à 1. Mario consulte tous ses adjoints. Doit-on retirer Roy?

Ce soir-là, pour une rare fois dans l'année, l'entraîneur des gardiens, François Allaire, le gourou de Roy, s'est absenté pour aller observer le jeu de ses protégés à Frederiction dans la Ligue américaine. Drôle de destin...

De concert, le groupe d'entraîneurs décide de laisser le numéro un devant les filets pour le début de la deuxième période.

Mais le massacre se poursuit. Les Wings en comptent deux autres rapidement.

Steve Shutt, qui se trouve sur la galerie de la presse avec un casque d'écoute sur les oreilles, transmet ses instructions à Yvan Cournoyer sur le banc : il faut retirer Patrick Roy du jeu.

Quand Shutt crie ses directives, Réjean Houle, qui se trouve à côté de lui, l'interrompt.

— On ne peut pas retirer un gardien de l'envergure de Patrick Roy en plein milieu d'une période, lui lance Houle.

— Non, répond Shutt. Maintenant ! Maintenant !

La confusion règne. Roy, lui, regarde en direction de Tremblay. Dans une débâcle, le gardien est habituellement remplacé après cinq, ou peut-être six buts. «Casseau» vient d'en accorder sept, et il n'y a toujours pas de mouvement au banc. Il n'y en aura pas. Il bout.

Quelques instants plus tard, la foule tourne le gardien en dérision après un arrêt de routine. Roy, écœuré par la tournure des événements, lève les deux bras au ciel, comme pour répondre aux railleries des spectateurs. Son geste laisse tout le monde pantois.

Le match se poursuit. Detroit marque un huitième but. Puis un neuvième. Vers le milieu de la deuxième période, Tremblay retire enfin son gardien du match, au profit de l'auxiliaire Pat Jablonski.

Roy rentre au banc en furie. Il n'a pas digéré toutes ces indélicatesses de Tremblay à son endroit depuis son retour et, il n'a surtout pas accepté cette dernière humiliation.

Si son entraîneur l'avait retiré du match après cinq

buts, il n'aurait pas fait ce geste de frustration envers les spectateurs.

Tremblay, lui, n'est pas près d'oublier le rire de Roy à son tout premier discours dans le vestiaire.

Le Bleuet, le menton haut, regarde avec un air de dédain Roy traverser le banc des joueurs.

En voyant la tête de Tremblay, Roy perd le nord. Il repasse devant son entraîneur, avec ses lourdes jambières, et va s'adresser au président Ronald Corey, qui est assis tout juste derrière le banc.

— C'est mon dernier match à Montréal! vocifère Roy à Corey.

Tremblay assiste à la scène, médusé. Les joueurs cherchent à comprendre.

— Qu'est-ce t'as dit??? lui lance Tremblay.

— T'as compris!!! réplique Roy sèchement.

La foule retient son souffle. Elle n'a jamais rien vu de tel au Forum.

Quand Roy rentre au vestiaire après la deuxième période, un préposé à l'équipement va le retrouver.

— Patrick, t'es demandé au téléphone.

Son agent, Bob Sauvé, est au bout du fil.

— Patrick, j'te connais, j'veux pas que tu fasses quoi que ce soit entre la deuxième et la troisième. Attends-moi après le match, j'arrive.

— Correct Bob.

Roy retourne s'asseoir à sa case. Tremblay, du centre du vestiaire, le regarde droit dans les yeux.

— Qu'est-ce tu y as dit???

— On serait mieux de se parler demain.

— C'est ça, on va se parler demain! *Fucking asshole!*

Roy se lève.

— *Fuck you! Fucking asshole!*

Tremblay marmonne une ou deux phrases puis il quitte le vestiaire en coup de vent.

Patrick Roy sait que sa glorieuse carrière avec le Canadien vient probablement de prendre fin.

Quand la sirène annonce la fin de la rencontre, Tremblay quitte le banc en vitesse. De l'autre côté de la patinoire, son vis-à-vis reste de glace. Mais on soupçonne Scotty Bowman de ricaner intérieurement...

Après le match, Réjean Houle va retrouver Roy dans le vestiaire.

— Excuse-moi Patrick, mais Ronald Corey est un peu dur d'oreille, il n'a pas compris ce que tu lui as dit derrière le banc.

— Je lui ai dit que c'était mon dernier match à Montréal, lui répond Roy.

Houle tourne les talons et revient quelques minutes plus tard avec le président.

— Je suis un peu dur d'oreille Patrick, lui lance Corey, j'ai pas vraiment compris ce que tu m'as dit derrière le banc.

— J'ai dit que c'était mon dernier match à Montréal !

Corey revient à la charge.

— J'ai mal compris, prends la nuit, tu me téléphoneras demain matin pour me le dire...

Roy ne répond pas et décampe avant l'arrivée des journalistes.

Il y a un silence d'enterrement dans le vestiaire du Tricolore quand les reporters font leur entrée. Consternation. Panique. Les mots ne sont pas assez forts pour décrire l'ambiance qui règne dans la pièce.

Réjean Houle, les bras croisés, l'air grave, attend les reporters au fond du vestiaire.

— Je ne sais pas ce que Roy a dit à Monsieur Corey, et je ne sais pas ce qui s'est dit entre Roy et Tremblay, déclare Houle. Ça les regarde. C'est de l'interne. Je n'ai pas à discuter de la décision de Mario. Est-ce que le gardien doit rester après cinq, six, huit buts, c'est difficile à juger. À 5 à 1, je croyais encore en nos chances. »

Pendant que Réjean Houle s'adresse aux journalistes, Roy est dans l'automobile de Sauvé. Il pleure à chaudes larmes. Il sait que ses relations avec Mario Tremblay ne s'amélioreront pas. Le divorce avec le Canadien lui apparaît inévitable.

La lune de miel de Houle et Tremblay est bel et bien terminée. Six semaines seulement après leur embauche, ces deux copains se retrouvent confrontés à une crise, sinon la plus grande de l'histoire des Glorieux.

Le soir même, les images de cette prise de bec derrière le banc des Rouges font le tour de l'Amérique.

Le lendemain, le Québec est sous le choc. Les stations de télévision, les quotidiens, tous ne parlent que de l'incident Roy. Aucune nouvelle ne pourrait battre les événements de la veille au Forum. Peut-être l'assassinat du premier ministre, et encore...

Dans les brasseries, les stations d'essence, chez le dépanneur, partout, on se demande si Patrick Roy jouera encore pour le Canadien de Montréal.

Pour les journalistes, ce lendemain de match sera complètement fou.

13h : réunion de l'équipe au Forum. Les journalistes

font le pied de grue à la porte du vestiaire.

13h30 : les premiers échos arrivent. Patrick Roy n'assisterait pas à cette réunion.

14h : les rumeurs d'échangent s'accentuent quand les joueurs commencent à s'entraîner sans leur gardien numéro un.

15h : Roy et son agent Bob Sauvé se pointent au Forum. Réjean Houle annonce au duo qu'il y aura divorce.

15h35 : pendant que Roy et Sauvé écoutent le verdict irrévocable du directeur général, les joueurs installent sur un des buts déserts un panneau de toile muni de trous, pour pratiquer la précision de leurs tirs. On remplace un gardien payé quatre millions de dollars par année par une petite toile d'une valeur de 89,95 $...

16h15 : les journalistes prennent le vestiaire d'assaut. Les joueurs disent ne rien savoir des événements. Plusieurs souhaitent une entente entre Roy et la direction.

17h30 : Réjean Houle apparaît dans le Salon des médias pour faire le point. Il annonce le départ imminent de Roy : « Je ne peux reculer après un tel incident, dit-il. Je n'ai jamais vu un joueur s'adresser directement à Ronald Corey à son siège, en plein match. Même les grandes vedettes, Maurice Richard, Jean Béliveau et Guy Lafleur travaillaient en fonction de l'équipe. Patrick a été un grand gardien. La discussion a été aussi difficile pour lui que pour moi. Mais il fallait que ce soit ça. »

Après l'allocution de Houle, Tremblay prend le micro. Les questions fusent de partout.

— Mario, as-tu laissé Roy trop longtemps sur la glace ?

— J'aurais peut-être dû bouger après le septième but, répond-il. Mais deux buts ne changent pas une carrière.

— Doit-il absolument être échangé ?

— C'est triste de le voir partir, mais il a placé l'organisation devant une position difficile. J'étais mal à l'aise quand l'incident s'est produit. Il a fait un geste qui n'était pas correct. Il est passé deux fois devant moi pour parler à Monsieur Corey. Nous étions tous frustrés. Moi-même, j'étais derrière le banc pour onze buts marqués contre nous...

Tremblay est secoué dans les jours qui suivent. Tendu comme une corde de violon. Lundi, il est au bord des larmes quand il met fin à son point de presse quotidien.

L'absence de Roy crée un malaise pendant les entraînements. Les joueurs sont sérieux, trop sérieux. Tremblay est inquiet. L'opinion publique a fait volte-face. Mario est devenu le bouc émissaire de cette fracassante histoire de divorce.

Comme tout change vite. Il y a deux semaines à peine, on l'acclamait. Il avait redonné de la fierté au Canadien, il avait remis de l'ordre dans la maison.

Aujourd'hui, on le tient responsable du départ de Roy. Partout, on le pointe du doigt. Certains partisans réclament même sa tête à la radio.

— Si j'avais senti un petit mot de réconfort de Mario Tremblay, si j'avais senti qu'il voulait m'aider, je ne serais pas allé voir Ronald Corey, dit Roy, lors de sa conférence de presse *post mortem*.

Les médias rejoignent même le père du 33 à Chicago, où il est délégué général du Québec. « Je n'arrive pas à m'expliquer ce visage plein de reproches, confie Michel Roy. Mario a eu un regard très dur quand Patrick est passé devant lui en rentrant au banc, et c'est ce qui a tout déclenché. J'ai vu que ça venait d'éclater. J'avais toujours trouvé Mario très sympathique et je n'ai pas compris ce regard. C'est comme s'il y avait une lutte de pouvoir entre les deux. »

Mario Tremblay a peu d'appuis au sein des médias. Les chroniqueurs prennent tous le parti du gardien.

« Ce superbe gardien, le meilleur de l'histoire du Canadien, va finir sa carrière avec le Tricolore comme Guy Lafleur : chassé comme un pelé et un galeux », écrit Réjean Tremblay le 4 décembre.

« Suspendu, a osé dire Réjean Houle. C'est de la *boulechite*. C'est Ronald Corey qui a pris la décision finale de se débarrasser de Roy. Parce que Casseau n'a pas respecté la hiérarchie corporative d'une grande compagnie comme Molson. On ne passe pas devant le contremaître pour s'adresser directement au président. tous les présidents de compagnie savent ça.

« Mario a sans doute commis une erreur causée par son manque d'expérience. Il a réagi en joueur. Il se faisait planter 9 à 1 par Scotty Bowman devant 17 000 spectateurs et un million de téléspectateurs, il était encore plus enragé que Patrick. Quand Roy est revenu au banc, Mario a oublié qu'il était un entraîneur qui devait réconforter son gardien pour le préparer à affronter les Devils. Il était un ancien joueur humilié. Avec le résultat qu'un très grand gardien a été sorti de Montréal par un entraîneur recrue, un gérant recrue et un président qui peut enfin se mêler de hockey. Les fans ont raison d'être frustrés et mécontents. »

Dans le *Journal de Montréal*, Bertrand Raymond fait lui aussi porter l'odieux du divorce à Mario Tremblay.

« Mario Tremblay avait entrepris de casser Patrick Roy. Il semble assez évident que l'entraîneur recrue croyait que Roy en avait mené pas mal large sous le règne de Jacques Demers. Il a voulu s'assurer qu'il n'y aurait dorénavant qu'un seul entraîneur dans cette *chambre*. Par deux fois, Roy s'est servi des médias pour sensibiliser son entraîneur à ce genre de choses. Dont une fois en déclarant qu'il avait appris dans le journal qu'il ne jouerait pas la prochaine rencontre. C'était une façon subtile de lui dire : "Parle-moi bon sang, j'en ai assez de me faire raconter ce qui se passe dans l'équipe par les journalistes." Roy ne voulait pas choisir ses matchs. Il voulait simplement être traité avec dignité. »

Le 6 décembre, le Canadien annonce enfin la grande nouvelle : Patrick Roy et Mike Keane, le controversé capitaine, sont échangés à l'Avalanche du Colorado en retour du jeune gardien Jocelyn Thibault et des attaquants Martin Rucinsky et Andrei Kovalenko.

Le 33 quitte Montréal après 11 saisons, deux Coupes Stanley, 551 victoires, 389 défaites, 29 blanchissages, deux trophées Conn Smythe remis au joueur par excellence en séries, trois trophées Vézina décernés au meilleur gardien... et une foule de souvenirs.

Roy se console. Il retrouve à Denver son père spirituel et ancien conseiller d'affaires, Pierre Lacroix.

La déchirure est douloureuse. Keane éclate en sanglots dans le vestiaire en ramassant ses effets personnels. Des coéquipiers pleurent également.

Roy laisse aussi derrière lui un bon groupe d'amis. Dont Pierre Turgeon, son voisin de l'Île Ducharme et compagnon de chambre à l'étranger.

Réjean Houle aura discuté sérieusement avec quatre équipes avant de s'entendre avec Pierre Lacroix.

Une lourde tâche attend Tremblay pour réconcilier tout son monde. D'autant plus que sa cote de popularité souffre de cette crise. Selon un sondage de la maison Descarie et complices, auprès d'un échantillon de 100 adultes montréalais, 82 % des répondants donnaient, avant le match de samedi contre les Red Wings, une appréciation supérieure à 8 sur 10 à Mario Tremblay. Ce résultat baissait à 48 % lundi et mardi de la même semaine.

Tremblay profitait encore de sa lune de miel avec le public montréalais avant l'événement, malgré une série de défaites. Mais c'est lui qui a le plus écopé dans l'histoire. Plus que Corey et Houle. Il est passé du cinquième au 61e rang parmi toutes les personnalités mesurées. Sa note moyenne reste tout de même de 7 sur 10.

Les médias ne contribuent pas à redorer le blason de Tremblay et du Tricolore. « Je n'aime pas la nouvelle image que se donne le Canadien, écrit Bertrand Raymond quelques jours après l'échange. Je n'aime pas la façon dont la barque est menée. Je n'aime pas l'atmosphère qui règne dans le vestiaire. Plus que jamais, le Canadien peut se compter chanceux que les Nordiques soient devenus l'Avalanche, chanceux d'être les seuls à vendre leurs guenilles dans les boutiques du Québec (...). J'ai une question pour le président de la Flanelle : Dites-moi à quoi sert d'ouvrir toute grande la porte aux anciens joueurs si on la claque en pleine face des plus grands ?

« Avant d'être remercié par Ronald Corey, Serge Savard avait décidé d'échanger Roy et de remplacer Demers, écrit Raymond. On comprend mieux maintenant pourquoi personne de la direction du Canadien n'a levé le petit doigt pour retenir Roy à Montréal au lendemain de son esclandre face aux Red Wings. On saisit mieux pourquoi Mario Tremblay l'a laissé sécher sous les réflecteurs ce soir-là. C'était une façon très claire de lui faire comprendre qu'il n'avait plus aucun pouvoir (...). Le divorce Roy-Canadien n'était plus qu'une formalité. Il s'agissait de choisir le bon moment. Cette occasion, Tremblay l'a provoquée en agissant à l'endroit de son meilleur joueur avec une arrogance mal dissimulée. Par sa fracassante sortie de la patinoire, Roy a fait le reste. »

Mike Keane jette lui aussi le blâme sur son ancien entraîneur : « Le conflit avec Patrick aurait pu se régler facilement, confie-t-il à Ronald King, de *La Presse*. Il n'y avait pas de raison d'en faire un drame, encore moins de chasser de Montréal un gardien qui avait tant donné à l'organisation. Mais Mario ne voulait pas que ça se règle. Ce qui a suivi, c'est la faute à Mario. »

L'affaire a des échos même aux États-Unis! La station de radio sportive de New York, WFAN, diffuse en direct le début de la conférence de presse de Roy à son départ de Montréal. Pour une rare fois, les auditeurs de la région entendent un athlète s'exprimer dans la langue de Molière.

Le chroniqueur de hockey du *New York Times*, Joe Lapointe, lance une pointe à l'organisation du Canadien : « Ronald Corey a choisi deux anciens joueurs, Houle et Tremblay, qui n'avaient pas d'expérience dans ces rôles. En exigeant le français, il se coupe de 90 % des candidats qualifiés. Est-ce que cela nuit à l'organisation ? La réponse est oui. »

Le Bleuet aura un sommeil agité les jours suivants. Il est profondément secoué. Que dire de Roy ?

Le soir de l'échange, « Casseau » et son épouse Michèle pleurent sans pouvoir s'arrêter dans une chambre d'hôtel de Denver. La veille, ils habitaient une luxueuse maison de Rosemère, avec leurs trois enfants. Et maintenant, cette chambre d'hôtel à des milliers de kilomètres de chez eux.

Le lendemain, Roy affronte les Oilers dans un état de fatigue extrême. Il se demande comment il s'en sortira. La nuit après son premier match, il passe des heures dans la salle de bain à vomir et à vomir. Puis il se remet à pleurer sans pouvoir se contrôler. Une journée après son baptême à Denver, l'équipe prend l'avion pour Ottawa. Tout à coup, lors du vol, il se retrouve dans les toilettes pour vomir encore. Puis il se met à pleurer, incapable de s'arrêter. Il passera une autre nuit à sécher ses larmes avant de reprendre contrôle de ses émotions.

Mario Tremblay passe des moments difficiles, mais il n'est pas le genre d'homme à se laisser abattre à la première embûche, même si elle est de taille.

Étonnamment, le départ de Roy ne laissera pas de séquelles sur la glace ni dans le vestiaire, du moins à court terme. Le jeune Jocelyn Thibault fait un bon départ dans son nouvel uniforme, le Canadien se remet à gagner malgré les incidents perturbateurs qu'on connaît... et Tremblay regagne en popularité, auprès du peuple et dans son vestiaire. Le Bleuet est alors très apprécié par ses joueurs. Il est proche d'eux, il sait se faire respecter tout en les faisant rire parfois.

Mario a retrouvé le goût de diriger l'équipe. Il se lève chaque matin et il a hâte d'aller travailler.

Il s'est jeté à pieds joints dans l'un des emplois les plus stressants du monde du sport, mais il s'en tire plutôt bien.

Côté stratégie, il est moins pire qu'on croyait. Son inexpérience saute encore aux yeux certains soirs, mais Tremblay s'ajuste bien. De toute façon, le monde du hockey n'est pas très porté sur la technique et la stratégie.

On voit des punitions de banc pour avoir eu trop d'hommes sur la patinoire et Mario envoie parfois les mauvais joueurs sur la glace dans les situations critiques, mais il apporte beaucoup d'enthousiasme et de fougue à un club qui en avait cruellement besoin. Les matchs du Canadien sont redevenus excitants. L'équipe n'abandonne jamais quand elle tire de l'arrière dans le score.

Tremblay est proche de ses hommes. Il s'implique.

Il patine avec eux. Les taquine. Cette camaraderie surprend, mais ça fonctionne.

Le départ de Roy semble déjà loin. D'autant plus que le jeune Thibault impressionne et que Martin Rucinsky marque des buts à un rythme étonnant.

———

Vers la fin janvier 1996, en Floride, le Canadien remporte une autre éclatante victoire, 6 à 3 contre les Panthers.

En attendant l'avion à l'aéroport de Miami, le lendemain du match, Marc Bureau cache mal sa fébrilité.

Il vient de parler à son épouse enceinte au téléphone, Louise devrait accoucher de leur premier enfant d'ici une semaine.

Le Canadien a un horaire chargé pour les prochains jours, avec des matchs au Forum contre Winnipeg samedi, Boston dimanche et Washington mercredi.

Bureau, un vétéran de sept saisons dans la Ligue nationale, apostrophe le soigneur Gaétan Lefebvre une trentaine de minutes avant de monter dans l'avion.

— Gaétan, lui dit-il, ma femme est sur le bord d'accoucher. J'vais peut-être devoir manquer un match. Pourrais-tu dire à Mario que je veux lui parler, lui demander de rappeler un jeune de Fredericton, au cas où le bébé naîtrait durant une *game*?

Lefebvre acquiesce et va retrouver le Bleuet, assis un peu plus loin.

Il revient quelques instants plus tard.

— Marc, l'entraîneur veut te voir.

Bureau va rejoindre Tremblay.

— Comme ça, ta femme va accoucher, lui lance Tremblay. Félicitations !

— Merci Mario. C'est pour ça, j'vais peut-être rater une *game*, j'voulais juste te le dire d'avance.

Tremblay le regarde, mi-figue, mi-raisin.

— As-tu une ciné-caméra chez vous ?

— Non, répond Bureau, pourquoi ?

— Tu t'en achèteras une, tu feras filmer l'accouchement pis tu regarderas ça quand t'auras rien à faire le soir...

Bureau est sous le choc. Il rage intérieurement. Il ne veut absolument pas rater l'événement.

À l'époque où Mario Tremblay jouait, accouchement facile ou non, premier ou dixième bébé, il fallait jouer. Dans les années 70, un seul joueur avait obtenu le privilège de rater un match parce que son épouse était sur le point d'accoucher, c'était Ken Dryden.

Le Bleuet lui-même avait raté la naissance de sa deuxième fille, Claudia, parce que les Glorieux disputaient un match à l'étranger ce soir-là.

Quand Louise Bureau apprend la nouvelle, elle fond en larmes. Elle ne croit pas qu'un athlète puisse rater la naissance de son enfant, en 1996. Dans les années 70, d'accord, mais plus aujourd'hui. Plusieurs coéquipiers de Bureau sont scandalisés.

L'épouse du numéro 28 a ses premières contractions le mercredi midi. Bureau vient d'arriver à la maison, après avoir participé à l'exercice matinal du Canadien, en vue du match en soirée contre les Capitals. Le couple se rend rapidement à l'hôpital Pierre-Boucher de

Longueuil. Vers six heures moins quart, le col est dilaté de six centimètres. Bureau est déchiré.

Son premier enfant est sur le point de naître, le réchauffement commence à sept heures moins dix, la rencontre de l'équipe à six heures. Il lui reste une quinzaine de minutes à peine pour se rendre au Forum et s'habiller.

— Vas-y Marc, va jouer ton match, ne t'en fais pas, lui dit son épouse. Ça va bien aller.

Bureau réfléchit quelques secondes. Il est ce qu'on qualifie un « plombier » au sein du club, son poste n'est pas des plus confortables, et l'équipe se bat pour une place dans les séries. Ce n'est pas le moment de se mettre la direction à dos.

— D'accord, mais fais appeler ton père entre les périodes pour me dire ce qui se passe. Je veux savoir si tout a bien été.

Dans l'auto, Bureau a le cœur gros. Il s'en veut de laisser sa femme seule à l'hôpital.

Il roule à tombeau ouvert dans le sens contraire de la circulation sur le pont Champlain et arrive en retard pour la rencontre de l'équipe.

Il croise Gaétan Lefebvre.

— Gaétan, peux-tu rester près du téléphone, le père de Louise pourrait téléphoner pour m'annoncer la nouvelle.

Inutile de dire que Bureau n'a pas vraiment la tête au match...

Après la première période, pas de téléphone. Après la deuxième non plus. Il se pose des questions. Une fois le match terminé, il prend sa douche en vitesse et file à l'hôpital. Il tremble de nervosité au volant.

Quand il arrive à l'hôpital, le médecin l'accueille.

— Il était temps que tu te pointes, lui dit-il. C'est presque un miracle, mais elle n'a pas encore accouché. Son organisme a cessé de travailler dès ton départ pour le Forum. Elle a regardé le match à la télé. Elle voulait tellement que tu y sois...

À peine vingt minutes après l'arrivée de Bureau dans la chambre, Louise accouche d'Alex.

Bureau est ému aux larmes. Mais il n'est pas au bout de ses peines.

Le Canadien est déjà en direction de Philadelphie, où il affronte les Flyers le lendemain soir. Bureau doit prendre l'avion à l'aube pour rejoindre ses coéquipiers.

À six heures trente du matin, après une deuxième nuit blanche consécutive, le centre du Tricolore file vers l'aéroport de Dorval.

Quand il arrive à Philadelphie, il a le temps de manger en vitesse et de dormir une heure à sa chambre d'hôtel avant d'affronter les Flyers au Spectrum.

Le match est rude. Malgré les événements et son immense fatigue, Bureau tente du mieux qu'il peut de garder sa concentration.

En début de deuxième période, alors que le Canadien se défend en désavantage numérique, Bureau se retrouve devant Petr Svoboda, anciennement des Glorieux.

Svoboda a la tête basse, il ne voit pas Bureau arriver à toute vitesse. Celui-ci sort l'épaule. Au moment de l'impact, le défenseur des Flyers perd pied, il est atteint directement au visage par le coude de l'attaquant du Tricolore.

La scène qui suit est horrible. La tête de Svoboda frappe durement la glace. Il est étendu, inerte, dans une mare de sang. On le sort sur une civière.

Bureau est bouleversé. Trop d'émotions. Sur le coup, les Flyers ne croient pas au geste accidentel. Ils envoient leurs chasseurs de tête pourchasser Bureau tout le reste du match. Le numéro 28 se serait bien passé de cet épisode.

Le lendemain, la Ligue nationale le suspend pour cinq rencontres. Et Bureau recevra sa part de reproches des quatre coins de la Ligue. Si on avait su dans quel état d'esprit il s'était rendu à Philadelphie.

Les deux semaines de congé forcé qu'on lui impose permettront à Bureau d'entendre les premiers cris de son fils Alex.

Dur, dur, d'être père au hockey...

Le lundi suivant, c'est soir de grandes retrouvailles au Colorado. Pour la première fois depuis le fameux échange, Patrick Roy affronte son ancienne organisation. Le match a lieu au McNichols Arena de Denver.

Les Rouges débarquent à Denver dans l'après-midi, la veille du match. Plusieurs joueurs du Canadien et de l'Avalanche ont prévu de se retrouver pour souper.

Les deux inséparables, Keane et Lyle Odelein, renoueront pour la première fois depuis la transaction. Idem pour Roy et Turgeon. «Casseau» et son épouse Michèle ont préparé un petit souper pour le capitaine du Canadien.

Quand Tremblay apprend que ses principaux joueurs se sont arrangés de gentils soupers avec leurs amis de l'Avalanche, il réagit rapidement.

Il convoque ses joueurs à un souper d'équipe dans le plus chic restaurant de la ville. Roy est furieux.

« Casseau » a sa revanche : Colorado bat le Tricolore 4 à 2. Quand la sirène finale annonce la fin du match, le Bleuet traverse la patinoire pour se rendre au vestiaire.

À l'autre bout de la patinoire, Roy quitte rapidement son but pour rattraper Tremblay au centre de la glace. Quand « Casseau » croise le Bleuet au centre de la glace, il laisse tomber négligemment aux pieds de Tremblay la rondelle du match. Roy a en tête les événements de décembre et le souper avorté avec son ami Turgeon. Une caméra immortalisera toute la scène.

Le geste de provocation de Roy laisse Mario pantois. L'entraîneur du Canadien ne commentera pas l'incident après la rencontre. Tremblay sort grandi de l'histoire. Il regagne la sympathie du public québécois. Il est devenu la victime dans toute cette affaire. Les radios et les télévisions commenteront abondamment le geste de Roy.

Tremblay est une homme soulagé quand il rentre à l'aéroport de Dorval. Son club a livré quelques belles performances au cours de ce difficile voyage de quatre rencontres dans le Middle West américain, et ces fameuses « retrouvailles » avec Roy sont finalement choses du passé.

Malgré tout, Mario ne dort plus, ou presque plus. Trop de tension et de pression. Hier, il s'est endormi à trois heures du matin pour se réveiller à six heures.

Quelques jours plus tard, le lundi 11 mars, Tremblay et ses supporters ont le privilège de participer à un événement sportif historique au Québec : la fermeture du vénérable Forum de Montréal...

Ce soir-là, les Rouges affrontent les Stars de Dallas. Heureux hasard, deux grands capitaines du Canadien, Bob Gainey et Guy Carbonneau, se trouvent dans le camp des Stars. Tremblay ne ferme pas l'œil de la nuit.

Le soir, la place grouille de reporters. Le Canadien a accordé plus de 160 laissez-passer, plus que pour un septième match de la Coupe Stanley. La station de télé américaine ESPN diffuse le match aux États-Unis et en Europe. Il y a même des reporters du Japon !

À 5h30, embouteillage énorme coin René-Lévesque et Atwater. À mesure que s'approche l'heure d'ouverture des portes du Forum, la foule se presse sur les trottoirs. Tellement que des policiers à cheval doivent intervenir pour contrôler la foule.

La fête sera aussi grandiose qu'émouvante. Les Rouges l'emportent facilement 4 à 1, et la cérémonie d'après le match donnera la chair de poule aux 18 000 fans.

Le plus grand joueur de l'histoire du Canadien, Maurice «Rocket» Richard, reçoit une interminable ovation debout. Des gens pleurent. D'autres s'inquiètent pour le cœur du Rocket, devant l'ampleur de la réaction des gens.

Sur un écran secondaire, on peut voir le visage d'enfant d'un Valeri Bure, la bouche ouverte, émerveillé par ce spectacle. Odelein. Turgeon. Thibault. Koivu. Ils ont tous les yeux trop petits pour croquer tout ce qui se passe autour d'eux.

La moitié des joueurs des Stars demeurent sur la glace pour assister à cette cérémonie grandiose, au cours de laquelle défilent tous les capitaines encore vivants de l'histoire du club.

Tremblay est encore remué quand il rencontre les reporters après les cérémonies. Mario se réjouit. Il sait que cette soirée ne peut que transporter son club. Peut-on montrer meilleur tonique pour les jeunes joueurs du Tricolore? Meilleur exemple pour leur expliquer ce que signifie jouer pour le Canadien de Montréal?

Mario, lui, sait la définition par cœur. Il a tellement souffert pour cette équipe-là. Il est de ces athlètes aux bras meurtris. Il a donné ses épaules aux Glorieux.

Dans les jours qui suivent, l'équipe déménage au Centre Molson. Encore porté par l'émotion, le Canadien remporte son match d'ouverture contre les Rangers.

Grâce à un beau sprint de fin de saison, le Tricolore termine la saison au sixième rang de sa conférence, et se taille une place pour les séries éliminatoires. Compte tenu du début de saison catastrophique sous l'ancienne administration, on louange Tremblay.

La fiche de Mario : 40 victoires, 27 défaites et 6 matchs nuls. Certains le voient même remporter le titre d'entraîneur de l'année dans la Ligue nationale.

Le Tricolore affronte les Rangers de New York en première ronde des séries éliminatoires. Personne ne donne cher de la peau du Canadien. Les «Blue Shirts» comptent plusieurs joueurs aguerris, Messier, Leetch, Graves, Lowe, Richter. Les Rouges, eux, vont à la *Big Apple* avec dix recrues dans leur formation.

Malgré une contre-performance de son capitaine

Pierre Turgeon, le Canadien remporte les deux premiers matchs à New York, grâce à des buts inouïs de Vincent Damphousse. On se met à rêver...

Graduellement, les Rangers retrouvent leurs moyens. Ils gagnent un match, un deuxième, puis un troisième. Mario s'inquiète, s'emporte derrière son banc. Tellement qu'un reporter lui demande, après un match, s'il ne craint pas de faire un *burn-out* tellement les émotions ont été fortes pour lui depuis dix mois.

— Je n'ai jamais vu un Bleuet faire un, *burn-out*, lui répond Tremblay.

C'est bien le Mario frondeur qu'on connaît...

L'entraîneur du Canadien ne fait pas de dépression, mais son club est éliminé en six matchs par les Rangers. Le poste de Tremblay n'est toutefois pas en danger. Il a connu une excellente saison, compte tenu des nombreux drames qui ont marqué la petite histoire du Canadien cette année-là.

Notre homme aura survécu aux critiques les plus dures depuis onze mois. Mais en juin, l'organisation du Canadien paraît moins bien quand Patrick Roy et Mike Keane aident l'Avalanche du Colorado à remporter une première Coupe Stanley aux dépens des Panthers de la Floride.

Roy ramène le précieux trophée au Québec, et retrouve sa horde d'admirateurs. Même si le jeune Jocelyn Thibault montre de belles promesses, même si l'ailier gauche Martin Rucinsky a surpris avec 25 buts en seulement 56 matchs, de nombreux amateurs remettent en question le fameux échange.

L'Avalanche formait déjà une équipe redoutable

avant l'arrivée de Roy et Keane. Auraient-il gagné la Coupe Stanley même sans les deux anciens leaders du Canadien ?

De plus en plus de gens croient que non, tellement le leadership de « Casseau », et aussi celui de Keane, s'est fait sentir durant les séries.

Le 22 août, à la demande de Mario Tremblay, Stéphane Richer revient dans le giron du Tricolore. L'échange, qui envoie le valeureux défenseur Lyle Odelein au New Jersey, s'inscrit logiquement dans la volonté du trio Corey-Houle-Tremblay de faire revivre la belle époque des « Flying Frenchmen » à Montréal, au temps où Guy Lafleur, Jacques Lemaire et Yvan Cournoyer faisaient la pluie et le beau temps dans la Ligue nationale.

Richer a déjà compté cinquante buts à deux reprises avec les Rouges, il complète un lot d'attaquants habiles, intelligents et fins marqueurs.

Il fait beau, tout le monde est bronzé, l'optimisme règne. Réjean Houle vise même une saison de 100 points et la Coupe Stanley.

Une saison de cauchemar attend tout le monde, et Richer donnera quelques cheveux gris à son entraîneur...

NEUF

Le rêve brisé

Sept matchs seulement ont été disputés au Centre Molson en octobre 1996 et déjà, prélude à une longue saison, des huées se font entendre dans l'amphithéâtre.

Le Tricolore a une fiche respectable de trois victoires, deux échecs et deux matchs nuls, mais les Glorieux offrent un pauvre rendement en défensive. Les fans se sont trouvés un souffre-douleur : le défenseur Patrice Brisebois.

Après un tournoi de la Coupe du monde d'une qualité exceptionnelle, au cours de l'été, les amateurs semblent exiger beaucoup de leur équipe. Et les Rouges n'offrent pas le rendement que les supporteurs attendent d'eux. Bref, les partisans ont la mèche courte.

Mario prend quelques décisions suprenantes. Comme celle de muter le talenteux défenseur Vladimir Malakhov à l'attaque lors d'un entraînement. Ou de déclarer qu'il songe donner un essai à l'ailier gauche Donald Brashear à la ligne bleue...

Dans le vestiaire, les insatisfaits se font de plus en plus nombreux. Pierre Turgeon le premier. Turgeon, meilleur marqueur du club la saison précédente avec 96 points en 80 matchs, s'est écrasé en séries éliminatoires et Mario Tremblay l'a relégué au centre du troisième trio, derrière Saku Koivu et Vincent Damphousse.

L'amour n'a jamais régné entre Turgeon et Tremblay. Le 77 rappelle trop Patrick Roy, son meilleur copain, et il n'a pas un style de jeu qui plaît à son entraîneur.

Les deux ne partagent pas la même philosophie de jeu. Turgeon est un hockeyeur peu robuste, tout en finesse, qui préfère les feintes habiles aux chocs dans les coins de la patinoire. Tout le contraire du Bleuet...

L'athlète de Rouyn-Noranda est insatisfait de sa situation depuis l'ouverture de la saison, ce qui n'est pas sans provoquer un froid avec son entraîneur. On a déjà vu les deux hommes s'engueuler vertement sur le banc des joueurs.

Turgeon est muté à la gauche de Koivu et Recchi pour le match du 28 octobre contre les Coyotes de Phoenix, au Centre Molson. Le trio offre une performance éblouissante. Turgeon amasse quatre aides. Les fans du Canadien regagnent espoir.

Il est trop tard. Ce lundi soir, pendant que Turgeon étourdit les défenseurs des Coyotes, Houle discute avec le directeur général des Blues de Saint-Louis, Mike Keenan.

Minuit a sonné, Serge Savard est sur le point de se coucher quand le téléphone sonne. Keenan est au bout du fil. Il veut se renseigner sur Turgeon auprès de Savard, qui jouit encore d'une vaste influence dans le milieu, même s'il n'œuvre plus dans le monde du hockey

— Serge, j'ai besoin d'une information. Qu'est-ce qui ne va pas avec Pierre Turgeon?

— Rien à ma connaissance, lui répond Savard.

D'ailleurs, je serais surpris que le Canadien l'échange, il vient d'obtenir quatre passes ce soir.

— Il faut que Turgeon ait quelque chose... c'est quoi?

— Il n'a pas de temps de glace, mais c'est un joueur de centre de premier trio, c'est certain.

Quand Keenan lui apprend qu'il est sur le point d'obtenir Turgeon, Craig Conroy et Rory Fitzpatrick en retour de Shayne Corson et Murray Baron, Savard est estomaqué.

Le lendemain, les joueurs attendent leur avion à destination de Detroit, pour un long voyage de douze jours, quand un membre de l'équipe annonce la nouvelle à Turgeon et Fitzpatrick dans la salle d'attente de l'aéroport de Dorval.

Les deux joueurs retournent au comptoir réclamer leurs valises lourdement chargées, quand ils croisent le directeur des communications du Canadien, Donald Beauchamp.

— Qu'est-ce que vous faites-là les gars? Vous allez être en retard.

— On vient d'être échangé à Saint-Louis, répond Turgeon.

— Arrête donc de blaguer, lui lance le relationniste du Tricolore.

Beauchamp comprend que c'est sérieux quand il voit Turgeon s'engouffrer dans un taxi...

Les médias et les fans sont plutôt stupéfaits à l'annonce de l'échange. Shayne Corson a connu de très bonnes séries éliminatoires au printemps dernier, mais il n'est plus une gazelle et les Montréalais n'ont pas oublié ses frasques d'antan.

Murray Baron est décrit par Réjean Houle comme le grand arrière à caractère défensif tant souhaité, mais les gens ont des doutes. Ils auront raison...

Reste que, pour la deuxième fois en dix mois, le Canadien se sépare d'un joueur clé, d'une vedette francophone. Et Mario Tremblay est directement lié aux échanges de Roy et de Turgeon.

« Les vraies raisons du départ de Patrick Roy et de Pierre Turgeon sont plus complexes qu'on veut bien nous le faire croire, écrira Réjean Tremblay quelques mois plus tard. À la base, on retrouve la difficulté pour un homme comme Mario Tremblay de diriger des joueurs surdoués et à la personnalité de superstar. »

Le voyage est catastrophique. La défensive du Canadien est poreuse, les joueurs sont complètement perdus sur la patinoire, on ne travaille pas en équipe.

Après trois matchs sans victoire, à Detroit, San José et Phoenix, on commence à remettre en question le travail de Mario Tremblay.

Le directeur des sports de *La Presse*, Michel Blanchard, est le premier à critiquer sévèrement la compétence du Bleuet : « Tremblay fait bien son possible, mais il multiplie les bévues. Pour tout dire, il *coache* comme le débutant qu'il est. La défensive homme pour homme qu'il impose aux siens, comme l'a souligné notre chroniqueur Pierre Ladouceur hier, est dépassée.

« Tremblay envoie rarement les bons joueurs sur la glace, poursuit Blanchard. En sus, il réagit mal à la stratégie employée par l'entraîneur adverse. Des fois, c'en est pathétique. Quand je regarde le visage ravagé de Mario derrière le banc, j'ai l'impression de voir dans ses yeux des trains passer. Tout semble aller trop vite pour lui.

« Dimanche, c'est Corson qui est allé refiler à Tremblay quelques conseils. Ça faisait drôle à regarder. Corson qui gesticule, Tremblay qui acquiesce, tout ça ne fait pas très sérieux. »

Les Rouges ont remporté une seule victoire en cinq matchs quand ils se pointent à Denver pour y affronter Patrick Roy et l'Avalanche.

La tension est palpable dans le camp du Tricolore. Écorché par la critique, déçu par la performance de ses joueurs, Tremblay a les nerfs à fleur de peau.

Le matin de la rencontre au McNichols Arena, Martin Rucinsky et Vladimir Malakhov ratent l'autobus qui reconduit les joueurs à l'amphithéâtre pour l'entraînement avant le match.

Tremblay est déjà de mauvais poil, ce retard n'a rien pour le calmer.

Quand l'entraînement commence, vers neuf heures, le caméraman du Réseau des sports (RDS), Paul Buisson, l'un des rares caméramen à suivre l'équipe pas à pas depuis l'ouverture de la saison, sent la tension qui règne dans le camp du Canadien. Sa caméra « roule » dès les premiers coups de patins des joueurs du Tricolore. Au début, Tremblay engueule Stéphane Richer. Une vingtaine de minutes plus tard, après une mauvaise manœuvre de Donald Brashear, le dur à cuire du Tricolore, l'entraîneur perd les pédales.

— C'est pas ça que j'ai dit, crie-t-il à Brashear. Quand on explique quelque chose, écoutez. Va-t-en dans *chambre* tout de suite. *Fly* d'icitte mon hostie !

Les deux hommes se regardent d'un air provocateur. Ils sont nez à nez. Pendant un instant, on croit qu'ils en viendront aux coups.

— J'ai dit dans la *chambre* tout de suite, câlice, as-tu compris? Décâlisse. T'es suspendu. Dehors. Écoute quand on te parle. Dehors! Écoute quand on te parle. Tu viendras pas rire de moé icitte!

Mario indique la porte de la sortie à Brashear, et il le suit pendant un certain temps pour s'assurer que son joueur quitte la patinoire. Celui-ci riposte à chaque phrase de Mario.

— Regarde les *games*, c'est pas moi qui se fait scorer les buts!

Buisson n'a rien raté de la scène. Le reporter à RDS, Alain Crête, vient le retrouver.

— As-tu tout capté?

— Oui, lui répond Buisson.

— T'avais pas de son là-dessus? lui demande la responsable des services à l'équipe, Michèle Lapointe, qui se trouvait derrière Buisson quand celui-ci filmait.

— Oui, oui, j'avais du son.

— Tu peux pas envoyer ça, Paul…

Pendant qu'on discute dans les gradins, Tremblay et Brashear se retrouvent face à face devant le vestiaire, une vingtaine de minutes plus tard. Brashear apostrophe Tremblay.

— T'es un sale, toé.

— Va dans chambre, répond l'entraîneur.

— Tu te penses ben *tough*, mais tu ne devrais pas taper sur des gars comme moi. Tu t'acharnes sur moi, mais ça prend des couilles pour faire ça à tes vedettes!

Tremblay, d'un signe de la main, invite Brashear à se la fermer, en pointant les deux journalistes montréalais qui assistent à la scène.

— Je m'en fous, ça peut pas être pire..., lui dit le costaud attaquant du Canadien.

— Sacre-moi le camp d'icitte, lance Tremblay.

Quand Brashear retourne à l'autobus, des coéquipiers tentent de le calmer. Le rude ailier gauche veut faire un mauvais parti à son entraîneur.

Une fois à l'hôtel, le Bleuet va retrouver Donald Beauchamp dans sa chambre. Ils tentent de rejoindre le directeur des sports à RDS, Charles Perreault.

Ils le retrouvent finalement à Québec.

— Charles, je veux te parler d'un incident qui vient d'arriver à Denver, lui dit Beauchamp.

— Je sais, je suis au courant de tout, répond Perreault, qui vient de parler à Crête et Buisson. J'ai pas vu les images, je rentre tantôt à Montréal juste pour ça.

Tremblay prend le téléphone.

— Écoute Charles, j'ai pas mal sacré tout à l'heure, magane-moi pas trop, veux-tu?

— Mario, s'il y a un paquet de sacres, on va couper le son.

Quand Perreault revoit les images avec son équipe, il se rend compte que les sacres de Tremblay sont employés en verbes. On décide de ne rien censurer.

Cet après-midi-là, il règne une cohue indescriptible dans la chambre de Buisson. Tous les journalistes chargés de couvrir le match veulent entendre à nouveau la bande sonore. Molstar veut les images pour la présentation du match, en soirée. Les nouvelles de Radio-Canada tentent aussi d'obtenir la fameuse pellicule.

L'Avalanche l'emporte 5 à 2 ce soir-là et cette fois, Patrick Roy garde la rondelle dans son gant après le match...

TVA reprendra les images le lendemain avant-midi à l'émission Salut Bonjour. ESPN aussi. La scène fait le tour de l'Amérique.

Au Québec, on imagine facilement le bruit que toute cette histoire provoque.

« C'est le Noir, ce pelé, ce galeux, comme l'écrivait La Fontaine, qui a payé le prix, écrit Réjean Tremblay le lendemain. Brashear a été mis dans un avion pour Montréal et Rucinsky et Malakhov, qui avaient pourtant raté l'autobus le matin, ont joué le soir. Sans problème. « C'est le nom de Mario Tremblay qui est sur toutes les lèvres, poursuit le chroniqueur. C'est Mario Tremblay dont on discute. C'est Mario qui est critiqué. On lui reproche d'avoir embauché des adjoints qui n'ont pas la préparation voulue pour l'aider à préparer avec efficacité son équipe. On lui reproche de trop protéger ses joueurs, de ne pas être assez sévère.

« Dans le fond, ajoute Réjean Tremblay, on lui reproche son manque d'expérience. Et on a raison. Dès le premier jour de la nomination de Tremblay et Houle, on savait que le duo manquait cruellement d'expérience. Parce qu'on est à Montréal, parce qu'on aimait beaucoup Peanut et le Bleuet, les fans et les journalistes ont décidé de bon cœur de donner une chance au duo. C'est Ronald Corey qui a permis qu'une recrue embauche une autre recrue. C'est Ronald Corey qui a approuvé la nomination de Mario Tremblay. C'est "mononcle" qui a mis en place les hommes qui vivent la tempête. »

Le Canadien rentre à Montréal en début de soirée, dimanche, au lendemain du match de Denver. Un voyage éreintant physiquement et psychologiquement. La troupe de Mario Tremblay a accumulé un total peu reluisant d'une victoire, quatre revers et un verdict nul et se retrouve au onzième rang de sa conférence.

Mario a pris un coup de vieux. Il a les traits tirés, les yeux boursouflés.

— On reconnaît les vrais dans l'adversité, je vais passer à travers, lance-t-il aux journalistes à l'aéroport.

Dans les jours qui suivent, on repasse cent fois les images de l'engueulade.

Le lundi matin, les reporters envahissent le vestiaire des Rouges. Quelques joueurs lèvent la tête, étonnés de voir autant de journalistes. Brashear est introuvable, Mario s'est engouffré dans son bureau.

Le capitaine Vincent Damphousse lance un appel à faire la paix entre Brashear et Tremblay. « J'ai parlé à Mario et à Donald, dit-il. Cette histoire ne devrait pas coûter son poste à Donald. On souhaite tous qu'il revienne avec l'équipe. »

On saisit bien que Damphousse lance un message à la direction... Mais le sort de Brashear est déjà fixé. Réjean Houle cherche à l'échanger.

« Disons que Mario Tremblay s'est trouvé une victime facile, écrit Bertrand Raymond. Par contre, en répliquant comme il l'a fait, Brashear s'est sorti de l'équipe. Personne n'a jamais entendu un joueur du Canadien qualifier son entraîneur de sale. Ils l'ont peut-être tous dit dans le dos de Scotty Bowman, mais jamais en face. En catimini, peut-être, en prenant une bière entre joueurs, mais jamais devant un journaliste ou une caméra de télévision. Tremblay paye actuellement pour toutes les imprudences qui ont été commises depuis un an. Celle de Ronald Corey qui a pensé à un seul homme pour succéder à Serge Savard : Réjean Houle. Celle de Houle qui voyait Tremblay dans sa soupe. Celle de Tremblay qui voulait d'un ami comme adjoint, Yvan Cournoyer. »

Le lendemain, Michel Blanchard, de *La Presse*, exige sa démission. « Pour avoir ridiculisé l'organisation du Canadien en employant un langage abusif devant les caméras de télévision, un langage rempli de jurons, un langage indigne d'un entraîneur d'une équipe professionnelle lors des incidents survenus samedi dernier au Colorado, Mario Tremblay ne peut plus diriger le Canadien.

« À *La Presse* hier, ajoute Blanchard, une vingtaine de lecteurs se sont dit révoltés et offensés. Des professeurs, des gens de la CECM, des éducateurs, des parents mécontents, blessés, profondément ennuyés et choqués qu'un tel discours ait été tenu par l'entraîneur en chef du Canadien, ont exigé son départ. La sortie de Mario Tremblay est de loin le comportement le plus répréhensible qu'a eu à gérer le président du Canadien.

« Le poste d'entraîneur en chef de l'équipe est prestigieux et nécessite de la part de celui qui l'occupe un minimum de savoir-vivre et de décence. Or, en agissant comme il l'a fait samedi au Colorado, Mario Tremblay a sali l'organisation toute entière. Une organisation sérieuse comme le Canadien ne peut cautionner une telle conduite. Les gestes posés sont à ce point inacceptables. »

Un autre chroniqueur, Jack Todd, du quotidien *The Gazette*, exige lui aussi le départ de l'entraîneur.

Selon un sondage du réseau TVA, plus de 75 % des amateurs estiment que Mario Tremblay n'a plus ce qu'il faut pour relancer le Canadien.

Le président Ronald Corey se range derrière le Bleuet. « L'avenir de Réjean Houle et de Mario Tremblay à la tête du Canadien n'est pas en danger, dit-il. Ma confiance en eux est inébranlable. On ne commencera pas à paniquer après 17 matchs. On aimerait avoir plus de victoires, mais je ne suis pas inquiet. L'incident Brashear, il ne faut pas exagérer, ce sont des choses qui arrivent dans le sport. La patinoire est la continuité du vestiaire et des échanges musclés y ont parfois lieu. Ce qui est malheureux, c'est qu'une caméra de télévision ait saisi tout ça. De mon côté, je n'ai jamais autant supporté Mario Tremblay. L'équipe avait perdu quelques matchs et la tension était dans l'air. »

L'affaire Brashear est le reflet de la nouvelle réalité médiatique avec laquelle doit composer l'organisation du Canadien. Les choses ont tellement changé au cours de la dernière décennie, avec l'arrivée de quelques stations de télévision de plus.

Lointaine est l'époque où cinq reporters à peine recueillaient les commentaires d'un Ruel ou d'un Berry dans le minuscule bureau du Forum.

L'entraîneur donne maintenant ses points de presse perché sur une tribune, devant parfois une cinquantaine de journalistes. Chaque fois, il est mitraillé de questions. Il y a toujours des caméras de télévision aux entraînements. Bowman et les autres ont déjà crié des obscénités sur la glace, mais il n'y avait aucun caméraman à l'époque pour filmer ces incidents.

Tremblay en veut à RDS, mais il sera beau joueur. Quelques jours après l'incident, il va retrouver Buisson dans les gradins, avant un entraînement.

— J'suis pas fâché contre toi. T'as fait ta *job*. Mais ça m'a blessé de voir qu'on a passé ces images aussi souvent.

Buisson, qui a craint une réaction négative de l'organisation, est soulagé.

Donald Brashear, lui, reçoit son billet d'avion pour Vancouver quelques jours plus tard. Les Rouges l'échangent aux Canucks en retour du défenseur Jassen Cullimore.

Brashear crachera son fiel sur Tremblay et l'organisation. « Je n'ai jamais rien appris avec Mario Tremblay et Yvan Cournoyer, déclare-t-il à Marc DeFoy, du *Journal de Montréal*. À Montréal, Tremblay disait qu'il avait confiance en nous, mais une fois le match commencé, il nous répétait sans cesse de faire attention à ci et à ça. Les gars à Montréal ne veulent rien essayer, ils ont peur de faire une erreur. Il me traitait comme un *goon*, comme un *dummie*.

« Mario n'a pas fait ses classes dans le *coaching*, poursuit Brashear. Il ne mérite pas d'être là où il est. Il va lui arriver la même chose qu'aux autres *coachs,* mais il a la chance d'être protégé par Houle, qui est son meilleur *chum*. Le congédiement de Serge Savard est la pire chose qui soit arrivée au Canadien. Tout a changé dans l'organisation depuis qu'il n'est plus là. J'ai plus de respect pour Serge que j'en ai pour les gens qui sont en poste. Mario veut être le héros, mais ce sont ses joueurs qui peuvent le rendre célèbre. »

L'ailier gauche n'a pas fini : « Mario m'a accusé de rire de lui lors de l'incident de Denver. On ne l'entend pas dans l'enregistrement, mais tout ce que je lui ai dit, c'est de ne pas crier après moi. Il paniquait. C'était pathétique. Pourtant, c'est Mario qui confiait aux joueurs quelques jours auparavant sa frustration de voir un bâtard comme Mike Keenan gagner et de voir qu'un bon gars comme lui perdait. Il m'a humilié. Mario a engueulé des joueurs devant des coéquipiers et ces joueurs ne l'avoueront jamais. C'est la vérité et c'est comme ça. »

La sortie de Brashear contre son ancien entraîneur n'est pas étonnante. Les deux étaient à couteaux tirés depuis un moment.

Le numéro 35 ne se gênait pas depuis quelques temps, dans le vestiaire, pour se plaindre de l'incompétence du groupe d'entraîneurs et de la façon dont se déroulaient les entraînements.

Mario est furieux quand il apprendra les plaintes de Brashear. L'abcès avait crevé à l'aéroport de Los Angeles, quelques jours avant l'incident de Denver, après une autre défaite.

Brashear avait soulevé l'ire de Tremblay en se pointant avec un chapeau de cow-boy, l'air insouciant malgré la grave léthargie dans laquelle l'équipe était plongée. Le Bleuet l'avait joyeusement enguirlandé.

Ils n'en étaient pas à leur première prise de bec. Brashear et un autre dur, Chris Murray, constituaient les souffre-douleur de l'entraîneur. Tremblay ne se gênait pas pour réprimander Brashear ou Murray après un mauvais jeu et il pouvait parfois être très sévère à l'endroit de ses hommes du quatrième trio, un peu à la manière de Bowman.

——

Après le départ de Brashear, en novembre 1996, l'insatisfaction gronde toujours dans le vestiaire des Glorieux. Le nombre de mécontents augmente.

Mario Tremblay a toujours l'appui de ses joueurs, mais on voudrait qu'il retrouve l'intransigeance qui le caractérisait à ses débuts à la tête du Tricolore.

Mario, en effet, semble plus conciliant qu'avant à l'égard de ses vedettes. Ses joueurs traînent souvent les pieds. On apprécie Mario Tremblay pour son enthousiasme et son dévouement envers l'équipe, mais la confiance en l'entraîneur commence à s'égrener tranquillement.

On voudrait aussi, surtout, qu'il s'entoure d'adjoints plus compétents. Yvan Cournoyer est l'une des cibles des insatisfaits. On respecte le grand athlète qu'il a été, mais son message ne passe pas. Cournoyer multiplie les gaffes. Des joueurs se moquent de lui en catimini. Plusieurs souhaitent un homme fort aux côtés de Mario. L'ancien capitaine du Canadien est devenu en quelque sorte le symbole de l'inexpérience des dirigeants de l'équipe.

Dans le sport, comme dans bien d'autres domaines, il existe un moyen facile de provoquer des changements : se servir des médias. L'exemple de Cournoyer illustre bien la situation.

Le vendredi 15 novembre, alors que l'équipe est à Washington pour y affronter les Capitals, *La Presse* publie un article qui choque l'organisation. Le quotidien cite dans le texte ces joueurs qui déplorent l'incompétence de Cournoyer. L'article paraît à la une du tabloïd des sports.

Très tôt ce matin-là, un employé du bureau des communications de l'équipe a envoyé par télécopieur, à Washington, une copie de l'article en question.

Tremblay est furieux. Dans le vestiaire, avant l'entraînement matinal de l'équipe au US Air Arena de Landover, il y a du feu dans son regard.

— Je ne sais pas qui a parlé, mais ça serait une vrai honte si c'est quelqu'un qui se trouve dans cette *chambre*. Ce qui se passe dans le vestiaire doit rester dans le vestiaire. Je trouverai bien les coupables...

Le Bleuet est blessé comme s'il avait lui-même été attaqué. Cournoyer a été le premier à l'aider à son arrivée avec le grand club, en 1974. Et les années suivantes, le « Roadrunner » a toujours été là quand Mario était en difficulté.

Pendant l'entraînement, Réjean Houle garde sa patience et sa courtoisie habituelle devant les journalistes. Il défend avec véhémence ses instructeurs.

Une trentaine de minutes plus tard, Tremblay quitte le vestiaire après avoir pris sa douche. Il marche vers l'autobus garé dans le hangar de l'amphithéâtre. Un petit groupe de reporters l'apostrophe pour recueillir ses commentaires.

— Mario, interroge Guy Robillard de La Presse canadienne, on sait que tu ne parles pas le jour d'un match, mais pourrais-tu déroger à la règle aujourd'hui, question de commenter l'article sur Cournoyer?

Tremblay est dans tous ses états. Il ne s'arrête pas.

— Encore de la câlice de marde!!! hurle-t-il en approchant de l'autobus. Maudite bande de crisses!!!

Les reporters sont sidérés. Heureusement, cette fois, il n'y a pas de caméras...

En soirée, contre les Capitals, le Canadien perd un autre match, 3 à 1.

Dans l'avion, après la rencontre, Mario Tremblay est assis seul dans sa rangée, à l'avant, dans la section affaires. Il ne parle à personne.

Tremblay est à bout. Désemparé. Enragé. Impuissant. Il grisonne à vue d'œil. L'équipe ne gagne plus. Les journalistes l'attaquent de toutes parts. Ses compétences sont remises en question. Découragé.

Et en plus, il est malade. Il y a trois jours, son épouse Colette, soucieuse de la santé de son homme, a communiqué avec Réjean Houle pour lui confier ses inquiétudes. Mario aurait craché du sang. Il ressent comme une boule dans l'estomac depuis quelques jours.

Après la défaite à Denver, il a téléphoné en pleurs à sa Colette. Il pleure de plus en plus souvent. Son rêve tourne au cauchemar. Il a mal.

Ronald Corey aurait communiqué avec lui deux ou trois fois cette même semaine pour lui suggérer de prendre des vacances, le temps de retomber sur ses pattes.

Quand le Bleuet se lève le lendemain matin du match de Washington, il voit sa tête fatiguée en gros plan à la une du *Journal de Montréal* avec ce titre accrocheur : « La santé de Mario inquiète ».

Son prédécesseur, Jacques Demers, compatit avec lui. Demers a lui aussi vieilli à vue d'œil lorsqu'il était derrière le banc. Il va mieux maintenant, mais il comprend ce que vit Mario.

« Quand t'es rendu à dormir quatre heures par nuit, tu sais que ta santé va finir par en souffir, dit-il. Mario est plus jeune que moi, plus fort physiquement. Il a joué chez les pros. Son cœur est plus résistant que le mien. Pourtant, on dit qu'il a été malade. C'est presque inévitable. Tu as ton *job* à cœur, tu ne veux pas laisser tomber ton équipe, tes joueurs, le public. Tu t'en fais à t'en rendre malade. Michel Bergeron n'avait-il pas déjà déclaré que son rêve était de mourir derrière le banc ? »

« On était habitué à des tempêtes au Forum, mais je ne me souviens pas d'avoir vu l'organisation traverser une période aussi difficile, écrit pour sa part Bertrand Raymond. La critique est cinglante, plus vicieuse que jamais. Qui ne se souvient pas de l'esclandre qu'avait provoqué Pierre Larouche dans le hall d'un hôtel quand il avait traité son directeur général de gérant de salle de quilles ? Qui a oublié les déclarations chocs de Guy Lafleur sur les carences de Grundman ?

« Jamais on n'aurait cru revivre cela, poursuit le chroniqueur. Comme à l'époque de Grundman, certains joueurs actuels ne donnent pas l'impression d'avoir une confiance extrême en ceux qui les dirigent. L'équipe dans son ensemble a rarement paru aussi désorganisée. Et ça, les joueurs le sentent. »

Mario Tremblay s'en tirera-t-il ? Ses jours semblent comptés à la tête du Canadien. C'est mal connaître sa force de caractère...

Le lundi soir suivant, les Rouges remportent une éclatante victoire de 6 à 1 contre les Canucks de Vancouver, au Centre Molson.

Donald Brashear n'est pas en uniforme ce soir-là, en vertu d'une entente entre le Canadien et les Canucks lors de la transaction...

Après le match, Tremblay semble en bien meilleure forme. Il a profité de la journée de dimanche pour relaxer en famille. Même s'il a traversé une période difficile, il dit n'avoir jamais songé à la retraite.

«Il est totalement faux de croire que les joueurs du Canadien détestent Mario Tremblay, soutient Bertrand Raymond. Ça se sent, ces choses-là. Ils ne tentent pas volontairement de lui faire perdre son *job*. Ils sont juste indifférents à ses malheurs. Ce sont des millionnaires qui filent à une vitesse de croisière, peu importe ce qui se passe.

«C'est justement ce que Tremblay a du mal à accepter, ajoute Raymond. Il est de la vieille école, lui. Il est de l'école d'Yvan Cournoyer. Dans le temps, on ne jouait pas pour l'argent, on jouait pour gagner. Tremblay est déçu d'avoir à pousser dans le dos des athlètes grassement rémunérés qui ne partagent pas les mêmes valeurs.»

Les proches de Mario assistent impuissants aux événements. Ils ne cherchent pas à savoir ce qui lui traverse l'esprit : le Bleuet est dans sa bulle, tellement absorbé qu'il est devenu impénétrable.

Malgré la crise, le Saguenay-Lac-Saint-Jean reste solidaire de son enfant chéri. Dans la dernière édition du *Progrès-Dimanche*, un éditorialiste des informations générales et un chroniqueur sportif y vont de commentaires personnels, tandis qu'un *vox pop* réalisé à Alma, dans le château fort de Tremblay, a permis à l'hebdomadaire de tirer une conclusion prévisible : « Tout le monde est coupable, sauf Mario. »

« Une bonne partie de la presse montréalaise n'a jamais accepté que Mario Tremblay, un plombier du hockey, s'immisce dans la sacro-sainte confrérie journalistique, écrit l'éditorialiste Richard Banford. Maintenant qu'il est derrière le banc, certains ex-collègues évacuent une colère longtemps retenue. »

Dans la section des sports, Pierre Fellice donne un coup de fil à Maude et Gonzague Tremblay, en Floride, afin de vérifier si le cœur des parents de Mario tient le coup.

« Je vis difficilement ce genre de tempête, surtout que les journalistes semblent presque tous contre Mario, dit sa mère. On n'aime pas trop ce qu'on voit parce que les médias, en s'attardant aux moindres détails, ne semblent pas vouloir lui donner sa chance. Je suis sûre d'une chose, Mario va s'en sortir parce qu'il y a du Gonzague en lui... »

Le vent tourne. Le Canadien remporte deux de ses trois matchs suivants à l'étranger. Tremblay a remis son navire à flot.

Le bonheur est de courte durée. Le 7 décembre, au Centre Molson, Tremblay et le Canadien perdent deux leaders dans un même match, Saku Koivu et Marc Bureau. Koivu et Bureau se blessent gravement au genou. On ne les reverra pas avant de longues semaines. D'autre tomberont au combat : Vladimir Malakhov,

Patrice Brisebois, Martin Rucinsky, Benoît Brunet, Stéphane Quintal, Shayne Corson et... Stéphane Richer.

Richer et Tremblay auront quelques différents. Le 44 a mal au dos et reproche à Mario Tremblay de le pousser à revenir au jeu trop rapidement.

La veille d'un match contre les Sabres de Buffalo, le 10 décembre, le malaise éclate. Richer est maussade dans le vestiaire.

— Pour faire une histoire courte, Stéphane, affronteras-tu les Sabres? lui demande un journaliste.

— On verra demain matin, répond-il.

— Comment te sens-tu?

— J'ai encore de la difficulté à patiner. Tu veux une histoire courte? On verra demain.

— Ça n'a pas l'air de s'améliorer? lui demande un autre reporter. As-tu des doutes?

— C'est ça, j'ai pas de commentaires, vous avez compris le message...

Quelques minutes plus tard, lors de son point de presse, Mario annonce tout innocemment qu'il a parlé à Richer et que celui-ci sera en uniforme contre les Sabres.

— Ce n'est pas ce que Stéphane vient de nous dire, rétorque un journaliste.

Tremblay est hébété.

— Quand je lui ai parlé dans la clinique, après l'entraînement, il m'a dit qu'il était prêt, qu'est-ce que vous voulez que je vous dise?

L'histoire n'est pas sans rappeler un certain épisode, à l'époque où Mario était à CJMS...

À quelques jours des fêtes, Mario vise deux victoires contre les Rangers de New York et les Sénateurs d'Ottawa.

— Plus qu'un vœu, j'en fais une priorité, déclare-t-il aux médias.

Son audace ne rapportera pas. Après un échec contre les Rangers, le Canadien subit une dégelée de 6 à 0 contre les Sénateurs. Les fans du Centre Molson sont en furie. On ridiculise le Tricolore comme rarement on l'a fait. Noël sera difficile.

« L'une des plus longues soirées de ma carrière, confie le Bleuet immédiatement après la rencontre. C'est très embarrassant pour moi et pour tout le club. Pendant les treize années où j'ai joué avec le Canadien, il y a eu de mauvais matchs, mais jamais comme ça. »

Une fois de plus, l'avenir de Mario Tremblay à la tête du Canadien est remis en question.

« Mario Tremblay pourra-t-il survivre deux autres semaines à la honte d'hier soir ? écrit Réjean Tremblay, le 24 décembre 1996. Son équipe a été déclassée, malmenée, molle et sans cœur. Seul le président Ronald Corey peut sauver le *job* de Mario. Tremblay, lui, peut demander de l'aide. Il est visiblement débordé, ses entraînements sont déficients et il est en train de perdre sa crédibilité auprès des joueurs. Les amateurs sont fâchés. Inquiets aussi. Ils jugent que l'organisation est dirigée par des gens qui n'ont pas les solutions. »

On commence déjà, dans les grands quotidiens, à dresser une liste des successeurs de Tremblay. À la radio, Ron Fournier anime une émission spéciale à CKAC : le message de Mario passe-t-il encore ?

Une rencontre entre Michel Bergeron et Ronald Corey, au restaurant de l'hôtel Ritz-Carlton, au centre-ville de Montréal, alimente les rumeurs.

Mais le bagarreur n'a pas encore rendu les armes...

Le soir de ce cuisant revers contre les Sénateurs, pendant qu'Alexandre Daigle et ses coéquipiers fêtent leur victoire dans un restaurant huppé du boulevard Saint-Laurent, les joueurs du Canadien ont la mine basse à la soirée de Noël organisée par la Brasserie Molson.

Dans un coin de la pièce, Vincent Damphousse aperçoit Guy Lafleur, l'invité spécial de cette petite fête. Il s'approche de lui et aborde les choses franchement.

— Guy, j'ai le goût d'organiser une réunion d'équipe. Mais je ne joue pas très bien ces jours-ci. Je crains un peu la réaction de mes coéquipiers, j'ai peur qu'ils me disent de m'occuper d'abord de mes problèmes.

— Tu es capitaine, c'est ton rôle et tu dois l'assumer, répond Lafleur, qui a vécu bien d'autres crises. Dis les choses simplement. Les joueurs te respectent, ils t'écouteront.

Trois jours plus tard, à Pittsburgh, Damphousse convoque ses coéquipiers avant le premier match d'une série de cinq rencontres à l'étranger. Il leur expose son point de vue avec calme et leur rappelle qu'il est encore temps de sauver la saison.

Il évoque une foule de détails, des choses qui gâchent l'ambiance. Les joueurs qui critiquent à propos de tout et de rien, qui cassent leurs bâtons en geste de dépit, qui font claquer les portes...

Le cri du cœur de Damphousse fait effet. À la surprise générale, les Rouges rebondissent lors du voyage, malgré l'hécatombe de blessés. On a même vu Mario sourire derrière son banc lors d'un match, lui pour qui la vie est pourtant un dur combat depuis plusieurs semaines.

Tremblay reprend de l'assurance. « Beaucoup de gens pensaient qu'on reviendrait à Montréal le tombeau fermé, confie-t-il à Philippe Cantin, de *La Presse*, le 12 janvier. Mais on a réussi les *birdies* au bon moment. Je n'ai jamais craint d'être congédié. Mon *boss,* Réjean Houle, est derrière moi à 100 milles à l'heure. M. Corey aussi. Je n'ai jamais senti que le tapis me glissait sous les pieds. Les joueurs ne m'ont jamais donné l'impression de vouloir ma tête. Si j'avais senti qu'ils en avaient assez, je leur aurais dit : les *boys*, je vais vous serrer la main et m'en aller, c'est pas plus compliqué que ça. »

Heureusement que Mario peut compter sur sa famille dans les temps difficiles. Il est souvent dans la lune à la maison. Mais Colette et ses filles, Janie, dix-sept ans et Claudia, quinze ans, l'appuient. Il se sert de ses expériences pour leur apprendre la vie. Il leur dit : regardez, votre père est dans le trouble, mais il faut ramer dans le courant et traverser la tempête.

Dans les temps durs, Mario compte sur quelques bons amis, dont Michel Bergeron, avec qui il communique régulièrement.

Trois mois restent encore à faire avant la fin de la saison ; le classement est serré, mais le Bleuet reste convaincu que son équipe va participer aux séries éliminatoires. « J'ai toujours cru qu'on s'en sortirait. Aucun doute dans mon esprit. J'ai une bonne équipe entre les mains. »

« C'est ce qu'on appelle se mettre la tête sur la bûche, écrit Bertrand Raymond, le 14 janvier. C'est le Tremblay qu'on a toujours connu. Celui qui mangeait les bandes pour aller chercher deux points de plus au classement. Tremblay a raison quand il affirme qu'il n'a jamais cru que ses joueurs voulaient sa tête. Ces choses-là se sentent dans le vestiaire. Les joueurs reconnaissent son manque d'expérience, mais ils admettent qu'il ne lésine pas sur l'effort. On est encore très loin d'un putsch dans son cas. »

Mais Mario Tremblay contrôle-t-il encore bien tous ses hommes ?

Le mercredi 22 janvier, le Canadien reçoit une raclée de 6 à 1 à Buffalo. Après le match, Tremblay lance une pointe à ses joueurs.

— Je suis déçu d'une seule chose, c'est qu'on ait lâché en troisième période...

Dans le vestiaire, certains joueurs se raidissent quand on leur rapporte les propos de leur entraîneur.

— Personne dans ce vestiaire n'a lâché, répondent fermement deux ou trois.

Le lendemain, un joueur du Tricolore relate à un analyste de la télévision américaine les propos de Mario Tremblay.

— Notre *coach* trouve qu'on a lâché en troisième à Buffalo. Il va voir, samedi, c'est quoi un club qui lâche...

Ce samedi, c'est la visite des Blues de Saint-Louis, et le retour de Pierre Turgeon dans l'uniforme des Blues.

Un seul joueur a-t-il le pouvoir de changer l'allure d'un match ? Sans doute pas. Mais hasard ou non, les Rouges jouent comme un club qui lâche contre les Blues. Un vrai film d'horreur : Saint-Louis l'emporte 8 à 1,

Turgeon récolte deux aides. Les Rouges viennent d'essuyer l'un de leurs pires échecs à domicile.

Mario est livide après la rencontre. Et lui qui venait de déclarer qu'il raffolait des matchs l'après-midi...

Il a toujours protégé ses hommes, mais cette fois, il ne peut s'empêcher de clamer sa rage, sa frustration, sa gêne. Il est resté poli, mais il a révélé que ses hommes étaient en punition dans le gymnase, qu'ils faisaient de la bicyclette stationnaire.

Le lendemain, les Rouges subissent une autre dégelée contre les Penguins de Pittsburgh. Mario Lemieux marque quatre fois en troisième période.

Immédiatement après le match, l'équipe s'envole vers la Floride pour y affronter les Panthers de Miami et le Lightning de Tampa Bay. Ce n'est pas très rigolo, dans l'avion.

Tremblay est songeur. Les joueurs n'en finissent plus de tomber au combat. Dans le vestiaire, des clans se sont formés. On commence à se poignarder. Les symptômes d'un club qui ne gagne pas...

Le contexte se prête bien aux règlements de compte. Le lendemain de l'arrivée de l'équipe à Miami, lors d'une journée de congé dans le chic quartier de Coconut Grove, des joueurs, sous le couvert de l'anonymat, blâment publiquement les gardiens Jocelyn Thibault et Pat Jablonski pour les insuccès de l'équipe.

La nouvelle crée une nouvelle commotion au sein du club. Mario Tremblay accepte mal qu'on règle à nouveau les querelles internes par le biais des médias. Cette autre histoire de « sources anonymes » n'est pas sans lui rappeler le douloureux incident Cournoyer.

Une autre défaite attend le Tricolore le lendemain. Après le match, les joueurs tiennent une rencontre orageuse dans le vestiaire : vingt minutes au cours desquelles les vétérans Mark Recchi, Shayne Corson, Vincent Damphousse, Stéphane Quintal, entre autres, prennent la défense de Mario Tremblay et de l'organisation.

Pas de putsch malgré la tempête, donc. Mario peut respirer mieux.

« Y'a des gars qui aiment Mario, d'autres qui ne l'aiment pas, mais il a l'appui des vétérans, dit le vétéran Marc Bureau deux jours plus tard. Ce sont peut-être les plus jeunes qui le critiquent. Il faut que certains arrêtent de lever le pied en espérant des changements. L'herbe n'est pas plus verte ailleurs. »

Au retour de Tampa Bay, Pat Jablonski est congédié. José Théodore est rappelé. La léthargie se poursuit. Le Canadien subit deux autres défaites contre Pittsburgh et Philadelphie.

Le Bleuet prend des décisions émotives qui surprennent parfois ses joueurs et les journalistes. À Philadelphie, contre les redoutables Flyers, il envoie en pâture le jeune gardien Tomas Vokoun, fraîchement rappelé de Fredericton. Vokoun ne s'était même jamais entraîné avec une équipe de la Ligue nationale. Les Flyers bombardent Vokoun et l'emportent 9 à 5.

Et le bon vieux Stéphane Richer qui s'en mêle...

« Je m'excuse, mais il n'y a pas juste le Canadien dans la vie », déclare-t-il le jour du massacre à Philadelphie.

Tremblay, qui se débat par tous les moyens pour

sortir son club du marasme, et qui s'est bagarré toute sa vie pour la Sainte Flanelle, préfère ne pas commenter...

Le Tricolore est en voie de connaître sa pire saison des cinquante dernières années.

«Il semble de plus en plus évident que Mario ne sait plus où donner de la tête avec cette bande d'athlètes de la nouvelle génération, qui n'a que faire de la fameuse tradition du Canadien et qui refuse de se briser les os au nom de tous ceux qui ont endossé le chandail de cette glorieuse organisation», écrit Mario Leclerc, du *Journal de Montréal*, le 30 janvier 1997.

«En fait, poursuit le journaliste, c'est un constat d'échec que fait présentement Tremblay qui, lors de sa nomination avec Réjean Houle, avait juré de redonner aux joueurs la fierté de défendre les couleurs du Canadien. Avec son patron, Mario constate que Montréal est devenue une destination à éviter à travers la Ligue nationale.

«Depuis son arrivée avec le Canadien, Mario a été passablement échaudé. En raison de son inexpérience, ses décisions ont été remises en question de façon quotidienne. Si on lui a reproché sa trop grande émotivité dans les dossiers de Patrick Roy et de Stéphane Richer, on a aussi déploré sa mollesse dans d'autres situations. Mais Mario ne peut plus brandir la menace d'expédier un joueur ailleurs. Au contraire, ce qui s'avérait une menace se traduit maintenant par un souhait le plus cher!»

Le 5 mars 1997, Patrick Roy revient disputer son premier match à Montréal dans l'uniforme de l'Avalanche. Colorado n'a en effet pas joué à Montréal depuis la transaction.

La veille, Roy tient une conférence de presse à l'hôtel Marriott, propriété de Serge Savard, devant une centaine de journalistes qui boivent ses réponses.

« Casseau » ne prend pas l'initiative de parler de son ennemi juré Mario Tremblay, mais il saute à pieds joints dans le cœur du sujet, lorsque des reporters lui posent des questions sur sa relation avec le Bleuet.

Plus tôt dans la journée, Mario avait mentionné que le temps aidant, il ne verrait pas d'objection à serrer la main de Roy s'il le croisait sur son passage.

— Je crois que je le ferais aussi, répond Roy, mais je serais hypocrite si je disais que je fais partie de son fan club...

Le lendemain soir, Roy et l'Avalanche ridiculisent le Tricolore 7 à 3. Le public, qui a applaudi Roy lors de sa présentation, a hué quand le tableau indicateur a annoncé : Mario Tremblay, entraîneur en chef.

Plusieurs partisans ont encore le départ de Patrick Roy sur le cœur...

Malgré cet humiliant revers, le Canadien retrouve son aplomb dans les rencontres suivantes.

Côté discipline, toutefois, Mario Tremblay et son personnel d'entraîneurs, à un mois de la fin de la saison régulière, laissent passer de plus en plus de petites choses.

À deux jours d'un important match à Boston, le 13 mars, après une victoire à Pittsburgh, l'instructeur des gardiens, Benoît Allaire, est chargé de téléphoner dans la chambre d'hôtel des joueurs pour vérifier si l'on a respecté le couvre-feu, fixé à une heure du matin.

Cette nuit-là, plusieurs joueurs du Canadien sont sortis faire la fête. Dans plusieurs chambres, Allaire n'obtiendra pas de réponse. Les fautifs ne se feront pas sermonner...

D'autres fois, l'autobus du club partira avec une dizaine de minutes de retard afin d'attendre quelques hommes.

Tremblay sent peut-être que sa marge de manœuvre est réduite, en raison de tous les blessés. Peut-il laisser un rare joueur en santé dans les estrades?

Mais dans le sport professionnel comme ailleurs, des petits passe-droits de ce genre peuvent parfois rendre des athlètes un peu trop sûrs d'eux-mêmes.

Malgré tout, le Canadien semble bien placé pour se qualifier aux séries éliminatoires.

Le 22 mars, Réjean Tremblay attaque de façon virulente l'entraîneur dans une de ses chroniques : «Le *coach* aura beau faire des gaffes, les Glorieux ont décidé de jouer, écrit Tremblay. Le mot d'ordre s'est passé dans le vestiaire. D'ici la fin de la saison, on va oublier qu'on est dirigé par un pee wee et on va jouer au hockey.»

Mario Tremblay retrouve peu d'appuis chez les journalistes. Il n'a rien fait non plus pour favoriser un rapprochement. La plupart ne savent même pas où se trouve son bureau. Réjean Tremblay y est allé une fois en deux ans. Bertrand Raymond à peine plus souvent. Jack Todd, jamais.

On lui reproche de ne pas accorder un peu de temps aux grands chroniqueurs montréalais. «Dans le temps de Scotty Bowman, relate Réjean Tremblay, avec Pat Burns, sous le règne de Jacques Demers, j'allais souvent jaser dans leur bureau au moins une fois par semaine. Rien de très formel, mais des conversations sur le hockey, le Canadien, la vie et les hommes.

«Dans le fond, c'est sans doute une question de crédibilité. Je dois avoir un préjugé que je confesse. Si j'ai le goût de jaser hockey et *business* de hockey, je vais attendre que Scotty Bowman, Marc Crawford ou Bob Gainey viennent en ville. J'écoute Mario Tremblay dire n'importe quoi depuis le mois de décembre, je l'écoute se contredire et je me persuade encore plus à chaque fois que j'en ai rien à branler d'aller me faire *boulechiter* dans son bureau.»

Le Canadien atteint les séries éliminatoires par la peau des dents : en annulant contre les Flyers de Philadelphie lors du tout dernier match de la saison.

Malheureusement, le Tricolore affronte la meilleure formation de sa conférence, les Devils du New Jersey. Après la partie nulle contre les Flyers, les journalistes vont tous retrouver Stéphane Richer qui, quelques semaines plus tôt, concédait déjà la Coupe Stanley aux Devils...

Mario Tremblay est à cinq rencontres d'une douloureuse démission.

⎯

Le Bleuet semble un peu désabusé quand les séries éliminatoires commencent. Du moins, certaines de ses déclarations laissent les reporters pantois.

«Tout le monde affirme qu'on va perdre en quatre matchs, lance-t-il en conférence de presse avant le premier match. Si on s'incline en cinq, ça ne sera pas si mal. Si on s'avoue vaincu en six, ce sera très bon. Si on gagne en sept rencontres, ce sera parfait...»

«Tremblay a beau vouloir se montrer sûr de lui, écrit Marc De Foy, du *Journal de Montréal*, on l'a senti nerveux. Il affrontera en Jacques Lemaire le plus grand stratège de la Ligue nationale.»

On a toutefois ramené Jacques Demers dans le giron de l'équipe pour épauler Mario.

Le Canadien perd les deux premières rencontres au New Jersey, puis la première au Centre Molson. Tremblay n'a pas à rougir devant son ancien coéquipier et entraîneur Lemaire. Les Rouges ont joué de façon impeccable dans les première et troisième rencontres.

Mais Lemaire, en fin renard, trouve l'occasion de tendre des pièges énormes.

Il nous apprend, par exemple, en toute innocence, que Lyle Odelein est devenu un des leaders de son club, le genre de détail qui donne encore plus de relief à l'échange qui a ramené Richer. Il dit s'inquiéter de la réaction de la foule au Centre Molson, après deux défaites des Rouges, question de mettre un peu de pression sur ses adversaires. Lemaire y réussit bien. Pendant deux jours, les journalistes parleront de l'intransigeance des fans montréalais...

Les Rouges sauvent la face en remportant le quatrième match en prolongation, mais ils sont éliminés à la rencontre suivante, au New Jersey.

Quelques instants après la rencontre, Ronald Corey, Réjean Houle et Mario Tremblay discutent dans une petite pièce qui jouxte le vestiaire.

Des journalistes cognent à la porte pour parler au président. Corey et Houle sortent peu après.

— Ronald, lui demande un reporter, tes hommes

de hockey seront-ils de retour l'an prochain?

— Réjean Houle demeure mon homme de confiance et il y sera l'an prochain.

— Et Mario Tremblay?

Corey se tourne alors vers Houle.

— Demandez à Réjean Houle, c'est son travail.

— Et bien, Réjean?

— Je préfère m'asseoir avec Mario pour parler de la saison, voir comment il se sent après cette expérience difficile, se borne-t-il à répéter.

Quand Corey, Houle et Tremblay marchent vers l'autobus, garé derrière l'amphithéâtre, Corey retient Mario pour marcher seul avec lui.

— J'ai confirmé le retour de Réjean Houle l'an prochain, mais je ne l'ai pas fait dans ton cas: je veux être honnête envers toi, te prévenir avant que tu ne le lises dans les journaux demain matin.

«Après son élimination, samedi soir, le Canadien est revenu du New Jersey de nuit dans un DC-quelque chose où l'on servait du filet mignon et des crevettes en guise de repas d'adieu, relate Ronald King dans *La Presse*. Pas trop tristes les joueurs, même qu'une bonne partie semble s'en foutre complètement. Ils ne rient pas mais ne pleurent certainement pas. Dans la section première classe, alors là, mes amis, ça ne rigole pas du tout. Nous sommes séparés par un rideau mais les hôtesses l'ouvrent sans arrêt, et Mario se lève de temps en temps pour le refermer...»

Le bilan n'est pas très rose: «L'analyse qu'on doit retenir de cette saison, c'est un constat d'échec sur toute la ligne, écrit Yvon Pedneault dans le *Journal de*

Montréal. Non seulement sur la patinoire, mais aussi dans les bureaux administratifs. À aucun moment, cette organisation n'a laissé voir la moindre lueur d'espoir d'un redressement. Aucun objectif n'a été atteint. La réalité, c'est que le Canadien n'a plus d'identité, plus de personnalité. Pressés de chasser l'image toujours présente d'un Serge Savard, les dirigeants ont justement pris des décisions sur le coup de l'émotion. »

Au lendemain de cette élimination, des joueurs se rendent au Centre Molson cueillir leurs effets personnels. De nombreux journalistes les attendent.

Brian Savage, David Wilkie et Jocelyn Thibault ne s'en cachent pas : ils exigeront un échange. Les deux premiers ne font plus bon ménage avec Tremblay. Thibault, lui, a vécu une saison traumatisante à plusieurs égards. Ils ne sont pas les seuls mécontents. Peut-être la moitié des joueurs souhaitent passer à une autre formation. La pression de jouer à Montréal existe, bien sûr, mais aussi le fait que Mario Tremblay ait réussi à s'aliéner une certaine partie de l'équipe.

Les appuis à l'entraîneur en chef ne sont plus très nombreux ; au mieux, les commentaires des joueurs reflètent du respect pour son ardeur au travail. Au pire, ils témoignent d'une profonde indifférence envers son sort.

Une anecdote illustre bien la situation. Au fil d'un entretien avec un petit groupe de journalistes, l'ailier gauche Martin Rucinsky commence par souligner l'honnêteté de Tremblay, qu'il décrit comme un bon gars.

— D'accord, réplique un reporter, mais est-il un bon entraîneur?

— Je ne sais pas..., répond Rucinsky qui, sans le vouloir, vient de laisser tomber sa garde.

Quand on l'invite à préciser sa pensée, l'attaquant tchèque change complètement de discours, conscient qu'il vient de commettre une gaffe.

— Non, non, je suis certain qu'il est un bon entraîneur. Après tout, nous avons eu des blessés toute la saison.

Patrice Brisebois, lui, parle d'une ambiance malsaine, parfois empoisonnée, dans le vestiaire. «Tel joueur ne voulait pas jouer avec tel coéquipier, un autre n'était pas heureux de son utilisation. C'est dur de contenter vingt-trois gars. Mario? Il a du caractère. Mais dans le hockey d'aujourd'hui, on dirait que si un joueur n'est pas content, il finit par se moquer de tout.»

Jack Todd écrira un article percutant, et très dur pour Mario Tremblay, deux jours après la fin de la saison du Tricolore. Le chroniqueur du quotidien The Gazette cite trois joueurs qui pestent contre leur entraîneur, et qui ont demandé à garder l'anonymat. Les trois disent ne pas vouloir revenir avec l'équipe si Tremblay la dirige encore: «J'aurais pu faire un meilleur travail si j'avais dirigé ce club, dit l'un. Beaucoup de joueurs au sein de cette équipe auraient pu faire mieux que lui. Nous avons été *outcoachés* dans chaque match cette année, et dans les séries, Mario contre Jacques Lemaire, c'était une vrai farce.»

« Je crois que les joueurs ne respectent pas Mario, mentionne un autre. Certains joueurs dans ce vestiaire n'ont aucun respect pour lui. La plupart ne le diront pas, mais beaucoup le pensent. Il a exagéré. S'il ne vous respecte pas comme joueur, comment pouvez-vous le respecter contre entraîneur ? »

Ironiquement, selon Todd, la plupart des joueurs les plus insatisfaits disent aimer Montréal et veulent encore faire partie de l'équipe, mais seulement si le Canadien embauche un entraîneur professionnel et que l'organisation montre plus de professionnalisme.

« Il ne nous fait jamais face, dit un joueur. Une fois, il m'a laissé sur le banc, il ne m'a pas parlé le lendemain pour m'expliquer. Il ne l'a jamais fait. Jamais nous dire ce qui se passe ? C'est un manque de respect. Certains joueurs ont joué blessés pour lui. On a pris des risques avec nos carrières en revenant au jeu trop rapidement.

« Ce que cette organisation fait de ses jeunes joueurs va lui faire mal, poursuit le joueur. Regardez les Islanders et les Sénateurs. Ils font jouer leurs jeunes tandis que le Canadien détruit leur confiance. Regardez Valeri Bure. Je crois qu'il est l'un des plus talentueux au sein de ce club. Mais ils vont s'en débarrasser et garder Richer, parce que Richer est un ami de l'entraîneur, et Valeri va obtenir 100 points par année ailleurs. »

L'inévitable se produit le lundi 27 avril. Les médias montréalais sont alors convoqués à une importante conférence de presse au Centre Molson.

Les journalistes se doutent de la nouvelle qu'on y annoncera, mais ils sont loin de prévoir le cirque qui s'y déroulera...

La salle est déjà pleine à craquer une trentaine de minutes avant la conférence. Mario, en complet foncé, fait son entrée le premier, suivi de Réjean Houle, puis de Donald Beauchamp.

Les caméras de télévision s'allument, les flashs crépitent. La plupart des stations de télévision présentent l'événement en direct. La tension est palpable.

Réjean Houle annonce que son entraîneur et ami vient de lui remettre sa démission. Quand le Bleuet prend la parole, on entendrait une mouche voler dans la pièce : «J'étais plein d'espoir quand j'ai accepté le poste, lance-t-il avec des trémolos dans la voix. Je voulais relever ce nouveau défi. J'ai adoré mon expérience, je l'ai fait avec beaucoup d'émotion et il a été agréable de travailler avec les joueurs.

«Dimanche, j'ai vu mes deux filles et ma femme, c'était... en fait, il n'y avait plus de joie dans la famille, glisse Mario en sanglotant. Je voulais revoir le sourire dans le visage de ma femme et de mes filles. C'est alors que je me suis dit, mon gars, c'est le temps de passer à autre chose. C'est bien beau diriger le Canadien, mais ma famille va passer avant toute chose.»

La conférence de presse prend une tournure inattendue quand un reporter demande à Tremblay s'il croit que les médias sont la cause de sa démission. L'entraîneur démissionnaire se livre à une attaque aussi féroce que surprenante.

«Sans aucun doute, oui, répond-il. Contrairement à

ce que plusieurs peuvent penser, les efforts étaient là. En tout cas, lorsque j'ai parlé à mon père Gonzague mardi soir, il m'a dit, mon gars, tu peux partir la tête haute. »

Tremblay ravale un sanglot avant de poursuivre.

« C'est la méchanceté avec laquelle certains m'ont critiqué qui a fait mal, lance-t-il en fixant, l'air sévère, Réjean Tremblay et Bertrand Raymond, assis à l'avant. C'est difficile à prendre et ce n'est pas correct. En tant qu'entraîneur, je devais m'habituer à la critique et je l'ai fait sans problème, mais jusqu'à quel point on doit accepter ? À un moment donné, ça doit arrêter. On m'a presque traité comme un criminel ; pourtant, je ne suis pas un bandit. Je n'ai tué personne. Ce qui fait mal, c'est la façon dont certains s'y sont pris pour me détériorer ou me briser. »

Et Mario d'ajouter : « Ce n'est pas humain ce qu'on doit vivre ici. Jacques Lemaire a quitté parce qu'il trouvait cela inhumain de diriger ici dans ce contexte. En tout cas, je suis fier de quitter avec mon intégrité. J'ai été juste et honnête avec vous tous. Certains ont exigé des traitements spéciaux et j'ai refusé. Ceux-là n'ont pas apprécié et ils m'ont poignardé tous les jours. »

Quand la conférence de presse de Tremblay et Houle se termine, les journalistes se ruent sur les deux hommes, mais aussi sur Réjean Tremblay et Bertrand Raymond, accusés par le Bleuet d'avoir eu sa peau.

Son copain Michel Bergeron, lui, accuse les joueurs. « Ils ont trouvé un coupable, dit-il en faisant référence à l'article de Jack Todd. Certains joueurs ont même dit qu'ils auraient pu diriger à sa place. J'ai *coaché* dix ans dans la Ligue nationale et je n'ai jamais entendu ça.

Mais peut-être que je dirigeais des hommes dans le temps. Mario a été trop bon envers les gars. Tu peux pas être bon dans cette *business*-là... »

S'il est un homme qui peut comprendre ce que vit Mario Tremblay, c'est bien Bergeron. « Je lui ai téléphoné dimanche pour le réconforter, relate l'ancien entraîneur des Nordiques et des Rangers. Je revoyais l'époque où j'ai été congédié, ma petite fille ne m'avait pas vu sourire depuis cinq ans, les enfants ne voulaient plus aller à l'école à cause des mesquineries de leurs camarades. On est au Québec, ne l'oubliez pas. Je l'ai appelé dimanche et je lui ai dit : "Bleuet, j'suis fier de toé. Pense à ceux qui t'aiment". Et j'ai raccroché. Au son de sa voix, j'ai su que c'était fini. »

Raymond, Tremblay et Pedneault se défendent le lendemain dans leurs journaux.

« Ce ne sont pas les médias qui ont chassé Patrick Roy, écrit Yvon Pedneault dans le *Journal de Montréal*. Ce ne sont pas les médias qui souhaitaient le retour de Stéphane Richer et Shayne Corson. Ce ne sont pas les médias qui ont imposé au public Murray Baron et Dave Manson. Ce ne sont pas les médias qui ont créé une atmosphère tendue au sein du vestiaire, alors que les mécontents étaient de plus en plus nombreux. »

Pierre Foglia, de *La Presse*, commente lui aussi l'événement : « La dignité eût consisté à dire : "Eh bien voici les *boys*, je me suis planté. C'est pas la fin du monde. On passe à autre chose." Au lieu de ça, il a dit : "J'ai rien à me reprocher, c'est tout de votre faute." La dignité, hein ? »

Mario Tremblay a quitté son poste d'entraîneur du club de hockey Canadien, fidèle à lui-même, comme le bagarreur qu'il a toujours été.

Il a encaissé les coups de façon extraordinaire pendant tout l'hiver. Il a titubé. Il n'est jamais tombé. Il a fait face aux derniers événements la tête bien haute et en a profité pour régler de vieux comptes avec ses critiques les plus sévères.

Les projecteurs se sont éteints, le bagarreur ira panser ses plaies dans l'ombre...

CONCLUSION

Après son départ fracassant, Mario Tremblay s'est enfermé dans un mutisme presque complet. Il n'a accordé qu'une seule entrevue cet été, à Denise Bombardier, diffusée début septembre à Radio-Canada.

Cette interview a beaucoup fait jaser. Et nous en a révélé beaucoup sur l'état d'esprit de l'entraîneur déchu.

A plusieures reprises, l'animatrice lui a demandé s'il aurait changé quelque chose à son travail, si c'était à recommencer.

Les quatre premières fois, Tremblay a répondu qu'il ne changerait absolument rien à sa façon de faire. Pour finalement admettre, que oui, peut-être, il aurait aimé surveiller davantage son langage derrière le banc.

En se bornant à refuser d'admettre la moindre erreur, si petite soit-elle, Mario Tremblay a-t-il agi par instinct? C'est probable.

Diriger le Canadien, pour un Québécois, peut se révéler une drogue dont on ne peut plus se passer. On imagine facilement le désarroi de Tremblay, après avoir été écorché de la sorte par la critique, surtout lors de la deuxième année.

Quelques amis l'ont confirmé : Tremblay s'est vidé

de toutes les larmes de son corps dans les jours qui ont suivi son départ. On ne quitte pas un poste de cette envergure sans sentir un vide terrible. Serge Savard, par exemple, malgré une carrière florissante dans les affaires, n'a toujours pas surmonté son deuil. Et Michel Bergeron a déjà affirmé qu'il serait prêt à mourir derrière un banc.

Que retient-on de la carrière de Mario Tremblay à ce jour? Des souvenirs inoubliables laissés aux partisans dans son uniforme de la Sainte Flanelle. À sa façon, à la sueur de son front, Tremblay s'est hissé au rang des légendes des Glorieux.

Son numéro n'a pas été retiré, il n'a pas été élu au Temple de la renommée, mais il demeure l'un des athlètes les plus populaires de l'histoire de l'équipe.

Au plan journalistique, Tremblay s'est forgé une belle réputation, qui lui a fait atteindre de nouveaux sommets de popularité.

On imagine facilement le travail qu'il lui a fallu pour se façonner cette belle carrière. Voilà pourtant le même homme qui, à ses premières années à Montréal, avait de la difficulté à se faire comprendre avec son accent et son débit rapide.

Il lui restait encore un rêve à accomplir. Celui de diriger le Canadien de Montréal.

Il a accepté l'un des postes les plus exigeants du sport, sans aucune expérience dans ce domaine. Sans même avoir dirigé un club dans les rangs mineurs.

Son vécu dans le hockey suffisait-il à faire de lui un bon entraîneur? La suite nous a montré que non.

Tremblay a apporté beaucoup d'enthousiasme à

cette équipe pendant sa première saison. Il a conduit le club à une sixième place en vertu d'une belle fiche de 40 victoires, 27 revers et 10 nulles.

Une fois la période de grâce terminée, ses lacunes ont fait surface. Mario Tremblay connaît son hockey. Mais il a failli, selon plusieurs, dans sa façon de transmettre son savoir.

Tremblay a montré de beaux talents de motivateur, il a des capacités d'apprentissage et d'adaptation surprenantes, mais il n'a pas su composer avec les différentes personnalités de ses athlètes.

Son caractère explosif a été à l'origine du départ de deux grands joueurs : Pierre Turgeon et Patrick Roy. Ce dernier a précipité son divorce en tenant tête à son entraîneur, mais Tremblay n'a rien fait pour améliorer ses relations avec sa vedette.

Son impulsivité, qui l'a si bien servi dans ses années de hockeyeur, ne l'a pas aidé dans son métier d'entraîneur.

Tremblay a perdu le respect de certains joueurs en prenant la mouche dans le vestiaire. Il s'est fait des ennemis dans le milieu médiatique en piquant des crises mémorables. Son bouillant caractère a contribué à créer autour de l'équipe un climat de tension.

La plus grande erreur de Tremblay aura été de ne pas s'entourer d'hommes forts. La faiblesse de ses adjoints, outre peut-être Jacques Laperrière, lui a fait perdre beaucoup de crédibilité aux yeux de ses hommes.

Mario Tremblay a cru que, seul, il pourrait mener à bien sa barque, malgré son bagage limité. Après tout, n'avait-il pas gagné d'autres batailles ?

Mais trois hommes, Réjean Houle, Mario Tremblay

et Yvan Cournoyer sont parvenus simultanément à leurs postes respectifs sans aucune expérience. Ici l'instinct n'a pas suffi.

La présence d'un Dave King, de Clément Jodoin ou de Michel Bergeron lui aurait permis de mieux gérer les crises internes, de mieux l'appuyer techniquement et tactiquement.

Avec un adjoint de qualité, Mario Tremblay serait peut-être encore entraîneur en chef du Canadien aujourd'hui.

Sa fidélité en amitié, une belle vertu en soi, a joué contre lui dans sa carrière derrière le banc.

J'avais posé la question à Michel Bergeron, après la conférence de presse pour annoncer le départ de Mario Tremblay :

— Est-il possible de diriger une équipe de la Ligue nationale sans aucune expérience?

Bergeron avait pris une pause avant de répondre :

— C'est très dur. Mais Mario était tellement émotif au début, ça l'a aidé.

Serge Savard avait donné un son de cloche semblable quelques jours après le départ de Tremblay.

Mais à la décharge du Bleuet, il faut rappeler que l'équipe a été affaiblie par un nombre record de blessés.

Réjean Houle a pris du recul cet été et il semble avoir remis l'équipe sur ses rails en embauchant des hommes plus expérimentés, Alain Vigneault, Dave King et Clément Jodoin.

Les témoignages d'appréciation des joueurs envers la nouvelle équipe n'ont pas tardé. Sans comparer ouvertement avec les prédécesseurs des entraîneurs en place, la plupart des hockeyeurs du Canadien ont tous mentionné à quel point ils étaient impressionnés par la préparation de Vigneault et de ses adjoints.

Il fallait que le contraste soit grand, pour qu'ils soulignent cet état de choses avec autant d'emphase.

Mario Tremblay a reçu plusieurs offres pour retourner dans les médias. Il a préféré écouler la dernière année de son contrat avec le Canadien, à titre de dépisteur professionnel.

Tremblay n'aura aucune difficulté à se trouver un emploi dans les communications l'an prochain, même s'il n'a pas, de toute façon, à s'inquiéter financièrement.

Mais il y a fort à parier que le démon du *coaching* sommeille encore en lui. Mario Tremblay est un homme fier, orgueilleux.

Tremblay, surtout, est sans aucun doute animé d'une rage de prouver aux gens qu'il peut rebondir, qu'il a sa place derrière un banc.

Le Bleuet compte de nombreux amis dans la Ligue nationale. Est-il prêt à accepter, et à faire accepter à sa famille, un déménagement? Est-il prêt à repartir à zéro à titre d'adjoint ailleurs, pour rebâtir sa carrière d'entraîneur?

Mario Tremblay est un bagarreur coriace. On l'a souvent cru au tapis. On ne le reverra peut-être jamais plus derrière un banc, mais ne vous surprenez de rien, avec lui...

REMERCIEMENTS

J'ai été chanceux dans la vie. Chanceux d'avoir croisé sur mon chemin tous ces gens qui m'ont guidé. Mes trois pères spirituels : Daniel Proulx, Daniel Marsolais et Michel Blanchard. Réjean Tremblay, un précieux conseiller.

Mon motivateur du collège Beaubois, Michel Cassivi. Mon premier maître à penser, à Bois-de-Boulogne, Normand Masson.

Ma famille, les Grégoire : Jean, Thérèse, Madeleine, Louise, mon oncle Paul, Lise, Johanne, Garance et mon grand-oncle, Paul, dont l'âme repose aujourd'hui en paix.

Michel Hotte et Gilles Blanchard, qui ont passé des heures à travailler mon français. Marcel Desjardins, celui qui m'a embauché.

Les premiers lecteurs de cet ouvrage : Vincent Gourd, Pierre Ladouceur, François Lemenu. Christine Mitton, une relationniste en or.

Et enfin, l'équipe de Québec Amérique, Jocelyne Morissette en tête, de véritables professionnels, mais aussi des complices.

Photo : Robert Nadon, *La Presse*

Mario Tremblay avec le Canadien Junior, en décembre 1972. À l'époque, on le surnomme le second « Rocket »...

Photo : Richard Plume, *La Presse*

Tremblay passera quelques semaines avec les Voyageurs de Halifax, à l'automne 1974, avant d'être rappelé par le « grand club ». Il dominera la Ligue américaine dans tous les chapitres offensifs.

Photo : Pierre McCann, *La Presse*

Son premier camp d'entraînement avec le Canadien, au Forum, avec son copain Gilles Lupien.

Photo : René Picard, *La Presse*

Une quatrième Coupe Stanley pour le Bleuet, au printemps 1979, aux dépens des Rangers de New York. Sur le banc, on reconnaît, de gauche à droite, le regretté Michel Larocque, Réjean Houle, Yvon Lambert, Doug Risebrough, Mario, Pierre Mondou et Guy Lafleur.

Une autre parade grandiose de la Coupe Stanley, avec son éternel ami Réjean Houle.

Tremblay a conquis les amateurs par sa spontanéité et sa fraîcheur. Ici, le jeune homme manifeste encore une fois son caractère expressif...

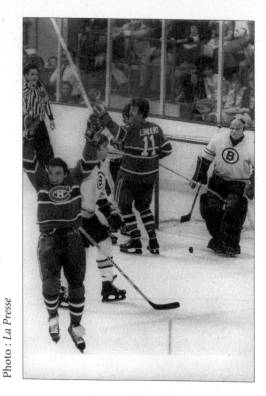

Photo : *La Presse*

Un de ses deux buts cruciaux en finale de la Coupe Stanley, contre les Bruins en 78.

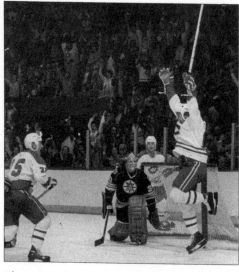

Photo : *La Presse*

L'année suivante, Tremblay fait encore mal aux Bruins, en demi-finale. Une des séries les plus excitantes de l'histoire.

Un grand complice, Yvan Cournoyer.

Photo : *La Presse*

Photo : Robert Nadon, *La Presse*

La Coupe Stanley de 1978. Pour une rare fois, Scotty Bowman sourit.

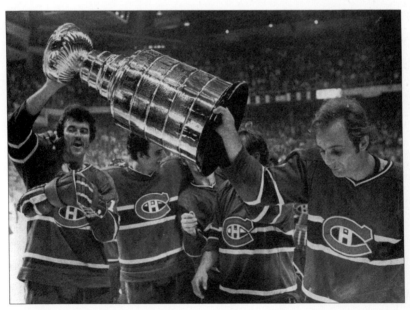

Photo : Robert Nadon, *La Presse*

Yvon Lambert, Mario Tremblay, Yvan Cournoyer et Guy Lafleur. Le triomphe tranquille des « Flying Frenchmen », toujours en mai 1978.

Photo : Robert Nadon, *La Presse*

Pierre Mondou, Mario et Yvon Lambert, sous une douche de champagne, mai 1978.

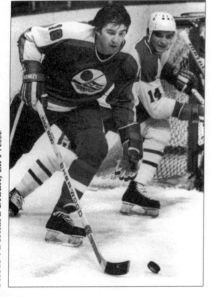

Photo : Bernard Brault, *La Presse*

Tremblay tente de contrer Serge Savard, au début des années 80. Le «Sénateur» a terminé sa carrière avec les Jets de Winnipeg, avant d'être embauché à titre de directeur général par le Canadien. Les deux hommes auront des différends...

Une photo vaut mille mots. Comme celle-ci, de Bernard Brault. Tremblay jubile, son adversaire des North Stars rage, sous le regard de Pierre Mondou.

Photo : Bernard Brault, *La Presse*

Au printemps 1985, Mario Tremblay sera traqué comme une bête lors de la série contre les Nordiques. Dale Hunter est l'un des chasseurs...

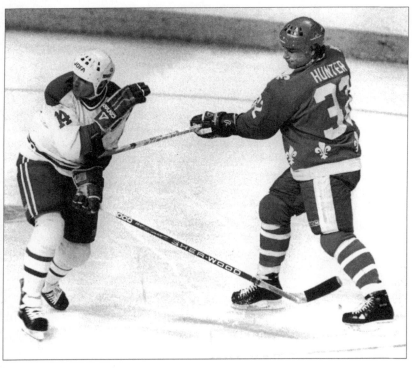

Photo : Bernard Brault, *La Presse*

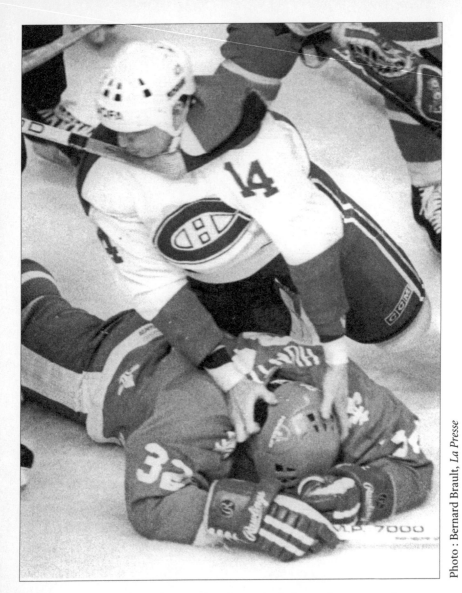

Photo : Bernard Brault, *La Presse*

Tremblay se venge sur Hunter. Un adversaire lui arrache presque la gorge avec son bâton...

Un jour triste, celui de sa retraite, 22 septembre 1986.

Un nouveau trio à CKAC, en 1995 : Michel Bergeron, Pierre Trudel et Mario. Les trois seront réunis quelques mois à peine, car une autre mission attend Tremblay...

Photo : Christian Guay, *La Presse*

Mario Tremblay le jour de son embauche à titre d'entraîneur en chef. Derrière, le logo du Canadien, sa raison d'être.

Photo : *La Presse*

Deux complices se lancent dans la grande aventure, Réjean Houle et Mario Tremblay.

Un trio plein de bonne volonté, mais inexpérimenté, entoure Ronald Corey :
Réjean Houle, Mario Tremblay et Yvan Cournoyer.

Mario s'amuse comme un enfant lors de ses premiers entraînements avec le Canadien à titre de *coach*.

Photo : Bernard Brault, *La Presse*

Patrick Roy et Mario Tremblay. Le calme avant la tempête...

Le fameux soir du 2 décembre contre
les Red Wings de Detroit au Forum.
Un geste historique de Patrick Roy...

Photo : David Zalubowski, AP

Premier match du Canadien contre Roy dans son nouvel uniforme, en février 1996. «Casseau» a la rondelle dans son gant ; il s'apprête à la laisser tomber négligemment aux pieds de son ancien entraîneur...

Photo : La Presse

Un autre épisode houleux du règne Tremblay. Avec Donald Brashear.

Mario Tremblay est songeur ; le président Ronald Corey l'est encore plus.

Photo : Denis Courville, *La Presse*

Émotif, Mario Tremblay n'a jamais caché ses états d'âme derrière le banc.

Photo : *La Presse*

Sa sortie théâtrale, en avril 1997. La rage au cœur, Mario Tremblay a réglé ses comptes avec les chroniqueurs montréalais, dont Réjean Tremblay, à l'arrière-plan.

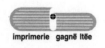

imprimerie gagné ltée

IMPRIMÉ AU CANADA